Allitera Verlag

KARL STANKIEWITZ, geboren 1928 in Halle, arbeitet seit 1947 als Journalist und Buchautor für die »Süddeutsche Zeitung«, die »Abendzeitung« und zahlreiche andere Medien. Als Reporter berichtete er aus aller Welt. In bisher 33 Sachbüchern befasst er sich überwiegend, breit gefächert und kritisch, mit Themen zu München, Bayern und den Alpen. Der Internationale Presseclub zeichnete ihn aus »für hervorragende journalistische Arbeiten über die bayerische Landeshauptstadt« und 2018 hat er für Verdienste zugunsten der Kulturstadt München die Medaille »München leuchtet« in Silber erhalten.

Karl Stankiewitz

AUS IS UND GAR IS

Wirtshäuser, Theater, Cafés, Salons
und andere verlorene Orte Münchner Geselligkeit

Allitera Verlag

Originalausgabe Mai 2018
2. Auflage Juli 2018
Allitera Verlag
Ein Verlag der Buch&media GmbH München

Projektleitung: Dietlind Pedarnig
Layout, Satz und Umschlaggestaltung: Franziska Gumpp
Gesetzt aus der ITC Avant Garde Gothic und der LT Sabon
Umschlagmotiv: Schwabylon, München, Foto: Archiv Justus Dahinden

Printed in Europe · ISBN 978-3-96233-023-1

Allitera Verlag
Merianstraße 24, 80637 München
info@allitera.de, www.allitera.de

INHALT

Schluss mit lustig? Vorwort von Richard Süßmeier 8

Einleitung 10

Kaiser und Hausmagd 13
Tanzsaal im Alten Rathaus

Possen und Masken 15
Redoutenhaus

Viel los beim Franzos 18
Leuchtenbergpalais

Zithermaxl spielt auf 20
Herzog-Max-Palais

Plätschern und Plaudern 23
Bad Nymphenburg · Bad Brunnthal · Germania-Bad · Bad Thalkirchen

Wer ko, der ko 26
Pferdeparcours am Oktoberfest

Gaudi am Stadtrand. 29
Der Prater · Das Tivoli · Volksgarten Nymphenburg · Bad Nymphenburg

»Hundsföter« und Flößer 38
Zur Hundskugel · Zum Schwarzen Adler · Zum Grünen Baum · Zum Bauerngirgl · Zum Soller · Sterneckerbräu · Andechser am Dom

Burgen mit Geschichte 53
Münchner Kindl-Keller · Bürgerbräukeller · Mathäserbräu

Nichts als Kultur 61
Die Bernsteins · Carry Brachvogel · Die Pringsheims · Elsa Bruckmann · »Putzi« Hanfstaengl

Pro Akt ein Kreuzer 69
Deutsche Bühne · Opernhaus · Isartortheater · Die Schweiger-Theater · Leopold-Theater · Neue Bühne · Münchner Volkstheater · Münchner Künstlertheater · Weiß-blaue Bühne · Volkssängerbühne · Volkstheater in der Au

Sehr bunt gemischt 80
Kil's Colosseum · Klein-Paris · Thalia-Theater · Apollo-Theater

Dichter und Denker überall 86
Confiserie Rottenhöfer · Café Tambosi · Englisches Café · Café Stefanie · Dichtelei · Café Fahrig

Freiheiten im Hinterhof 95
Annast Hofgartenspiele · Schaubude · Die kleine Freiheit

Spaß und Spott 103
Baderwirt · Bunter Würfel · Platzl

Unhappy End 109
Luitpold-Theater · Atlantik-Palast · Occamstudio · Türkendolch

Munich's Harlem 114
Studio 15 · Birdland · Domicile · Allotria · Schwabinger Podium

Adieu Boheme! 118
Pension Fürmann · Papa Benz/Papa Steinicke · Bei Gisela · Schwabinger 7

Null Bock auf nix 125
Picnic · Monopteros

Die Goldene Hand 127
Datscha · Blow Up

Haie im U-Boot 133
Yellow Submarine und Schwabylon

Nackt in Nerzroben 138
Eve · Blauer Engel · Atrium

Spaß im Sportpark 141
»Spielstraße« im Olympiapark

Rosarote Zonen 144
Arndthof und Schwarzfischer · Mandy's Club · Das »Rosa Viertel«

Kunst und Kneipen raus 149
Maximilianstraße

Songs aus dem Unterholz 154
Song Parnass · MUH · Liederbühne Robinson

Kultur statt Kartoffeln 159
Alabama-Halle ·Olympic Spirit Center · Kunstpark Ost, Kultfabrik · Hall of Fame

Anhang 168
Literaturverzeichnis (Auswahl) 168
Abbildungsverzeichnis 172
Personenregister 173
Ortsregister 179

SCHLUSS MIT LUSTIG?

Vorwort von Richard Süßmeier

Wer sich für das München von gestern und vorgestern interessiert, wird dem Verfasser des vorliegenden Buches dankbar dafür sein, dass er ihn auf eine Zeitreise in die Geschichte der Geselligkeit unserer Stadt führt. Die könnte auch zur Forschungsreise werden. Selbst einer wie ich, der zwischen Angerkloster und Viktualienmarkt aufgewachsen ist und seit 1945 im Gastgewerbe tätig war, muss nach der Lektüre feststellen, dass es auf besagtem Gebiet mehr zu entdecken gibt, als mir bisher bewusst war.

Sei es bei der Dokumentation vom Werden und Vergehen historischer Vergnügungsstätten, sei es beim Rückblick auf die Blütezeiten heimischer Volkssänger, Bierpaläste, Kaffeehäuser oder der Schwabinger Boheme – immer gewinnt man den Eindruck, dass Karl Stankiewitz seine Recherchen penibel, und trotz einiger pikanter Enthüllungen, nicht sensationsheischend angestellt hat. Dass er dabei der Münchner Wirtshausszenerie seit der Nachkriegszeit, bis hin zur neuen Event-Gastronomie besondere Aufmerksamkeit schenkt, weist ihn als langjährigen Reporter, als kenntnisreichen Zeitzeugen aus.

Seine Auswahl beschränkt sich auf solche Lokalitäten, die einmal große Namen hatten, aber kaum mehr als diesen hinterlassen haben. Das verleiht der Darstellung einen Hauch von Nostalgie. Dem Verschwinden von so viel Glanz und Gloria muss jedoch nicht nachgetrauert werden. Denn auch die Welt der Gastlichkeit, der Unterhaltung und des Vergnügens ist oftmals gefährdet und allemal vergänglich – was ich, der Vorwortschreiber, selbst erlebt habe, als man mich noch »Wirte-Napoleon« nannte. Verlorene Orte heißt ja nicht: für immer verloren. Mindestens im Gedächtnis einer Stadt bleiben sie erhalten oder sollten sie erhalten bleiben.

Karl Stankiewitz (mit dem ich zusammen übrigens 1946 eine Schülerzeitung gemacht habe) tischt so manche Episode aus der Geschichte der Münchner Gastlichkeit auf, die längst vergessen oder gänzlich unbekannt ist. Mich selbst hat zum Beispiel überrascht, wie oft und in wie vielen renommierten Bier- und Kaffeehäusern Münchens allerlei Revoluzzer hochaktiv waren. Oder wie einer meiner frühesten Vorgänger, der tüchtige Praterinselwirt Georg Gruber, »auf die Gant« und anschließend ins Kloster kam. Und überhaupt: wie es mit so vielen großartigen, legendären Tempeln der Geselligkeit, vom mittelalterlichen Tanzsaal bis zur modernen Location, irgendwann traurig zu Ende gegangen war.

Soll also der Schluss gezogen werden: Schluss mit lustig?

Langsam. Noch immer hat sich die Münchner Gesellschaft neu erfunden. In neuen Häusern, in neuen geselligen Kreisen, mit neuen Ideen, Organisations- und Umgangsformen. Behauptet doch ein traditionelles Trinklied: »... so lang stirbt die Gemütlichkeit in München noch nicht aus«.

Ich wünsch diesem Buch eine weite Verbreitung.

Richard Süßmeier hat im Raum München mehrere Gaststätten betrieben. Er war viele Jahre lang Sprecher der Wiesenwirte und immer für Gaudi gut und manchmal für kleine Politskandale. Er hat auch ein Buch übers Oktoberfest herausgegeben: »Auf geht's beim Schichtl!«

EINLEITUNG

Gegen das Vergessen

Die Idee war zunächst: ein Buch über die »verlorenen Orte« Münchens, über Gebäude, Lokalitäten, Monumente, Anlagen, die einstmals mehr oder weniger berühmt waren, dann auf irgendeine Weise verschwunden sind und nie wieder unter dem gewohnten Namen und in gleicher Gestalt wiedererstanden sind. Orte also, die nur noch in der historischen Erinnerung, in Archiven und vielleicht in einigen Akten weiterleben oder gänzlich vergessen sind.

Schon im frühen Mittelalter wurden die ersten nennenswerten Bauten abgerissen, kaum dass sie die Stadt verschönert oder beschützt hatten. Genannt seien nur die zahllosen Türme und Tore, die immerhin noch in überlieferten Bildern zu sehen, wenn auch kaum noch vollständig zu identifizieren sind. Die schlimmsten Kahlschläge erlebte München »natürlich« in den Kriegen; allein in den letzten vier Monaten des Zweiten Weltkriegs wurden – außer militärisch genutzten Bahnhöfen, Werkshallen, Flughäfen – viele Spitzenwerte der Stadtkultur zerstört: Frauen-, Peters-, Michaels-, Theatinerkirche, Feldherrnhalle, Hofgarten. Fast alle jedoch sind »glanzvoll« – so die gängige Schönschreibung – auferstanden aus rund 5 Millionen Kubikmetern Schutt und Ruinen.

Doch auch danach ist noch beklagenswert viel bauliche Substanz niedergemacht worden, ohne dass dies in jedem Fall zweifelsfrei geboten war. Diese Art »Rama dama« hat der Architekt Erwin Schleich schon 1978 in seinem Standardwerk »Die zweite Zerstörung Münchens« mit Engagement und Spürsinn angeprangert und illustriert.

Als »verlorene Orte« wären in besagtem Sinn zum Beispiel zu dokumentieren: städtische Einrichtungen wie die Spitäler, die Hauptwache oder der Dultplatz, königliche Schauräume wie die Wintergärten von Max II. und Ludwig II., Kirchen und Klöster der Augustiner und Franziskaner, Kulturtempel wie der Glaspalast oder die Tonhalle, Verkehrsanlagen wie die Isartalbahn oder die ehemaligen Flughäfen, Gewerbebetriebe wie die großen Kaufhäuser Uhlfelder und Roman Maier, Industriebetriebe wie die alten Mühlen oder das Eisenwerk Hirschau, Militärisches wie die Türken- und die Schwere-Reiter-Kaserne; und schließlich müssten wohl auch die verschwundenen Bauten der Nationalsozialisten wie das »Braune Haus«, die sogenannten Ehrentempel oder die Reichszeugmeisterei erwähnt werden.

Genug der Aufzählung. Erste Recherchen des Autors machten deutlich, dass eine annähernd komplette Darstellung aller wichtigen Verluste Münchens im Rahmen eines Buchs kaum möglich wäre. Die vorliegende Dokumentation will sich daher auf einen einzigen Komplex beschränken: auf Örtlichkeiten der Geselligkeit, der öffentlichen Lustbarkeit. Deren Wiederherstellung war in einer Zeit, die andere Probleme hatte, vielleicht weniger dringlich. Deren schier spurloses Verschwinden aber hat das Gemüt dieser Stadt tief getroffen.

Die Lebenslust und das öffentlich gezeigte Vergnügen, das man hier gemeinhin Gaudi nennt, waren ja allemal unzertrennlich mit der Münchner Lebensart verbunden. Es könnte sein, dass Erinnerungen an Stätten des Frohsinns, weil sie Emotionen wecken, in einer »Weltstadt mit Herz« für das Gedächtnis seiner Bürger kaum weniger wichtig sind als die Gewissheit von greifbar erhaltener oder gut erneuerter Substanz.

Wo immer möglich, sollen »verlorene Orte« nicht nur beschrieben, sondern auch durch bildliche Dokumente in Erinnerung gerufen werden. Dies freilich erwies sich als besonders schwierig. Dem Autor erging es bei der Suche ähnlich wie dem großen Karl Valentin, der ja auch ein großer Sammler war: »Wenn man die städtischen historischen Sammlungen wie das Stadtmuseum am Jakobsplatz und das Stadtarchiv an der Winzererstraße so genau durchwühlt wie ich, so bemerkt man, dass zwar aus den früheren Jahrhunderten viel mehr Material an Bildern vorhanden ist, als gerade aus der Zeit von 1850 bis 1900.« Dabei war gerade dies eine erste Blütezeit der Fotografie. Valentin behalf sich, indem er, mit Erfolg, über Aufrufe in den Zeitungen nach Fotos aus Privatbesitz fahndete. Inzwischen sind aber auch die öffentlichen Sammlungen durch Ankäufe und Vermächtnisse erheblich angereichert worden.

Die folgende, notgedrungen unvollständige Auswahl, soweit im Detail überhaupt noch rekonstruierbar, möge dazu beitragen, solche Orte mittels Text und Bild und Hinweisen auf spätere, auch aktuelle Veränderungen der völligen Vergessenheit zu entreißen.

»Aus is!«, hörte Oskar Maria Graf aus der Menge, die vor 100 Jahren im »Matthäser« einen Volksstaat Bayern forderte (siehe Kapitel »Burgen mit

Geschichte«, S. 53ff.). Auf derlei revolutionäre Parolen bezieht sich der Titel dieses Buchs allerdings nicht. Vielmehr greift er auf die letzte Strophe eines alpenländischen Volkslieds zurück, das in Bayern traditionell gerne am Ende eines Volkstanzabends gesungen wird:

I bedank mi bei de Spuileit,
i bedank mi fürs Bier,
ja, i bedank mi bei de Dirndl,
die tanzt ham mit mir.

Aber aus is und gar is
und gwiß is, daß wahr is,
aber schad is um mi,
weil i überbliebm bi.

Auch der legendäre Monaco Franze bedauert in Folge 7 der gleichnamigen Kultfernsehserie von Helmut Dietl das Schließen seiner Privatdetektei mit dem Spruch: »Aus is und gar is und gwiß is, dass wahr is.« Ganz im Sinne dieser für den Münchner so typischen, leicht fatalistischen Wehmut wollen wir in diesem Buch liebevoll an Vergangenes erinnern.

Karl Stankiewitz
München, März 2018

KAISER UND HAUSMAGD

Das Tanzhaus im Alten Rathaus war der Festsaal für alle Stände

Was für ein Fest, was für ein Volksvergnügen, als Kaiser Sigismund am 16. August 1434 zusammen mit den Bürgermeistern von Aachen und Frankfurt die junge Stadt an der Isar besuchte. Die bürgerlichen Obrigkeiten der Mönchssiedlung versorgten die Gäste mit reichlich Wein und Fisch und den offenbar unpässlichen Kaiser mit Arzneien. Auch dessen Leutseligkeit rühmte der Stadtschreiber Hans Rosenbusch. Der Kaiser lud die Münchner und Münchnerinnen ins »tanczhaws«, allwo er sogar einer »hawsdyrn« (Hausmagd) die Hand gereicht haben soll.

Dieses Tanzhaus war ein großer Saal, der beim Umbau des Rathauses 1392 bis 1394 mit Brettern belegt wurde, die den Tanzboden bildeten. Gleichzeitig wurde das alte Stadttor zum Rathausturm umgestaltet. Saal wie Turm befinden sich, mehrmals verändert und rekonstruiert, heute noch an gleicher Stelle. Es galt von Anfang an schon als eine Besonderheit, dass Münchens Tanzhaus fast immer auch von der gesamten Bürgerschaft genutzt werden durfte. Man feierte hier also nicht nur die Visiten aus anderen Städten, von Herzögen oder noch höheren Chargen, sondern auch gewöhnliche Hochzeiten, Faschingsbälle und andere festliche Ereignisse.

Manchmal bat das Herrscherpaar, das im Alten Hof einen eigenen, mehr dem Kartenspiel dienlichen Tanzsaal hatte, höchst selbst zu Spiel und Tanz oder gar zum Gastmahl, gelegentlich auch zum Turnierstechen. So lud Herzog Stephan III. die Münchner Bürgerinnen zur Sonnen-

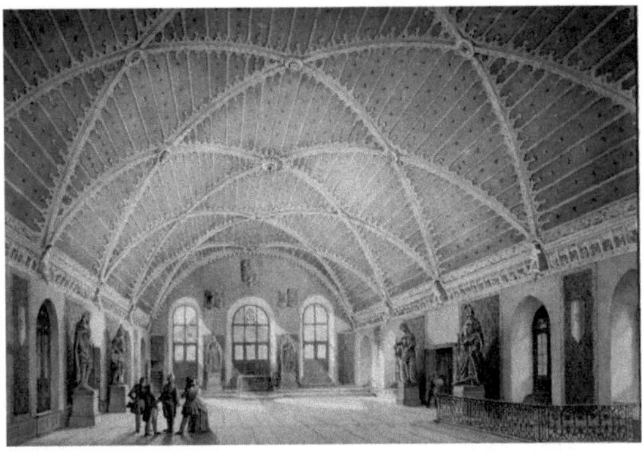

Spätgotischer Tanzsaal des Alten Rathauses mit Moriskentänzern (Erasmus Grasser) und Modellen der Wittelsbacher Ahnengalerie (Ludwig Schwanthaler), Zeichnung von Gustav Seeberger, um 1860.

wendfeier 1403 ins städtische Tanzhaus. Für Männer und die reife Jugend ließ der Rat Sitzbänke vors Rathaus bringen. Gemeinsam tanzte die gesamte Bürgerschaft bei Kerzenlicht, während Wächter die verlassenen Bürgerhäuser sicherten. Für den Schankwein und das Kerzenwachs musste die Stadt sorgen.

Ab 1470 wurde das Rathaus abgerissen und das Tanzhaus, gleichzeitig mit der Liebfrauenkirche, an derselben Stelle, größer und schöner, neu gebaut. Der Backsteinbau bekam zum Marktplatz hin eine bemalte Fassade. Im Keller wurden eine Schergenstube mit Stadtgefängnis und mehrere Brotläden eingerichtet. Der große Saal im Obergeschoss hatte schwere, schwarze Leuchter, die allerdings immer wieder »bessert« werden mussten. Auch finanziell gab es beim Bau manch Ärger. Erst im Januar 1478 wurde das neue Alte Rathaus eingeweiht, in dem Herzogin Kunigunde die Huldigungen der Münchner Gesellschaft entgegennehmen konnte. Der Tanzsaal mit seinem getäfelten Tonnengewölbe und dem schönen Wappenfries blieb fortan der gesellschaftliche Mittelpunkt der Stadt.

Gepflegt wurden zwei Tanzarten: Der im Tanzhaus übliche »trettende tancz« besteht aus einem schleifenden Umhergehen der Tänzer, während der »resche tancz« auf der Gasse eher ein Umherhüpfen ist. Der im späten 15. Jahrhundert aus dem Orient importierte »Moriskentanz« war kein Volkstanz, sondern eine Art Ballett. »16 pilder Maruschka tanntz« hat der geniale Erasmus Graser 1480 geschnitzt, zehn blieben erhalten. Deren Originale gingen ins Stadtmuseum, die Kopien erinnern heute im Saal des nach 1951 wiederaufgebauten Alten Rathauses an dessen Vergangenheit.

Ein ganz großes Bürgerfest im neuen Tanzhaus wird aus dem Jahr 1559 gemeldet. Zur Hochzeit des 19-jährigen Herzogsohnes Wilhelm mit der 24-jährigen Renata von Lothringen bewegte sich am 22. Februar ein Festzug durch die Stadt. Das Festmahl wurde musikalisch begleitet von einer Schlachtensymphonie und einer sechsstimmigen Mottete des berühmten Immigranten Orlando di Lasso. Nach der Frühmesse am nächsten Tag begegnete das hohe Brautpaar den Bürgern auf dem Tanzhaus der Stadt bei einem Ball, der bis gegen 6 Uhr abends dauerte.

Derselbe Herzog Wilhelm V., unter jesuitischem Einfluss zum religiösen Fanatiker gewandelt, hat dann 1597 die öffentlichen »Dänz und allerhandt vergleichbare Leichtfertigkeiten« abgeschafft und »verbotten«, wie später gar noch das »Schreien, Jauchzen und Jodeln auf der Gasse«. Teilnehmer eines privaten illegalen Tanzabends im Privathaus eines Stadtrats wurden in die Schergenstube gesperrt. Die Pest, die Gegenreformation, der Dreißigjährige Krieg, die Türkeneinfälle trübten ohnedies die Lust der Bürger am tänzerischen Vergnügen. Im Zeitalter der Aufklärung entstanden schließlich ganz andere Etablissements für derlei Geselligkeit. Diese waren zunächst allerdings nur dem Hochadel und dem unter Ludwig I. und Max II. emporkommenden Geldadel zugedacht.

POSSEN UND MASKEN

Das Redoutenhaus in der Prannerstraße bot allerlei Amüsement

Ob Max Emanuel die Idee vom Carneval in Venedig oder von seinem langjährigen Exil in Frankreich heimgebracht hat, ist noch nicht erforscht worden. Jedenfalls erwähnt die Stadtchronik im Jahr 1718 die erste »Redoute« – also einen Maskenball – in der Residenz des an Lust und Luxus gewohnten »Blauen Kurfürsten«, der zehn Jahre später an einem Magenleiden starb. Anfangs handelte es sich um einen neuartigen Festball, der alljährlich im Januar und Februar im Saal des Alten Rathauses stattfand. Dabei durfte man sich nicht mehr beliebig kostümieren, wie bisher bei derlei Belustigungen üblich. Harlekin, Columbine und die anderen Spaßfiguren, die Max Emanuels Mutter Adelaide aus ihrer italienischen Heimat importieren und sogar in Porzellan formen ließ, kamen aus der Mode.

Gefragt waren jetzt auch nicht mehr die schwarzen oder farbigen Dominos, über die ein von Goethe gern genutzter Reiseführer spottete: »Man unterscheidet Frauenspersonen nur an den unter den Mänteln hervorragenden Röcken.« Vorgeschrieben waren stattdessen bei dem wohl aus Italien importierten »Ridotto« (deutsch: Zufluchtsort) eine Halb- oder Nasenmaske zur sonst normalen eleganten Ballbekleidung. Zugelassen waren nur Damen und Herren von Adel. Doch konnte sich jedermann eine Maske kaufen, sodass sich die Gesellschaftsschichten doch vermischten, ohne sich erkennen zu müssen. Das Programm bestand aus Musik, Tanz und Unterhaltung, aber sogar Glücksspiele waren erlaubt.

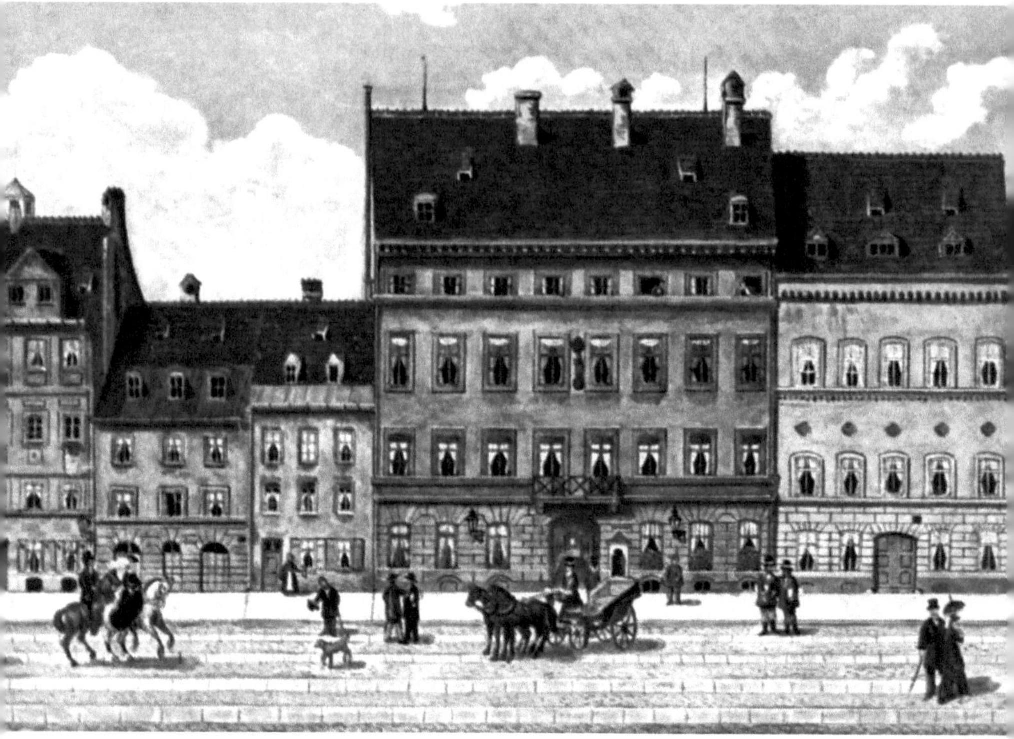

Das ehemalige Redoutenhaus (Gebäude mit Balkon) an der Prannerstraße, Lithografie von Oskar Rickerl, 1884.

1773 wurde in der Prannerstraße 20 (heute Nr. 8) ein neues Redoutenhaus feierlich eröffnet. Dort und im Hoftheater am Salvatorplatz fand fortan, hauptsächlich zur Faschingszeit, nach französischem Vorbild, eine sogenannte Maskierte Akademie statt. Dort durfte man »in und ohne Maske« erscheinen. Das Publikum wurde durch Pantomime, kleine Possen und Konzerte belustigt. »Höchsten Herrschaften« waren Spieltische vorbehalten. Vor dem Redoutenhaus warteten geschlossene Wagen auf heimkehrende Besucher – Vorläufer der Mietdroschken und Taxis. »Da aber der Tanz fehlt, mangelt hier ein mächtiges Lebensprinzip der Freude«, mäkelt der Historiker Felix Joseph von Lipowsky.

Zwei regelmäßigen Besuchern aus Augsburg mangelte es keinesfalls an Freude: Vater Leopold Mozart und Sohn. Wie sie in München »die Leut foppen«, berichtete Wolfgang Amadeus als Bub an die Familie. In den

Ballsälen übte er fleißig den Trippelschritt des modischen Menuetts. Als 19-Jähriger schrieb er im Auftrag des bayerischen Kurfürsten die Opera buffa »La finta giardiniera«, die wegen der Verwechslungsszenen und Maskeraden auch »Carnevalsoper« genannt wird; nach der Uraufführung am Salvatorplatz am 13. Januar 1775 stürzte sich Wolferl mit dem Papa und Schwester Nannerl abermals ausgelassen in Münchens Fasching und kehrte erst drei Monate später nach Salzburg zurück.

Weil man das Redoutenhaus für die verfassunggebende Ständeversammlung, also praktisch als erstes Parlament Bayerns, zweckentfremdete, ließ Kronprinz Ludwig I. von Leo von Klenze eine andere Bühne für die Ballsaison »ohne Belastung der Staatskasse, so schnell wie möglich ausführen«: das Odeon. Zum Faschingsauftakt 1828 bat der Hof zur Eröffnung dieses neuen, nunmehr »königlichen Redoutengebäudes«. (Da das Odeon heute noch als Lichthof des bayerischen Innenministeriums besteht, wird es in diesem Buch nicht als »verlorener Ort« eigens geschildert).

Schon zu Ludwigs Lebzeiten war der teure, klassizistische Monumentalneubau am Odeonsplatz von den Münchnern kritisiert und eher gemieden worden. Bald fanden sie in ihrer so gründlich modernisierten Stadt viele andere Tanz- und Amüsierstätten. Im Reiseführer »München, dessen Kunstschätze, Umgebung und öffentliches Leben« stellt der Landschaftsmaler und Schriftsteller Felix von Schiller im Jahr 1841 fest: »An allen Vergnügungsorten sind Tanzplätze eingerichtet, wo die unteren Klassen sich an Sonntagen vergnügen, aber auch an den hohen Herrschaften kann man die Beobachtung zur Genüge machen, wie mit einer Leidenschaft die Münchner Damen tanzen; es scheint diese Vorliebe ihnen schon angeboren zu seyn.«

Nach Abriss des nicht mehr verwendbaren Redoutenhauses in der Prannerstraße wurde an derselben Stelle ein neues Landtagsgebäude errichtet. Es fiel 1944 den Bomben der Alliierten zum Opfer. Danach entstand hier ein sechsstöckiger Bürokomplex, in dessen Innenhof 2008 ein großer Brunnen mit Wasserfall installiert wurde.

VIEL LOS BEIM FRANZOS

Das Leuchtenbergpalais lockte in der Napoleonzeit »tout Munich«

Der schönste Adelspalast des frühen 19. Jahrhunderts wurde von einem französischen Emigranten in München finanziert, bewohnt und als erste Adresse des Amusements betrieben. Der Bauherr hieß Eugène de Beauharnais. Er war der adoptierte Stiefsohn Napoleons, Vizekönig von Italien und Schwager des bayerischen Kronprinzen und späteren Königs Ludwig I., zu dem er allerdings ein sehr gespanntes Verhältnis hatte. Obwohl dieser partout nicht wollte, dass sich »der Franzos hier niederlässt«, entwarf sein Chefplaner Leo von Klenze in dessen Auftrag 1816 den feudalen Ansitz, welcher als »Leuchtenbergpalais« bekannt wurde. Beauharnais war nämlich vom ersten Bayernkönig Max I. Joseph, seinem Schwiegervater, zum Herzog von Leuchtenberg geadelt worden.

Mit Baumaterial aus der Ziegelei des Franzosen errichteten 300 Maurer das erste repräsentative Gebäude am Entrée der bald so genannten Ludwigstraße: drei Geschosse, drei freistehende, mit Säulen strukturierte Fassaden im Stil des »klassischen Klassizismus«, Balkon, 250 Zimmer mit luxuriösem Mobiliar und Seidentapeten, zwei Küchen. Das vom Bauherrn persönlich ausgewählte Interieur galt als »eines der hochbedeutsamsten Raumkunstwerke des 19. Jahrhunderts«. Hier fanden sich ein Ballsaal und zwei weitere Festsäle, eine Bibliothek mit Wiegendrucken, ein Innenhof mit Neptunbrunnen und drei Wirtschaftshöfe, Stallungen, Remisen, Werkstätten und Dienstwohnungen.

Ein Theater mit mindestens 130 Plätzen, stilgerecht mit dem Lustspiel »Der Pascha« eröffnet, inszenierte en suite die damals beliebten »lebenden Bilder«; sie konnten sogar durch ein selbstspielendes »Panharmonikum« musikalisch begleitet werden. Glanzstück war die Bildergalerie, die der Krösus Beauharnais gleich der Allgemeinheit öffnete. Er brachte eine Sammlung von etwa 3000 Alten Meistern ein und bestellte Bildwerke bei zeitgenössischen Künstlern wie zum Beispiel Bertel Thorvaldsen. Ehefrau Amalie Auguste kam sich hier vor »wie im Theater«, und sogar der sonst die französische Verwandtschaft so ablehnende Bruder Ludwig kam ins Räsonieren: »Üppige Mädchen sind die Grazien, Lüsternheit weckend […].«

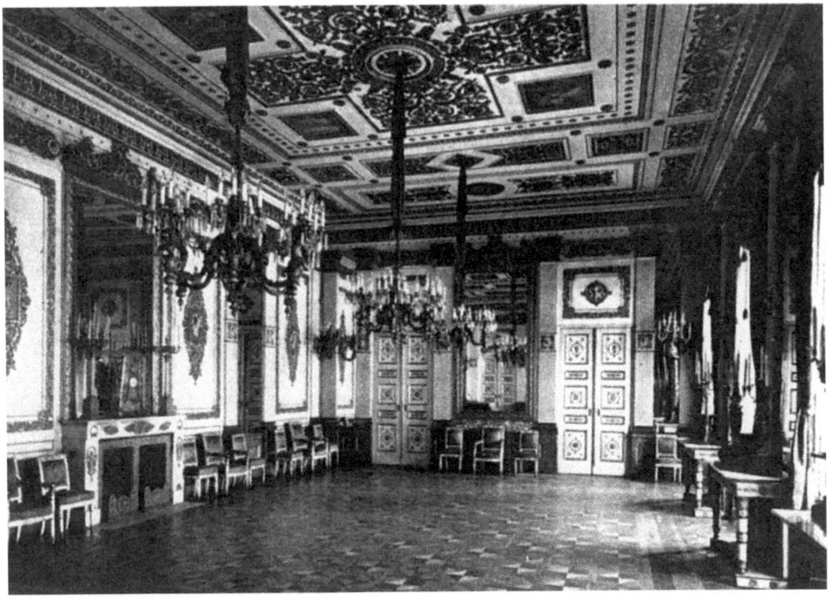

Der von Jean Baptiste Métivier 1845 in Empireformen dekorierte Ballsaal des Palais Leuchtenberg zählte zu den eindrucksvollsten Räumen dieser Art in München, Fotografie 1934.

Die allerbeste Gesellschaft, »tout Munich«, traf sich regelmäßig im schönsten Münchner Adelspalast. Die Empfänge, Soireen und Feste, die »der Franzos« gab, sollen sogar die am königlichen Hof übertroffen haben. Höhepunkt war die Vermählung der Prinzessin Amélie von Leuchtenberg mit Kaiser Dom Pedro I. von Brasilien im August 1829, bereits nach dem Tod des Vaters Eugène de Beauharnais. Das Anwesen ging dann an seinen Sohn Maximilian. Der siedelte nach St. Petersburg über und heiratete eine Zarentochter, die das »Palais de Munich« an ihren angeheirateten Vetter Luitpold verkaufte.

Luitpold wurde Jahrzehnte später bayerischer Prinzregent. Er vererbte den Prachtbau seinem Sohn Ludwig, der ihn als König Ludwig III. bis zur Revolution von 1918 bewohnte. Dessen Sohn wiederum, Kronprinz Rupprecht, hatte hier nur noch eine bescheidene Wohnung, das Palais war ihm zu teuer. 1922 wurden die Stallungen als Autogaragen vermietet. In der NS-Zeit plante das Hochbauamt die Nutzung für die Musikakademie im benachbarten Odeon. Bomben begruben alle Pläne.

Den Krieg konnten nur die dicken, tragenden Mauern des Palais Leuchtenberg überdauern. Die Wittelsbacher wollten das notdürftig renovierte Gebäude für Bürozwecke anbieten, doch musste Prinz Adalbert, der Chef des Hauses, in den 1950er-Jahren das bauliche Immobilienfilet dem Freistaat Bayern übereignen, bei dem er – wegen verhängnisvoller Devisengeschäfte seiner gräflichen Vermögensverwalterin – mit 3 Millionen Mark in der Kreide stand. 1961 wurde alles, was vom Leuchtenbergpalais übrig geblieben war, mit Stumpf und Stil abgebrochen – mit Ausnahme des südwestlichen Säulenbalkons. Auch der Seitentrakt in der Fürstenstraße, dessen Wände noch Dekorationen des Theatersaals trugen. »War dieser Verlust notwendig?«, fragte der Architekt Erwin Schleich in seiner kritischen Schrift »Die zweite Zerstörung Münchens«.

1957 beschloss die Staatsregierung die »millimetergenaue Wiederherstellung« des Hauptbaus als Zentralsitz des Finanzministeriums. Zum Glück besaß man nicht nur die historischen Pläne, sondern auch Detailzeichnungen, die der TH-Professor Hans Döllgast im Bombenjahr 1943 von Studenten hat anfertigen lassen. Von der ursprünglichen Bestimmung jener großartigen Repräsentation und Geselligkeit ist beim Wiederaufbau bis 1967 allerdings nichts geblieben. Über einen funktionalen Säulenbetonskelettbau wurde zwar die äußere Erscheinung der Fassade am Odeonsplatz Nr. 4 rekonstruiert. Der neue Grundriss aber wurde auf die Bedürfnisse einer Verwaltung mit insgesamt 24 000 Beamten zugeschnitten. Allein das Obergeschoss blieb gewissermaßen als »Beletage«. Hier lagen auch die Räume des Staatsministers der Finanzen Markus Söder – eher er im März 2018 zum Ministerpräsidenten aufstieg. Bayerische Finanzminister waren ja allemal so etwas wie kleine Fürsten. Gebieten sie doch über 45 Schlösser, Burgen und Residenzen im Land.

ZITHERMAXL SPIELT AUF

Tanz, Theater und Indianer wurden im Herzog-Max-Palais geboten

Eine Wohnung für ein junges Fürstenpaar wollte Architekt Klenze errichten und komplett einrichten. Ein mehr als standesgemäßes Domizil hatte

König Ludwig I. damit seinem Vetter Maximilian und seiner Halbschwester Wilhelmine Ludovika 1828 an »seiner« Straße vermittelt. Nicht weniger als eine halbe Million Gulden (nach heutigem Wert fast 7 Millionen Euro) investierte Herzog Max in Bayern in das Palaisprojekt.

So konnte Leo von Klenze einen noch schöneren und größeren Palast als für den Herzog von Leuchtenberg hinstellen: Die Hauptfront 63 Meter, zwei Seitenflügel je 43 Meter lang. Nur noch italienische Stadtpaläste der Renaissance waren vergleichbar. Und dann erst das Interieur! Da gab es, ausgestattet mit kühlendem Springbrunnen und fünf weiteren Festräumen, eine Bibliothek mit 27 000 Bänden, eine Hauskapelle, in der täglich die Messe gelesen wurde, Kanzlei, Archiv und vieles mehr.

Der Herzog, beliebt in der bürgerlichen wie in der adeligen Gesellschaft und wie sein königlicher Cousin den Frauen sehr zugetan, verstand es zu feiern in seinem neuen prächtigen Palais, das namhafte Maler und Bildhauer ausschmückten. Bis zu 700 Tänzer und Tänzerinnen soll er zu Maskenfesten eingeladen haben. Bei Konzerten oder den geliebten Herrenabenden spielte der Herzog auf der Zither Volksmusikweisen. Neben einem kleinen privaten Haustheater gab es im hübsch dekorierten Garten sogar eine eigene kleine Zirkushalle, wo der Hausherr selbsteinstudierte Dressur- und Reiterkunststückchen vorführte.

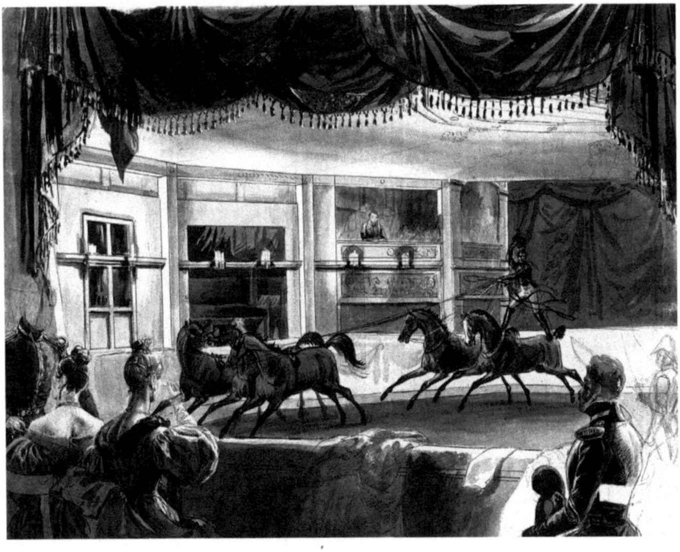

Zirkusvorführung im Herzog-Max-Palais, Heinrich von Mayr, um 1830.

Nach italienischem Vorbild veranstaltete der »lustige Herzog« Korsofahrten auf der Ludwigstraße. In kleinem Kreis traf sich der »Zithermaxl«, wie man ihn auch nannte, regelmäßig mit Gleichgesinnten, vor allem mit Künstlern, zur »Artus-Runde« mit mittelalterlichen Gelagen oder zu »altenglischen Dinners« in den Salons, von denen einer ein Spielcasino war. Er trug eigene Gedichte vor, ließ sich selbst bedichten und zeigte seinen Gästen beleuchtete Stereoskopiebilder. Stammgast war unter anderem der ebenso lustige Kasperl-Erfinder Franz von Pocci, der in der Runde als »Kanzler Poppo von Ammerland« bekannt war.

Nach dem Tod von Herzog Max in Bayern infolge eines bei einem Herrenabend erlittenen Schlaganfalls im Jahr 1888 übernahm sein Sohn Carl Theodor das Anwesen. Er, zu dessen Verehrern sein Jugendfreund Ludwig II. zählte, betätigte sich in der von Professor Bernhard von Gudden gegründeten Anstalt für Psychiatrie, widmete als berühmter Augenarzt in einer eigenen Klinik sein Lebenswerk den Kranken. Im Palais jedoch wurde weitergefeiert. Zu den Gästen kamen jetzt Professoren hinzu und allerlei Exoten wie etwa die Indianer aus der Truppe des Buffalo Bill.

Mit dem Tod Carl Theodors im Jahr 1909 erlosch das gesellschaftliche Leben in Münchens schönstem Stadtpalast. Nach Zwangsbelegung im Ersten Weltkrieg musste Herzog Ludwig Wilhelm, der sich um die heimischen Trachten und die von Kiem Pauli gesammelte Volksmusik verdient gemacht hat, die meisten Räume vermieten. In seine Privatgemächer zog die Deutsche Bank ein. Als Demokrat und Hitler-Gegner floh Herzog Ludwig Wilhelm 1938 mit seiner Frau in die USA, wo er als Landwirtschaftsberater arbeitete.

Im Jahr zuvor hatte er das Palais unter Zwang an die Reichsbank verkauft. Die ließ es unverzüglich abreißen, um mit einem Neubau zu beginnen. Elf Bombentreffer brachten die Arbeiten zum Erliegen. Nach dem Krieg entschloss sich die Landeszentralbank zögerlich, den Torso zu vollenden. Professor Carl Sattler schuf einen, wenigstens in den Dimensionen der neoklassizistischen Umgebung angepassten, Zweckbau. Heute hat hier die Hauptstelle München der Deutschen Bundesbank ihren Sitz.

An die Grandezza und Geselligkeit von einst erinnern in dem Haus Ludwigstraße 13 nur noch ein paar gerettete Versatzstücke: das Schwanthaler-Fries, die Kaulbach-Fresken, einige Kachelöfen und Parkettfußböden. Immerhin gibt eine kleine Tafel an der Hauswand bekannt, dass hier am Heiligen Abend des Jahres 1837 der Herzogin Ludovica als viertes

Kind eine Tochter geboren wurde, die auf den Namen Elisabeth Amalia Eugenia getauft und später als Kaiserin Elisabeth von Österreich weltberühmt wurde. »Sisi« hat ihre glückliche Kindheit allerdings weniger in dem hochvornehmen Stadtpalast verbracht als vielmehr in Vaters Landschlösschen Possenhofen am Starnberger See.

PLÄTSCHERN UND PLAUDERN

Nicht nur im Mittelalter dienten Bäder eher der puren Unterhaltung

Wasser ist zum Waschen da, heißt es banal. Infolgedessen dient das Bad in erster Linie der Reinigung, aber auch dem bloßen Plätschern und Erfrischen, dem Schwimmen, der Gesundheitspflege, der Kur. Darüber hinaus aber waren Bäder aller Art, einschließlich der Heilbäder, immer auch Stätten der Geselligkeit und der Kommunikation. Der von der Stadt München lizenzierte Bader ließ Männlein und Weiblein nicht nur zur Ader oder behandelte sie sonstwie, er erzählte auch allerlei Klatschgeschichten, woran noch der Ausdruck »salbadern« erinnert. Plauderstündchen im Bad.

Die frühen Münchner Bäder waren also Häuser des Wohlfühlens, was man heute gemeinhin »Wellness« nennt. Symbolisch wurden sie sogar als »Jungbrunnen« propagiert. Und nicht selten dienten sie – von der städtischen Obrigkeit mehr oder weniger geduldet – als Freudenhäuser, als Bordelle. Das »Goldene Zeitalter« von Lukas Cranach der Ältere, Schmuckstück der Alten Pinakothek, ist ein Dokument jener Lustbarkeit. In der Stadtchronik häufig verzeichnete Verbote lassen jedenfalls erkennen, dass es selbst in den einfachen »Schwitz-Hütten« und ähnlichen Etablissements nicht immer gesittet zuging.

Im frühen Mittelalter gab es in München bereits am Färbergraben, durch den ein Bach floss, ein solches »padhaus«. Zu verorten sind außerdem: das Kreuzbad am heutigen Promenadeplatz, das Wierbad an der Lederergasse, das Spitalbad an der Rossschwemme (Rosental), das

Isarwinkelbad an der Dultstraße, das Rosenbad im Krottental, dem heutigen Rosental, das Gughanbad am Unteranger, das Scharpfen- oder Heinrichsbad am Anger. Dem Kloster Schäftlarn gehörte das Schefftlbad am Färbergraben. Des Weiteren waren gemeldet: das Schrammenbad in der Schrammengasse, das Herzogbad in der Nähe des Alten Hofes, das Würbad in der heutigen Hochbrückenstraße, das Türlbad in der Ledererstraße, das Radl- oder Teckenbad am Radlsteg. Für seine weiblichen Angestellten betrieb der Kaufmann Karl Vogt ein eigenes Frauenbad.

Bessere Bürger ließen sich dann im 17. Jahrhundert luxuriöse Badesalons bauen, in welchen wohl auch zeitgemäße Galanterie ihre Spielplätze hatte. Da gab es Porzellan- und Schaukelbadewannen sowie die ersten Tropf- und Duschapparate. Für Reisen ließen sich die Herrschaften mobile Badewannen kunstvoll anfertigen. Als Gipfel barocker Repräsentation galt das eigene Badeschlösschen. Ein hervorragendes Beispiel, das man heute noch bestaunen kann, ist das erste beheizbare Hallenbad der europäischen Neuzeit: die Badenburg mitten im Nymphenburger Schlosspark, errichtet nach Plänen von Joseph Effner in den Jahren 1718 bis 1722.

König Ludwig I. hielt vom Baden wenig: nicht eine einzige Wanne ließ der baulustige König in den neuen Südflügel seiner Residenz einplanen. Stattdessen musste man ihm zweimal im Monat im ebenfalls neuen Hotel »Bayerischer Hof« am Promenadeplatz ein heißes Bad zubereiten. Zur Stahlbadkur indes reiste er mit seiner Lola Montez nach Bad Brückenau.

Den städtischen Badeanstalten erwuchs Konkurrenz durch privat betriebene Bäder. Im Bereich der Isar, der Würm und ihrer Kanäle erlebten sie im späten 19. Jahrhundert geradezu einen Boom. Als Beispiel sei hier das vor den Toren der Stadt in Bogenhausen gelegene Bad Brunnthal erwähnt: In der Beilage der »Münchener Politischen Zeitung« vom 29. Juni 1822 wird anlässlich der Wiedereröffnung der Badeanstalt unter neuem Besitzer bekannt gemacht, dass: »[...] in jedem Zimmer dieser Badeanstalt eine kupferne und blecherne Badewanne stehe, daß jeder das warme und kalte Wasser in dem Bad selbst einlaufen lassen könne, daß in jedem Badezimmer 1 Leibtuch in der Wanne, 1 Einschlagtuch statt dem Bademantel, 1 Handtuch und 1 Bodentuch, nebst Seife, sich befinde, und daß die Titl. Badegäste auf Verlangen mit Coffee, Chocolade, Wein, Bier und Liqueurs, dann Schinken, Käs und Butter, gegen billige Preise, bedient werden.«

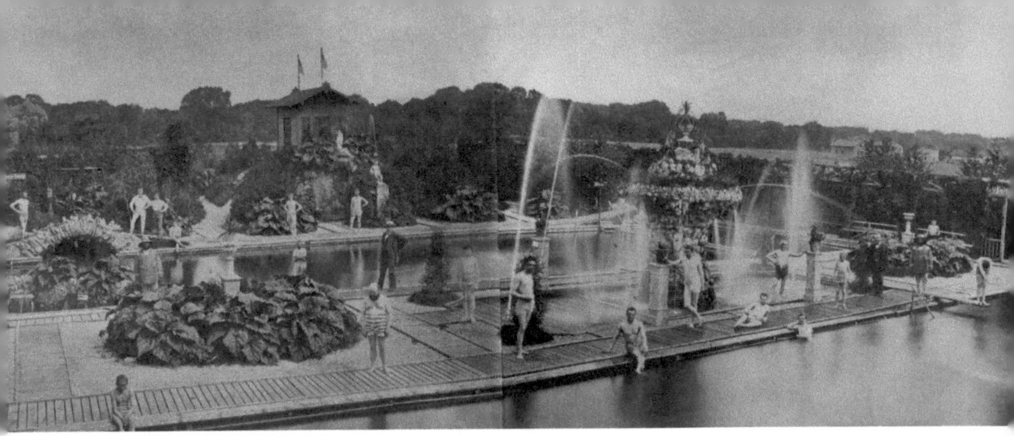

Das Schwabinger Germania-Bad mit Badegästen, 1910.

Die Münchner Bäder konnten erheblich mehr bieten als nur Becken und Brausen mit »krystallklarem Wasser«. Vor allem das große Ungererbad. Es hatte lustige Springbrunnen, Kaskaden und einen Bach, der sich in der Erinnerung von Viktor Mann von einem Hügel aus durch Nadelwald und Blumenwiesen schlängelte. »Die Quellen speisten auch das ›Froschbassin‹, ein großes Schwimmbecken mit einem riesigen grünen Frosch und einem Glasglockenspiel und den ›Luitpoldsee‹, eine Erweiterung mit idyllischen Inseln und rosenbehangenen Brücken.«

Kuranstalt Bad Thalkirchen, 1900.

In Schwabing gab es außerdem das Ludwigsbad, das sich der Bogenhausener Großbauer Kaffl leistete, und das Germaniabad, das der Lodenkönig Frey an der damaligen »Schwarzen Lache« im üppigsten Gründerzeitstil 1876 erbauen ließ. Der Betreiber von »Bad Thalkirchen« ließ seine Kurgäste mit der Kutsche aus München holen. Nur wenige dieser Luxusfreibäder überlebten den Ersten Weltkrieg.

Bürgerinitiativen wie die »Isarlust« sind derzeit, unterstützt von Kommunalpolitikern, konkret darum bemüht, der Isar und ihren Auen mehr »Erlebnisqualität« zuzuführen. Zum Beispiel in Gestalt eines großen Flussbades unterhalb des Deutschen Museums.

WER KO, DER KO

Der Pferdeparcours war einmal das Herz des Oktoberfests

Für das »oide«, das historische Oktoberfest war es Keimzelle und Herz, es bot den eigentlichen Startplatz und den alljährliche Höhepunkt der alljährlichen Festtage: ein Oval mit immerhin 3570 Metern Länge, das ungesattelte Pferde drei Mal umrunden mussten. Die ovale Form, längst um ein Vielfaches vergrößert, hat das ganze Oktoberfest immer noch. Ausgerechnet das historische Original jedoch, die Rennbahn, ist seit 1913 verschwunden. Nur noch bei besonderen Ereignissen, zuletzt beim Jubiläum im Jahr 2010, wird auf der Wiesn nach traditionellem Vorbild geritten.

Einen Standort fürs Huldigungs-Rennen hatte der Initiator, Major Andreas Michael Dall'Armi von der Cavallerie-Division der Königlichen Bairischen National-Garde III. Klasse, dem Kronprinzen Ludwig zu dessen Vermählung mit der sächsischen Kronprinzessin Therese in seiner Eingabe vom 2. Oktober 1810 »allerunterthänigst« vorgeschlagen und so wurde sie auch bewilligt: »Auf den Aengern von der Basinger Straße an, hinter dem neuen Spital, bis an die Dorfschaft Sendling«. Also unterhalb des damaligen »Sendlinger Berges«, der inzwischen Theresienhöhe heißt, auf der Wiese, die im selben Jahr noch »Theresens Wiese« getauft wurde.

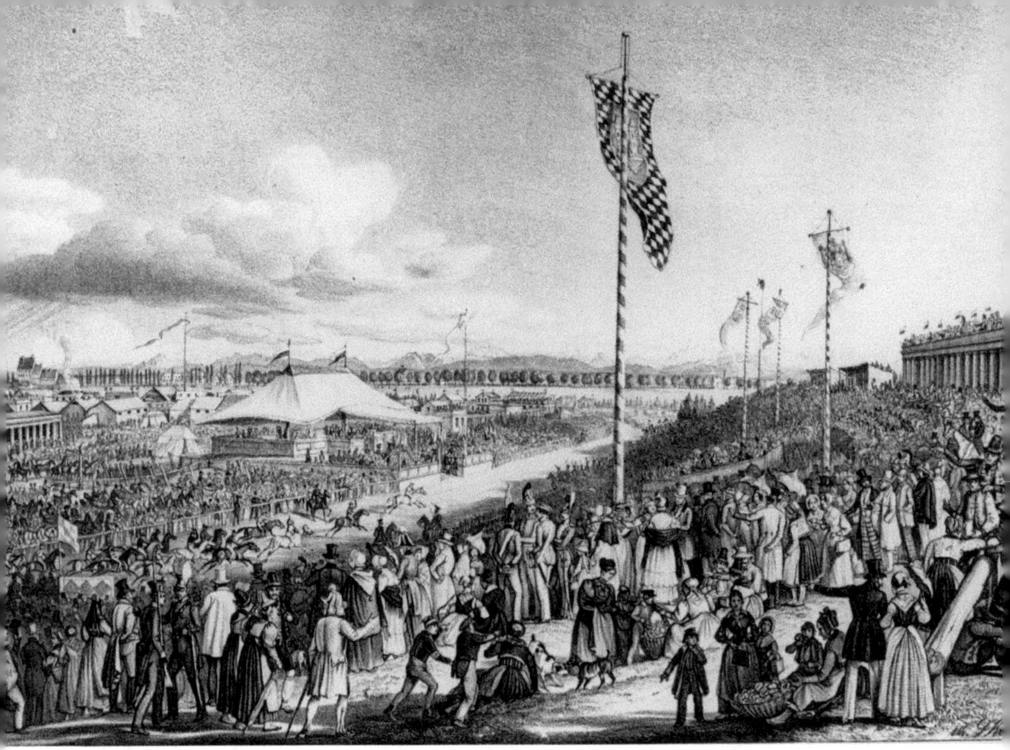

»Pferderennen bei dem Landwirtschaftlichen Oktoberfeste«, Lithografie von Gustav Wilhelm Kraus, 1844.

Neben der Bahn wurden Tribünen für 40 000 Zuschauer errichtet, dazu natürlich Wein- und Bierbuden. Das erste Rennen fand allerdings, entgegen häufiger Behauptung, nicht schon im Rahmen der Vermählungsfeier statt, sondern fünf Tage später. 30 Pferde wurden an den Start geführt. Unter dem »Jubelgeschrey des Volkes«, begleitet von Musikchören und Gesängen, galoppierte das Ross des Lohnkutschers Franz Baumgartner, dem die eigentliche Idee für das Rennen zugesprochen wird, nach genau 18 Minuten und 14 Sekunden ins strohgepolsterte Ziel. Unteroffizier Baumgartner empfing 20 Dukaten und eine prächtige Fahne, der siegreiche Reiter selbst nur eine Blechmedaille. Das drittschnellste Pferd gehörte dem »Rennmeister« Franz Xaver Krenkl.

Dieses schob sich beim dritten Rennen, 1812, schon auf den ersten Platz, was Rössern aus dem Krenkl-Stall noch weitere 13 Mal glücken sollte. Daher wurde der Bäckerbub aus Landshut, der als Lohnkutscher, Pferdezüchter und Pferdehändler in München allmählich ein flottes Unternehmen aufbaute, von der Presse zum »Löwen der Rennbahn« ernannt.

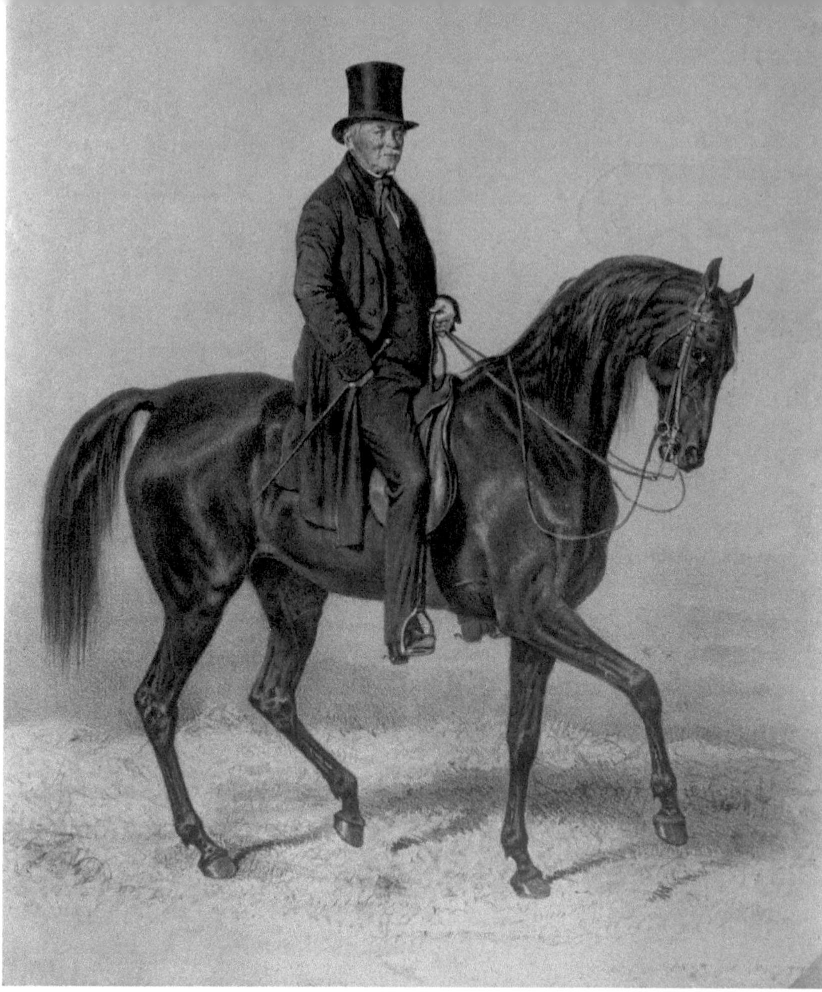

»Franz Xaver Krenkl im 80. Lebensjahre, hoch zu Roß«, Zeichnung von Benno Adam, 1859.

Noch berühmter waren seine kecken Sprüche, wenngleich das »Wer ko, der ko« (beim verbotenen Überholen der königlichen Karosse im Englischen Garten) vielleicht nur eine Legende ist. Jeder Pferdebesitzer durfte sich zum fortan alljährlichen, allseits beliebten »Rennats« melden – in Frack, weißer Hose, weiß-blauer Schärpe, Stulpnstiefeln und Zylinder.

Die Organisation des Pferderennens samt Viehmarkt und -prämierung übernahm der »Landwirtschaftliche Verein«. Die ersten Rennmeister waren denn auch Bauern. Danach überwiegend Kutscher, Gastwirte, Brauer, Posthalter, in der zweiten Jahrhunderthälfte eher Privatiers,

Kaufleute und Fabrikanten. Dagegen wurden die sogenannten Rennbuben, die Reiter, in den kostbar ausgestatteten Chroniken nur beiläufig und namenlos erwähnt. Allerdings mussten sie ihr Feierabendzeugnis vorweisen, notfalls genügte die Bestätigung ihres Rennmeisters, dass sie »brav« seien. Später bekamen sie eine Uniform, die der heutigen Jockey-Bekleidung ähnelte: Kappe, blaue Jacke mit Kordeln, schneidige Reithosen.

So wurden die Huldigungsrennen allmählich professionell. Ab und zu bereicherten »Trabfahrten« und Nachrennen das Programm, das ab 1819 der Magistrat organisierte und finanzierte. Irgendwann passte die Gaudi mit den Pferdln nicht mehr so recht auf die immer üppiger wachsende Wiesn: neue, exotische Reize lockten. Zu wenig Platz, zu wenig Geld, zu wenig Interesse. Zumal die Münchner draußen an der Schleißheimer Straße inzwischen stationäre Anlagen vorfanden, wo sie richtigen Pferdesport erlebten und dabei gar noch wetten konnten.

In jüngerer Zeit erinnerten auf der Theresienwiese allenfalls noch das – aus Tierschutzgründen nicht mehr »berittene« – Hippodrom mit seinem Schampus-Publikum, das eine oder andere Reite-Reite-Spektakel für Kinder und auf der »Oidn Wiesn« eine winzige Arena, wo man immer noch brave Ponys herumführen kann, ein wenig an das Herz des großen Volksfestes. Es ist verloren und vergessen – wie manch andere Oktoberfest-Attraktion. Allein die Bräurösser stehen noch im silbernen Geschirr und werden gelegentlich vorgeführt, weil sie halt gar so schön Münchnerisch sind.

GAUDI AM STADTRAND

Im Biedermeier begann die Ära der Vergnügungszentren

Lange bevor sich im Herzen Münchens, im Bahnhofsviertel und in Schwabing, namhafte Vergnügungsstätten nach internationalem Vorbild etablierten, fanden auch weniger begüterte Bewohner schon Orte konzentrierter Gaudi. Die boten vom Schiebekarussell bis zu meist mehreren beschallten Wirtshäusern alle damals verfügbaren Volksvergnügen. Sogar eine kleine U-Bahn gehörte zu den frühen Attraktionen. Man musste sich allerdings auf längere Ausflüge einstellen. Denn derartige Ballungszentren des Amüsements entstanden zunächst nur am Rande der – im Osten vom Isarufer begrenzten – Stadt, wo halt noch Platz war für Bauwerke und den dort erzeugten Lärm. Begonnen hat das im 19. Jahrhundert, im fröhlichen Biedermeier.

Der Prater

»Ich hielt mich nirgends auf, bis ich mit aufgehendem Monde zu einer mit hundertjährigen Silberpappeln bewachsenen Flussinsel kam, in deren Mitte ein volkstümliches Zech- und Tanzgebäude hell erleuchtet war und von Geigen, Pauken und Trompeten tönte.« So beschrieb der Schweizer Dichter Gottfried Keller in seinem Roman »Der grüne Heinrich« eine Zechtour vor den Toren Münchens. Seine Flussinsel ist heute als Praterinsel bekannt. Auf ihr befinden sich das Alpine Museum sowie ein Kunst- und Gastrokombinat. Nichts deutet daraufhin, dass diese Isarinsel einmal ein weit über die Stadt hinaus bekannter Vergnügungspark war.

Für 1033 Gulden erwarb der Gastwirt Anton Gruber 1810, im Gründungsjahr des Oktoberfestes, vom Königlichen Geheimen Staatssekretär Mölzl ein leeres »romantisches Eiland« unterhalb des Gasteigbergls, wo die Franziskaner bis zur Säkularisation ein Blumen- und Gemüsegärtchen bestellt hatten. Anstelle ihres abgebrochenen Kirchleins errichtete Gruber »niedliche Lauben«, um hier eine Stätte der »Erholung und Erheiterung« zu erschaffen. In einem »hölzernen Hüttchen«, so erinnerte sich später sein Sohn Georg, verkaufte er Flaschenbier und Bratwürste. Dem Platz gab er den Namen »Zum lustigen Dörflein«, während sich für das Eiland, das eigentlich »Am Abbrecher« hieß, der Name »Praterinsel« einbürgerte – als Kopie des Wiener Praters.

Alles blieb niedlich und einfach, auch nachdem Gruber weitere Hütten hinzugefügt und diese durch Sägespäne sogar winterfest gemacht hatte. Das ganze Jahr über konnte der Besucher – so warb ein damaliger Reiseführer – »ein treues Bild der Münchner niedern Volkstümlichkeit sich erwerben«. Besonders gern kamen vom noch selbstständigen Dorf Haidhausen die in den Lehmgruben oder beim Bau beschäftigten Lohnarbeiter mit ihrem Anhang herunter. Diesen bescheinigte der Gemeindeschreiber Heerde: Sie seien einem »unbemessenem Hange nach Genüssen ergeben [...]. Die Jugend liebt den Putz, ein freies ungebundenes Leben, die Vergnügungen des Tanzes und des Spieles und Karossen«.

Das alles bot der Praterwirt zu kleinen Preisen. Schon 1818 ließ er sich vom Magistrat den Betrieb einiger Volksbelustigungen auf drei Jahre konzessionieren, beispielsweise Ringkämpfe, Praterkutschfahrten, Preiskegeln und einen Handwerksburschenlauf. 1833 eröffnete er den ersten Tanzsalon Münchens (seit dem mittelalterlichen Tanzhaus), dazu noch eine Schaukel und ein »Caroussel«. Alles wurde liebevoll betreut von der siebenköpfigen Wirtsfamilie, die 1848, im Jahr eines politischen Umbruchs, durch das Isarhochwasser auf den Speicher vertrieben wurde, während obendrein das gegenüber kasernierte Militär die Wirtschaft verwüstete.

In der Not ging der Letztbesitzer, Georg Gruber, ins Kloster und das kleine Gaudi-Paradies »auf die Gant«. 1867 ersteigerte es der Königlich

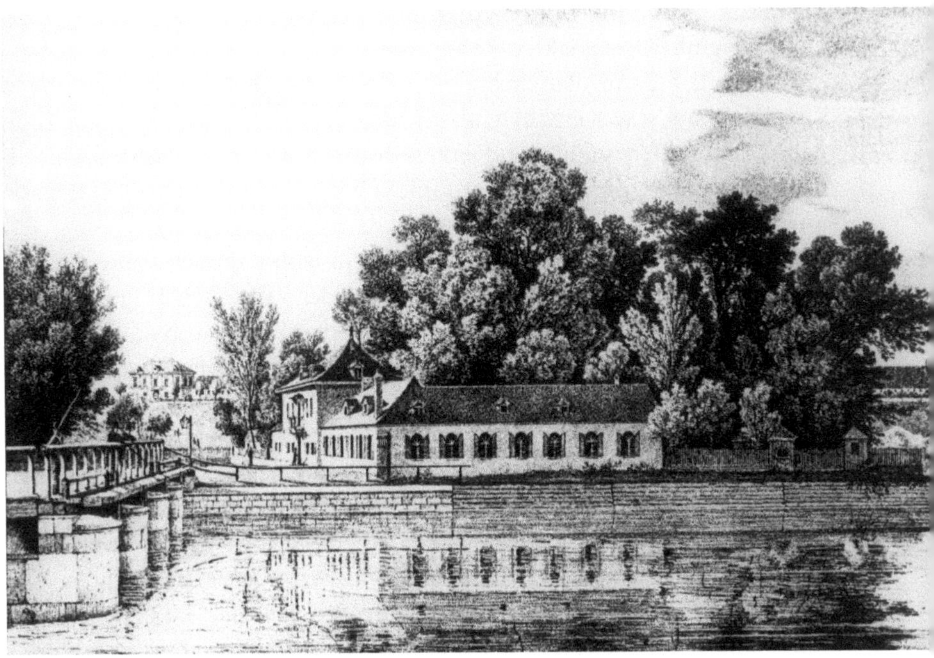

Blick über die Isar auf die »Praterwirtschaft« auf der Praterinsel, Zeichnung 1850.

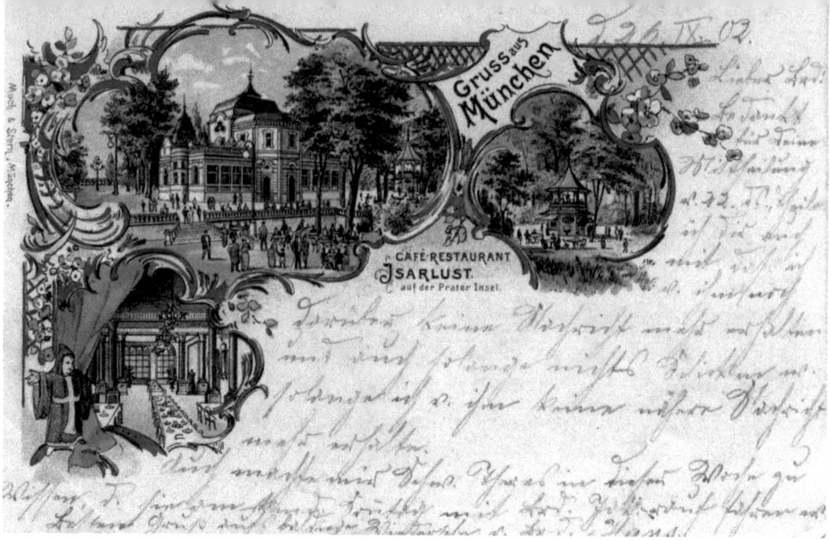

Café und Restaurant »Isarlust«, 1902.

Privilegierte Weingeist-, Spiritus-, Likör- und Essig-Produzent Anton Riemerschmid. Dieser hoch angesehene Bürger ließ die Praterbauten abreißen und eine Fabrik hinstellen, wo weltweit bekannte Getränke wie »Eskorial grün« abgefüllt wurden und der berühmte Chemiker Justus von Liebig über Essigbakterien forschte.

Trauernde Stammgäste dichteten: »Oh Prater, du herrlicher schattiger Ort/Du könnt'st was erzähl'n, aber leider bist fort/So mancher hat g'funden dort sein Liebesglück/und jetzt is draus worden a Schnapsfabrik/Die Bälle, Redouten, die war'n dort famos/Wenn auch manches Feuerwerk ging oft nöt los.«

Nebenan jedoch ging es noch eine Weile volksfröhlich weiter. Denn 1888 eröffnete die Augustinerbrauerei auf der »städtischen Praterinsel« eine Gast- und Weinwirtschaft namens »Isarlust«. Sie war bald ein beliebtes Ausflugslokal und ein Eldorado für namhafte Literaten und Satiriker wie Oskar Panizza, Otto Julius Bierbaum und Hanns von Gumppenberg, die in den »im Rococo-Style ausgestatteten Prachtsälen« zechten, feierten und noch berühmtere Münchner karikierten. Auch die Besucher der noch 1888 eröffneten Deutschen Industrie- und Kunstgewerbeausstellung strömten herein, während auf dem Isarufer gegenüber, in der heutigen Steinsdorfstraße, die alten Flößerwirtschaften zumachten und an ihre Stelle große Mietshäuser hochgezogen wurden.

Im Jahr 1911 übernahm der Deutsche Alpenverein dieses »Etablissement I. Ranges«; sein Alpines Museum hat inzwischen in einem winzigen

Café die alte »Isarlust« wiederbelebt. Die Schnapsfabrik nebenan, deren Keller am 1. Mai 1945 geplündert wurden, war noch bis 1984 in Betrieb. Die Idee, in dem klassizistischen Gebäude das vagabundierende Buchheim-Projekt »Museum der Phantasie« einzurichten, hat sich zerschlagen.

Das Tivoli

Das Jahr 1810 war für das heitere München richtungsweisend: Am Rande der Stadt entstanden, wie berichtet, das Oktoberfest und der Prater. Außerdem baute Carl von Fischer im Park von Schloss Biederstein einen Belvedere und nahebei, am Ostrand des neuen Englischen Gartens, kaufte der jüdische Großhändler, Bankier und Hofagent Raphael Kaula dem Freiherrn Adam von Aretin ein Grundstück ab, das er von Joseph Höchl, dem größten Bauunternehmer und Ziegeleibesitzer Münchens, ebenfalls mit einem eleganten Schlössl bebauen ließ. Nach seinem Tod wurde das Anwesen in einen Vergnügungspark verwandelt. Er besaß einen Spielgarten mit Kaffee-Pavillon, Kinderkarussell, Badegelegenheit und sogar eine

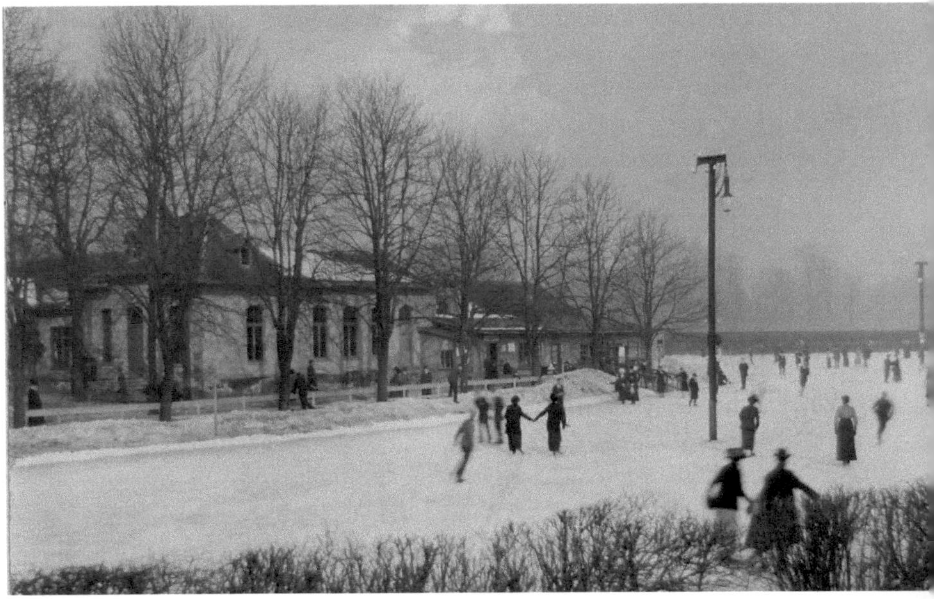

Eislaufbahn im Winter.

Eislaufplatz am Tivoli mit Restaurant »Tivoli« (links), 1900.

Der Park erhielt den Namen »Tivoli«. Er war auch eine Konkurrenz zu einem attraktiven Ausflugsziel am Nordrand des kurfürstlichen »Holzgartens« (wo heute das Bayerische Nationalmuseum steht). Adrian von Riedl, der Direktor des bayerischen Wasser- und Straßenbaus, hatte dort lange zuvor schon das Erholungsland »Am Paradies« geschaffen. (Ein Straßenname erinnert noch daran.) Dort befanden sich ein Gasthaus und sogar schon ein Badeteich, der um 1850 als Dianabad mit drei kleinen Schwimmbecken, Quellwasser im Wintergarten und »Douchen« aufwarten konnte.

Den Namen »Tivoli« könnte Kronprinz Ludwig höchstpersönlich angeregt haben. Der war bekanntlich ein großer Liebhaber der römischen Antike, mehrmals bereiste er Rom und seine Umgebung, auch das Städtchen Tivoli, das zum Synonym für zahlreiche Vergnügungsparks wurde. Der Geldverleiher Kaula war übrigens Hofagent, seine Tochter Nanette, bekannt als »schönste Jüdin Münchens«, ließ Ludwig I. 1829 von Karl Stieler für seine Schönheitengalerie malen.

Tüchtige Wirte machten das Tivoli zu einem beliebten Ausflugsziel. 1839 kaufte die Ludwigs-Walzmühl-Gesellschaft das ganze Areal. Erster Weltkrieg und Inflation bereiteten der Gaudi dann 1923 ein Ende. Die benachbarte »Kunstmühle Tivoli« mahlte noch bis 1969, um dann dem Mittleren Ring zu weichen. Der Name »Tivoli« indes hat sich in München vielfach erhalten.

Volksgarten Nymphenburg

Das Münchner Vergnügungsviertel schlechthin – das größte und modernste im ganzen Deutschen Reich – befand sich einst in einer vormals fürstlichen Gegend. Am 15. Mai 1890 wurde unweit des heutigen Romanplatzes der »Volksgarten Nymphenburg« eröffnet. Auf einer 60 000 Quadratmeter großen Fläche lockten nicht weniger als 34 gastronomische Betriebe, einige mit mehreren tausend Plätzen, und alle damals gefragten Attraktionen: Bierzelte, Wasserkarussells, Völkerschauen, Luftschaukeln, Schießbuden, Phonographen, eine nachgebaute Ritterburg, eine künstliche Tropfsteinhöhle, eine Rodelbahn, intime Separées, über deren

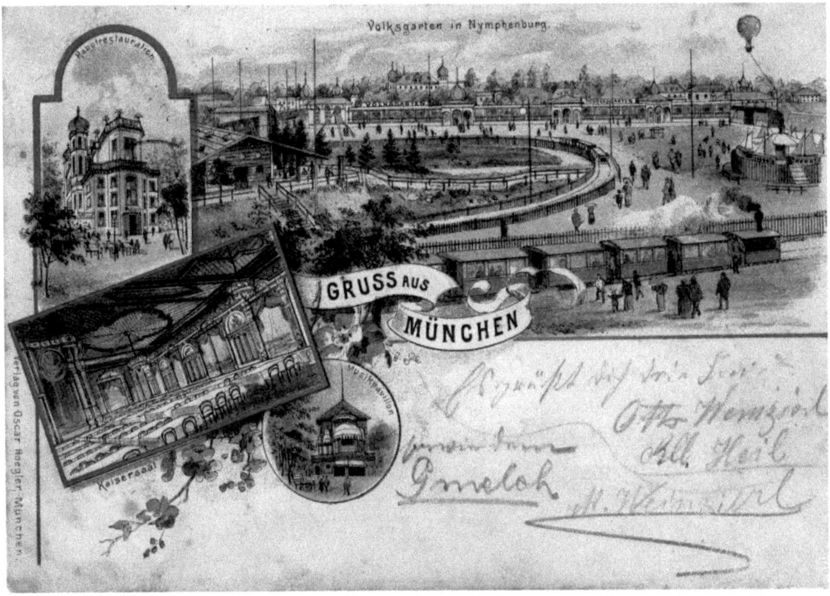

Volksgarten Nymphenburg mit Hauptrestauration, Kaisersaal und Musikpavillon.

Besucher viele Bürger ebenso Beschwerde führten wie über den ganzen Lärm. Münchens erste Tramway dampfte vom Stiglmaierplatz aus hin.

Die Vergnügungspaläste schwelgten in Eisen und Glas, im Rokoko, im maurischen, im kaiserlichen und im oberbayerischen Zwiebelturmstil. Es spielten Damenkapellen und ein Großorchester mit 30 Musikern in Fantasieuniformen, sogar Max Reger gab Konzerte. In der auf künstlichem Hügel thronenden Alm »kredenzten schmucke Oberländerinnen frischen Trunk«, wie eine Zeitung berichtete. Den 40 Meter hohen Aussichtsturm bediente bereits ein »Ascenteur« (Aufzug). Bei Festen stieg der Fesselballon »Luitpold« auf. Tatsächlich besuchte einmal der Prinzregent höchstpersönlich dieses permanente Oktoberfest.

Bei insgesamt 30 000 Plätzen und einem Eintrittspreis von 20 Pfennig (für ein weiteres Zehnerl musste man ein Programmheft kaufen) war der ständig wechselnde Volksgarten für die Unternehmer und Spekulanten, unter anderen Heinrich Theodor Höch, der auch Besitzer des »Café Luitpold« war, gewiss keine schlechte Investition. Aber nicht alle Pläne konnten sie verwirklichen.

Statt der Trabrennbahn entstand nur ein Parcours für Pappmaché-Pferde. Die Radrennbahn wurde bald wieder abgebrochen, um durch ein Affenhaus und einen Raubtierkäfig ersetzt zu werden. Die Tanzfläche für 1000 Paare ging wegen Einsturzgefahr nicht in Betrieb. Und aus der elektrischen Eisenbahn wurde auch nichts. Der Erste Weltkrieg machte der Supergaudi ein Ende. Übrig geblieben ist nur ein winziges Sträßchen mit dem Namen »Volksgarten«.

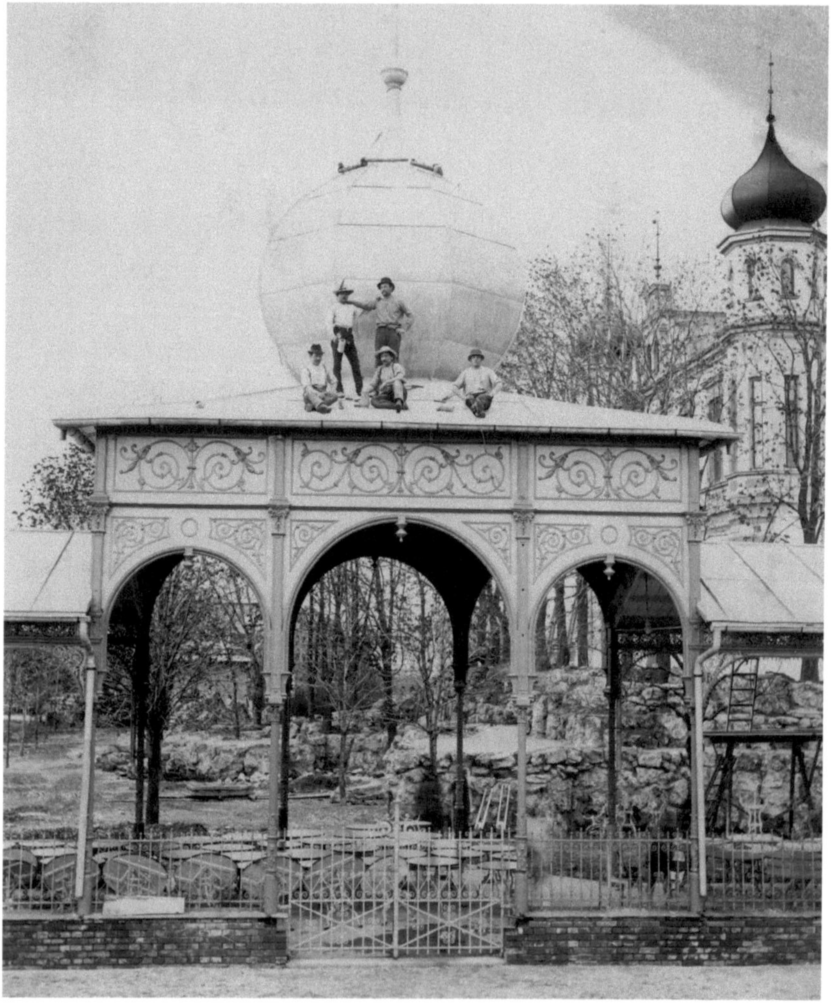

Dachdecker in der Notburgastraße 5 beim Bau eines Pavillons für den Volksgarten Nymphenburg; im Hintergrund das Hauptrestaurationsgebäude, 1890.

Bad Nymphenburg

Vom Konkurrenzunternehmen blieb immerhin ein kompletter Betrieb: das Wirtshaus »Kurgarten«. Jenseits der Nymphenburger Straße hatte der Ofenfabrikant Ludwig Hippmann am 22. Mai 1893 eine Badeanstalt mit Restauration eröffnet. Auch hier gab es Schaukeln und Karussells, Kegelbahnen und Rutschbahnen sowie eine Sennhütte in einem künstlichen Gebirge, mit einem Biergarten für nicht weniger als 5000 Gäste. Der Bierkonsum lag um 1898 mit etwa 500 Hektolitern höher als im Volksgarten. Dem eigentlichen Kurbetrieb dienten Licht-, Luft-, Kneipp-, Dampf- und Wannenbäder sowie 50 Fremdenbetten.

Der Clou von »Bad Nymphenburg« war eine U-Bahn. Mit dem »vogelkäfigartigen Schienenwagen« (so eine Zeitung) ging's in »sausendem Flug« in die Unterwelt und dann waagrecht inmitten eines »Felskessels« bis zu einer Grotte mit rauschendem Wasserfall. »Von der Decke und aus zahllosen Nischen sprühen rothe, blaue und gelbe elektrische Lichter«. Zwerge bewachten den schlafenden Kaiser Karl den Großen, während

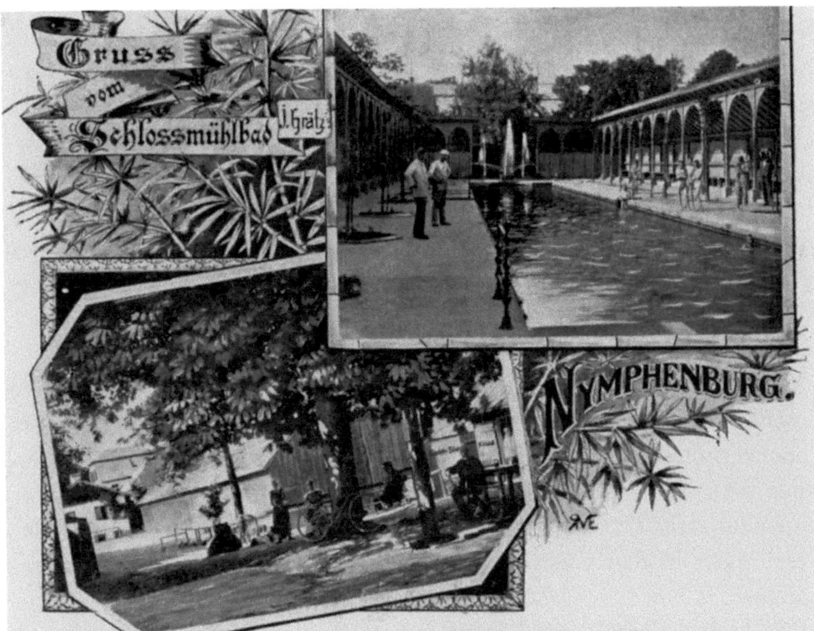

Schlossmühlbad Nymphenburg im Nördlichen Schlossrondell, 1900.

über Tage der Märchenkönig Ludwig II. und der bärtige Prinzregent postiert waren.

In einer zweiten Grotte ließ Hippmann die Heilige Genovefa mit Rehen und Aquarien aufstellen. In einer unterirdischen Weinstube erklang Schrammelmusik. Ab Januar 1915 aber wurden Soldaten einquartiert; der große Saal diente als Pferdestall. Noch später wurde der Kurgarten ein Parteilokal der NSDAP und Sitz der Luftschutzfachschule. Die Lichter gingen aus. An Freizeitvergnügen in großem Stil war in München lange Zeit nicht mehr zu denken.

»HUNDSFÖTER« UND FLÖSSER

Auch Kaiser, Kronprinz, Künstler besuchten Münchner Wirtshäuser

Des Deutschen liebster Platz ist der Tisch oder die Theke im Wirtshaus. Dies ergab eine Umfrage, die der Bayerische Hotel- und Gaststättenverband 1984 vorgelegt hat. Für die Münchner waren schon zu Herzogszeiten besonders viele Wirtshaustische reich gedeckt. Das wiederum ergibt sich aus zahlreichen städtischen Verordnungen. Anno 1310, als die Stadtchronik erstmals das Rathaus und die Strafe des Hängens erwähnte, erschien auch der erste Gastwirt in den amtlichen Annalen. Der hieß beruflich »Angießer« und war für das ordnungsgemäße Ausschenken des Weins verantwortlich – von Mönchen gebrautes Bier floss ja erst nach dem Mittelalter in bajuwarische Kehlen.

Musizieren, Tanz, Karten- und Brettspiel waren in den zugelassenen Gasthöfen mal erlaubt, mal wieder nicht. 1662 gab es gar schon ein Rauchverbot, denn den Beamten des Kurfürsten missfiel, dass Untertanen beim Wirtshausbesuch »die Pfeifen im Maul« ließen. Aber trotz reglementierter Fröhlichkeit und düsteren Stuben hatte die öffentliche Geselligkeit in den Gasthäusern der Isarstadt allemal ihr zünftigstes Zuhause.

Das Angebot wuchs rasch, nachdem 1871 der Krieg gegen Frankreich gewonnen war. Jetzt hatten viele Bürger der Mittelschicht die richtige

Stimmung sowie genug Geld zum »Verjubeln«. Auch die Ärmeren, jedenfalls die nach harter Arbeit durstigen Männer, verbrachten ihre freie Zeit lieber im Wirtshaus oder Bierkeller als in eigener enger, kalter Behausung. Dies erwies sich natürlich, wie 1903 der Verein für Volkshygiene mahnte, »für das Familienleben in hohem Maße störend und schädlich« und leistete »dem Alkoholismus Vorschub«.

Die sogenannte Gründerzeit brachte es mit sich, dass neureiche Immobilienbesitzer ihren Häusern gern noch eine Kneipe hinzufügten, vorzugsweise am Straßeneck. Hatte München 1843 erst elf konzessionierte Gast- und Schankstätten, so zählte man in der durch Eingemeindungen vergrößerten Stadt 1888 schon über 1000 und 1910 nicht weniger als 2400. Das Niveau ließ wenig zu wünschen übrig. Brauereibesitzer, Pächter und Wirte versuchten, sich bei Ausgestaltung und Angebot gegenseitig zu übertrumpfen. Andere blieben bloße »Boazn«, wie man Kaschemmen und Spelunken hierzulande heute noch nennt.

Allmählich entstand so etwas wie eine spezifische Münchner Wirtshauskultur, der nicht einmal der erste Großkrieg viel anhaben konnte. Aber: Nach und nach raffte sie der Zahn der Zeit dann doch hinweg, und zwar allesamt. Die alten Stätten Münchner Gastlichkeit starben sang- und klanglos. Gottlob bewahren Archive und Museen noch ein wenig von der Geschichte einiger der einst berühmten (oder auch der eher berüchtigten) Wirtshäuser auf. An einige sei im Folgenden erinnert, soweit Details verfügbar.

Zur Hundskugel

Einige Quellen bezeichnen die »Hundskugel« als älteste noch existierende Gaststätte der Innenstadt. Bereits 1440 soll ein Gebäude in der Hotterstraße 18, Ecke Hackenstraße, diesen sonderbaren Namen geführt haben. Tatsächlich wird für jenes Jahr ein »Hundsfotbad« erwähnt, wobei es sich dabei keineswegs etwa um einen Vorgänger des viel späteren Hundebades im Volksbad handelte. Zutritt hatten vielmehr sogenannte Hundsföter, wie man arme Leute damals bezeichnete. Außerdem wurden hierorts arme Sünder vor der Hinrichtung gebadet und – gegen ein Gebet – auch verköstigt. Nach einem Justizirrtum ging das Anwesen in den Besitz des Heilig-Geist-Spitals über.

Bewohnt oder belebt wurde das schmale Eckhaus mit dem schrägen Dach zeitweise von unheimlichen »Gugelmännern«, die schwarze Umhänge mit Augenschlitz trugen. Ab 1742 gab es hierorts eine Küche für Jagdhundemeuten. So könnte aus der »Hundskuchel« die »Hundskugel« geworden sein. Eine andere Erklärung des rätselhaften Namens weist darauf hin, dass in jener Zeit ein kurfürstlicher Jäger von einer fehlgeleiteten Kugel tödlich getroffen wurde. Früher fanden sich an der Hauswand auch allerlei Hauszeichen und Verserl für die diversen Legenden.

Die weiteren Besitzer, soweit sie das Grundbuch ausweist, wechselten alle paar Jahre. Maria Theresia Freifrau von Leyden verkaufte das Anwesen 1761 für 7000 Gulden an einen Andreas Sedlmayer, der das ursprünglich zweigeschossige Eingiebelhaus mit den Rundbogenfenstern aufstockte und wahrscheinlich erstmals als Gastwirtschaft nutzte. Er hatte berühmte Gäste: die Barockkünstler Ignaz Günther und Roman Boos sowie Heinrich Heine, der 1828 gegenüber im Palais Rechberg als Untermieter logierte. Die »Hundskugel« kam dann in den Besitz von Georg Frey, der 1818 die Brauerei Löwenbräu gekauft hatte, und dann an die Witwe Kunigunde Bonzani, die sie bis 1899 als Weinwirtschaft betrieb.

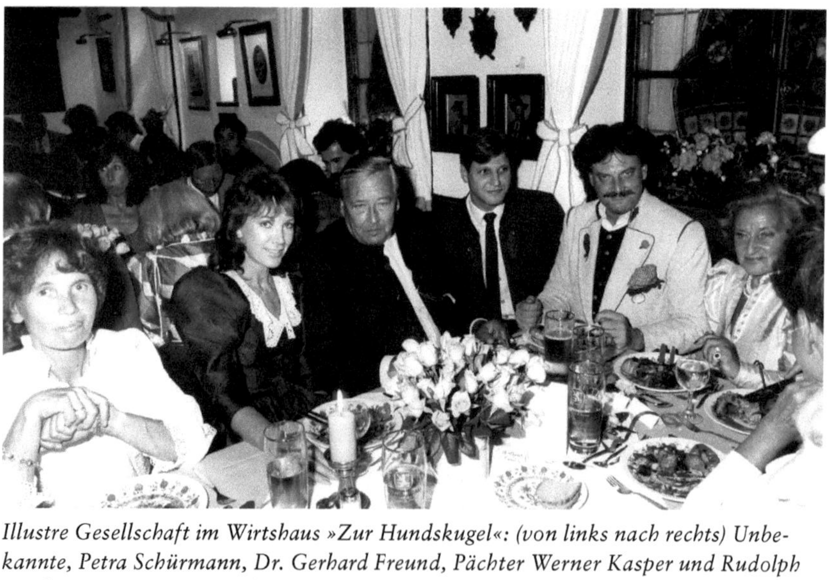

Illustre Gesellschaft im Wirtshaus »Zur Hundskugel«: (von links nach rechts) Unbekannte, Petra Schürmann, Dr. Gerhard Freund, Pächter Werner Kasper und Rudolph Moshammer mit Mutter Else, 1986.

Ein nicht weniger legendärer Mann erwarb Münchens seltsamstes Wirtshaus im Jahr 1983 – eigentlich nur für seine geliebte Mutter Else: der bis dato noch nicht als »Restaurateur« ausgewiesene Robenmacher Rudolph Moshammer. Er ließ goldene Armaturen und anderen Schnickschnack einbauen, die Toiletten musikalisch berieseln und vorzüglich auftischen. Seine spektakuläre Ermordung am 14. Januar 2005 war noch nicht das gastronomische Aus – erst im Mai 2011 musste die Wirtin Barbara Sigg den Pachtvertrag kündigen und das traditionsreiche Haus aus wirtschaftlichen Gründen schließen. Moshammer, heimlicher Patron der Obdachlosen, hatte es jedoch schon zu Lebzeiten als soziale Anlaufstelle bestimmt.

Gekauft hat es inzwischen der frühere, weltweit aktive CDU-Bundestagsabgeordnete Jürgen Todenhöfer. Er plant nun parterre einen barrierefreien Gemeinschaftsraum für einsame Senioren und oben Büros für die von seiner Tochter Valerie geführte Stiftung »Sternenstaub«, um vor allem alten, bedürftigen Menschen in Notlagen zu helfen, sowie für andere gemeinnützige Projekte. Von einem Restaurant ist nicht mehr die Rede. Mobiliar von früher soll jedoch im Haus bleiben und der Denkmalschutz garantiert den Erhalt der uralten Substanz.

Zum Schwarzen Adler

Über Bayern hinaus bekannt war der sogenannte Weingastgeber Franz Joseph Albert, der in seinem Gasthof »Zum Schwarzen Adler«, Kaufingerstraße 23/Ecke Liebfrauenstraße, öfter auch prominente München-Besucher standesgemäß bediente. 1777 sammelte der ausübende Musikus für Wolfgang Amadeus Mozart, dem der Kurfürst »keine Vakanz« bieten konnte, bei betuchten Gästen einen Förderfonds, sodass der blutjunge Augsburger doch in München hätte komponieren können, wenn Vater Leopold nicht anders entschieden hätte. Es reichte immerhin zu einem Contest an zwei Klavieren im hauseigenen Festsaal.

Am 6. September 1786 quartierte Adlerwirt Arnold einen gewissen Jean Philipp Moeller ein. Der hieß in Wahrheit Johann Wolfgang von Goethe. Er setzte schon am nächsten Morgen um 6 Uhr seine heimliche, später weltberühmte Reise nach Italien fort. »Niemand hat mich erkannt und ich freue mich so unter ihnen herumzugehen«, notierte der Pseu-

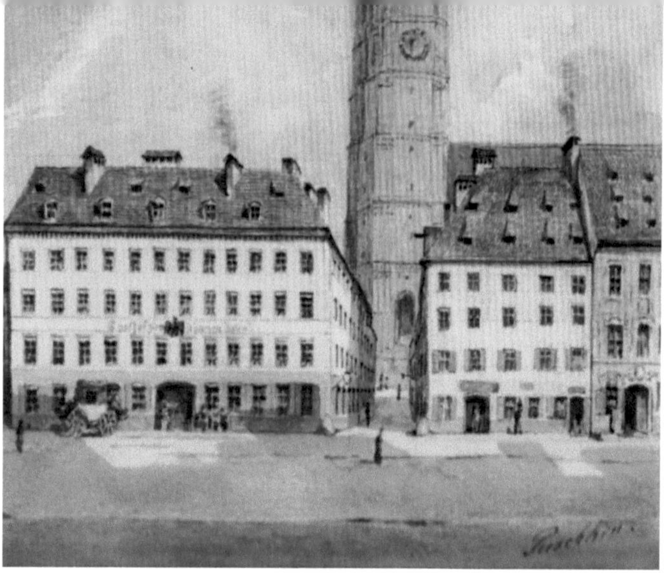

Der mächtige Gasthof »Zum Schwarzen Adler« (links), Kaufingerstraße 23, späteres Hotel »Maulick«, dann »Domhotel«, heute Kaufhaus, Zeichnung von Joseph Puschkin, o.J.

donymus schelmisch ins Tagebuch, nachdem er in der Münchner Antikensammlung »treffliche Sachen« und auf dem Markt »nicht besonders gutes« Obst genossen hatte. Der aus Karlsbad gekommene Geheimrat reiste natürlich in der Kutsche. Sein Gastgeber Arnold hatte deren 40 in seiner Remise stehen, dazu 38 Pferde. Zwischen 1755 und 1790 war das stattlich vor der Frauenkirche situierte Gasthaus im Besitz eines literarisch gebildeten Ratsherrn.

Eine »Polizey-Übersicht« von 1805 beschreibt den gastronomischen Ablauf im »Schwarzen Adler« recht penibel: »Man speist an der Table d'haute um 1 Uhr zu Mittag und bezahlt für den trockenen Tisch 1 fl., abends nach dem Theater zu Nacht, und bezahlt 40 kr. Man kann aber auch portionsweise nach einem Speisezettel zur Nacht speisen, den man jeden Abend auf dem Tische findet. Die Preise der Weine sind im Gastzimmer angemerkt.« Im Gastzimmer hing neben dem »Ersuchen, sich des Tobackrauchens zu enthalten« auch eine Büchse für »freywillige Armen-Beyträge«. Den hochmögenden Gästen stand auch ein großer, ausgemalter und mit Spiegeln verkleideter Tanzsaal zur Verfügung. In Gips thronte der schöne Gott Apollo.

Zum Grünen Baum

Alljährlich legten 6000 bis 8000 Isarflöße, beladen mit Holz und Kalk aus dem Alpenvorland, Bier aus Tölz, Wein und Marmor aus dem Welschland und vielen anderen Waren, an der »Unteren Lände« unweit der heutigen Ludwigsbrücke an, und pünktlich ging jede Woche ein »Ordinarifloss« nach Wien ab, besetzt mit zahlenden Passagieren. Diese und noch mehr die Floßknechte brachten einen gehörigen Hunger und Durst mit nach »Minga«, oft mussten sie tagelang auf die Weiterfahrt warten. Urgemütlich muss es gewesen sein in den alten Holzherbergen und ihren Vorgärtchen. Mit Wanderern aus der nahen Stadt und mit Schaulustigen konnten die Wirte obendrein die Rechnung machen.

Das ganze heutige Lehel und die Isarvorstadt waren dicht bestückt mit Gaststätten solcher Art. Fast alle standen an – längst zugeschütteten und überbauten – Stadtbächen oder im Bereich des Isarufers. Das gastronomische Netz reichte ungefähr vom »Geiergarten« an der heutigen Kapuzinerstraße (benannt nach dem Leibmedicus Dominikus Geyer vom Schlösschen nebenan) bis zum Gastgarten »Himmelreich« am Englischen Garten, nahe dem Burgfrieden; ein Straßenname und das Restaurant »Paradiso« in der Lerchenfeldstraße 11 erinnern noch heute ein wenig daran.

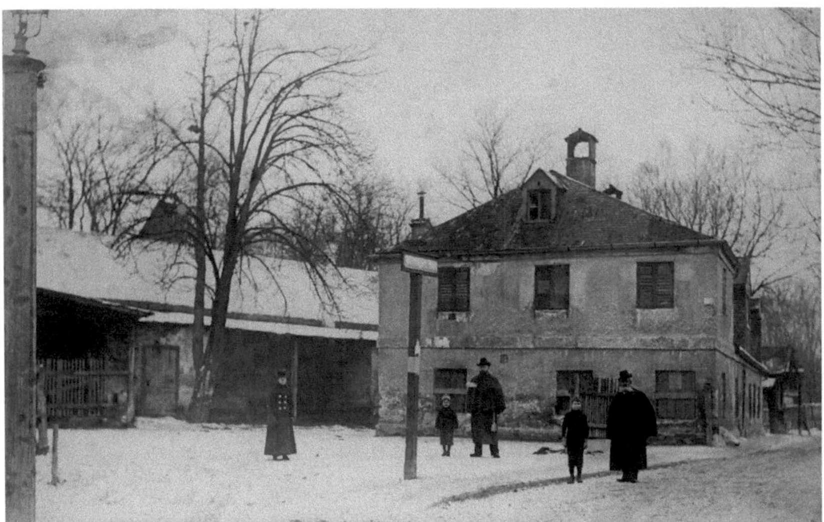

Gastwirtschaft »Himmelreich«, Oettingenstraße 41, vor ihrem Abbruch, um 1895.

Zentraler Ort der Geselligkeit war das Ländhaus in der St.-Anna-Vorstadt, eine Art Verwaltungs- und Zollstation für das blühende Floßgewerbe. Schon im 18. Jahrhundert hatte es sich in eine Gaststätte mit dem schönen Namen »Zum Grünen Baum« verwandelt. Sie wurde bald Münchens beliebtestes Ausflugslokal. Insbesondere lockten der idyllische Wirtsgarten und das Tölzer Bier, das besser gekühlt und weniger gehopft war als das ortseigene und daher nicht gar so bitter schmeckte. Kein Geringerer als König Ludwig I. soll im »Grünen Baum«, der sogar mehrsprachige Schankdiener hatte, gern getafelt haben. Manchmal zusammen mit Gefährten aus Literatur, Musik und Kunst, die hier eh ihre Stammtische hatten. Einmal soll der König einen Mann, der ihn parodierte, überrascht und mit ein paar Münzen entlohnt haben. Unterhaltsam waren kleine Raufereien zwischen Tölzer und konkurrierenden Wolfratshauser Floßknechten. Aquarelle, Gemälde und Kupferstiche zeugen vom fröhlichen Freizeitleben unter weißblauem Himmel. Malerisch liegt da ein einziger, mächtiger grüner Baum direkt am Ufer der Isar, die damals noch ein wichtiger Verkehrsweg war.

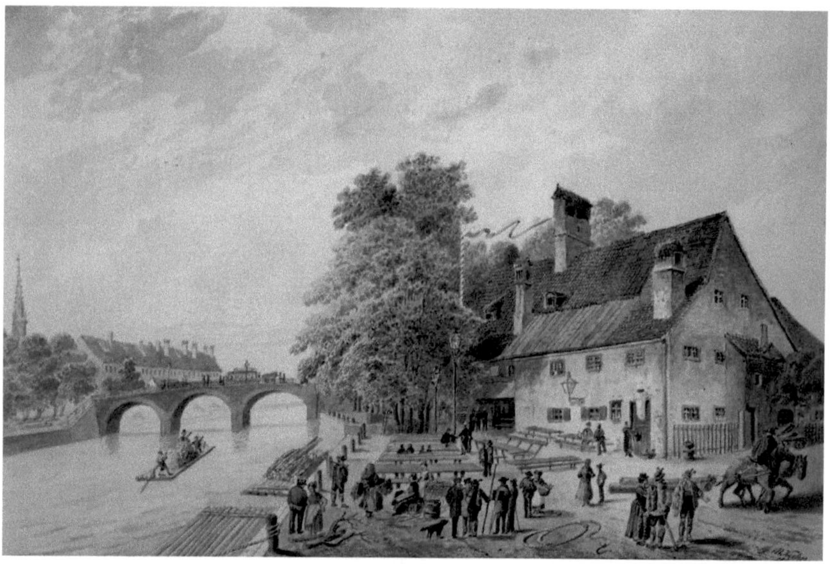

Flößerwirtschaft »Zum Grünen Baum« an der Unteren Lände, der heutigen Steinsdorfstraße, vor ihrem Abbruch 1886, Zeichnung von Max Kuhn, 1895. Im Hintergrund die innere Ludwigsbrücke, die alte Isarkaserne auf der Kohleninsel (heute Museumsinsel) und der Turm der Mariahilfkirche.

Die Dampfeisenbahn hat dem Warentransport auf verbundenen Baumstämmen ein ganz schnelles Ende gemacht – und damit auch dieser uralten, einzigartigen Flößereinkehr. 1886 wurde sie abgebrochen. Ein Nachfolgebau konnte sich immerhin noch bis 1910 halten. Hoch oben an der Steinsdorfstraße 14, Ecke Ländstraße, erinnert eine kaum lesbare Steintafel an »a alts Stück von Münger, dös z'ammgrissen hab'n«, wie ein Gast gedichtet hat.

Abgebrochen und somit für immer verloren ist die ganze traditionelle gastronomische Vielfalt in diesem Teil Münchens. Verschwunden ist aber nicht alles. In der Reitmorstraße existiert noch ein Wirtshaus, das seine Geschichte bis ins 14. Jahrhundert zurückführt. Ein Joseph Klarer hatte hier an einem Wasserlauf mit dem umständlichen Namen Hofhammerschmiedbach eine Sägemühle für Holz, Gips und Zement betrieben. Die wurde zwar auch 1893 abgerissen, lebte aber als Wirtshaus »Klarermühle« noch nach dem Zweiten Weltkrieg fröhlich weiter. Lange hatten Münchens Karikaturisten hinten im Eck ihren Stammtisch, immer dabei waren Henry Meyer Brockmann, der dem kantigen Kopf des Kanzlers wegen der Wiederaufrüstung am liebsten die Form eines Panzers gab, und Ernst Maria Lang, der in seiner Zunft nicht nur körperlich der Größte war.

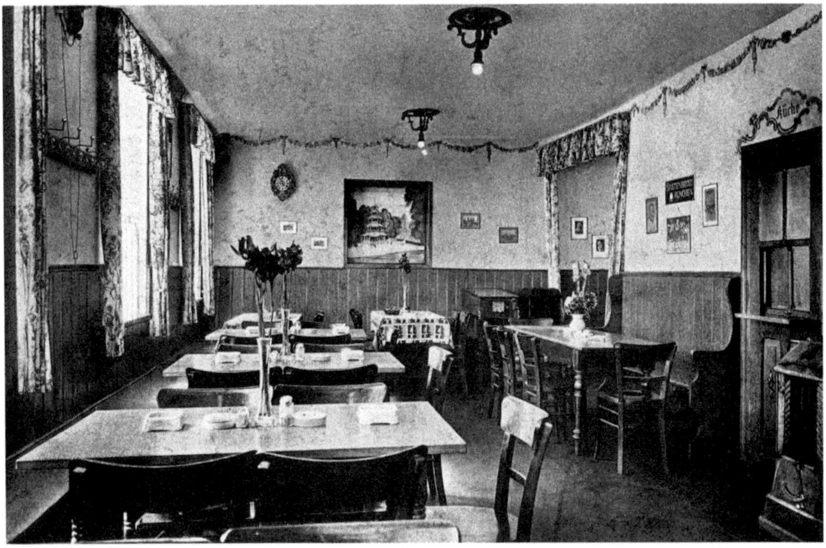

Gaststätte »Zur Klarermühle«, Reitmorstraße 3, im Lehel, 1935.

Dann warf Frau Maier, die beliebte Szenewirtin, das Handtuch und die einstige »Klarermühle« wechselte alle paar Jahre ihren Namen, zeitweise verkam sie zu einem düsteren Beatschuppen für Jugendliche. Zurzeit gibt sie sich als »Seidelei« eher alpenländisch zu gehobenen Preisen. Ein Beispiel für die vielen Münchner Lokale, die – wie etwa auch das »Tambosi« – in ihrer alten Art verloren sind, wenn auch nicht räumlich verschwunden.

Zur frühen Münchner Nobelgastronomie gehörte auch der »Goldene Hirsch« in der Schwabinger Gasse (heute Theatinerstraße), wo 1781 sogar Kaiser Joseph II. eingekehrt war. Einen weniger guten Ruf hatten einige andere gutzahlende Gäste, die beispielsweise unter den Namen Casanova oder Lola Montez eher Geschichten als Geschichte gemacht haben.

Zum Bauerngirgl

»Beim Bauerngirgl möchst moana/Es kunt nix gscheits sei,/Weil da Nama so grob is/Dawei is so fei.« Ja, diese Bierwirtschaft war wirklich so fein wie es unser unbekannter Restaurantkritiker in sauberem Bairisch gedichtet hat. Kein Wunder: Kein Geringerer als Ludwig I., Bayerns zweiter König, hatte 1840 veranlasst, dass es genau vis-à-vis dem Königsbau der Residenz einen bevorzugten Platz bekam. Ursprünglich stand das Wirtshaus aber gegenüber dem mittelalterlichen Schwabinger Tor, also am späteren Odeonsplatz. Beide historischen Stadtrandgebäude ließ Ludwig noch als Kronprinz von Leo von Klenze abreißen, um an dieselbe Stelle, jetzt aber von Friedrich Gärtner, eine »Feldherrnhalle« nach florentinischem Vorbild errichten zu lassen; dadurch sollte seine neue Ludwigstraße einen repräsentativeren Abschluss zur Altstadt hin und ein Pendant zum Siegestor erhalten. Anstelle des »Bauerngirgl« grüßen seither allerlei Helden die Vorübergehenden.

Ludwig kaufte den »Bauerngirgl« und ließ ihn zugunsten seiner neuen Stadterweiterungspläne in der heutigen Residenzstraße 20 gewissermaßen rekonstruieren. Nächster Käufer der Traditionswirtschaft war Spatenbrauereibesitzer Gabriel Sedlmayr, der auch gleich das benachbarte Weinhaus »Grodemange« dazu erwarb und alles zusammen abermals abreißen ließ. Der von Gabriel von Seidl entworfene, großzügige Neubau für den »Bauerngirgl«, mit einer viel gelobten üppigen Fassade und einem

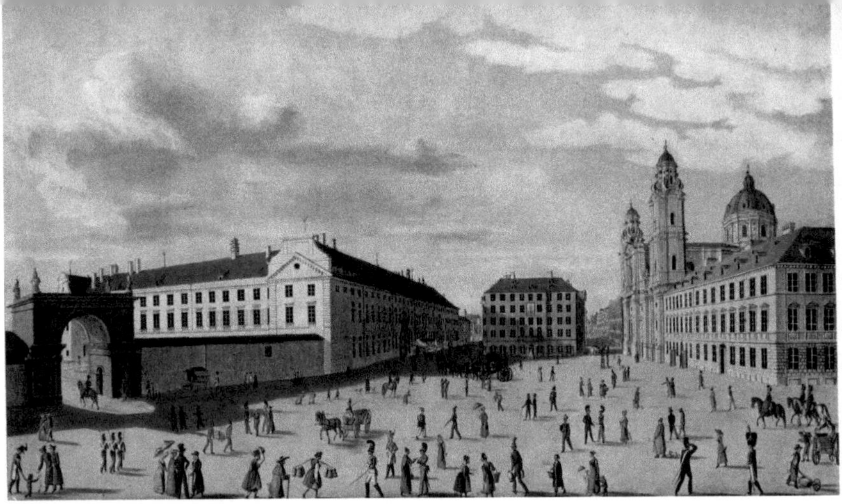

Bierwirtschaft »Zum Bauerngirgl« zwischen Residenz (links) und Theatinerkirche, Lithografie von Gustav Wilhelm Kraus, 1835.

große schmiedeeisernen Balkon, wurde im Januar 1894 eröffnet und bald gab sich hier die feine Münchner Gesellschaft ein Stelldichein. Und dann gab es einen dritten Abriss: 1956 wurde die Kriegsruine endgültig beseitigt. Auch die noch intakte Fassade – »eine der besten des Meisters überhaupt«, wie der Architekt Erwin Schleich konstatierte. Den groben und dennoch attraktiven Namen haben sich inzwischen etliche Landgasthöfe in ganz Bayern zugelegt.

Zum Soller

Großstädte haben nicht nur gute Wirtshäuser, und Wirtshäuser haben nicht nur gute Gäste. Sondern ganz andere auch. An »Solcherne«, wie der Volksmund abschätzig sagt, mangelte es auch an der Isar keineswegs. 1904 wies der Verein der Münchner Gastwirte »die Inhaber solcher Spelunken als Kollegen zurück«. Spät nachts würden dort enorm verteuerte Speisen und Getränke an »Unerfahrene, Säufer und Wüstlinge verabreicht«. Der Verein bedauerte »unendlich, dass auch unsere liebe Stadt auf dem besten Wege ist, den Winkelschank und die Animierkneipen großgezogen zu sehen«.

Das Gastgewerbe der anderen Art konzentrierte sich im Tal, der historischen Einfallsstraße in Richtung der östlichen, etwas verrufenen Vororte. Im November 1901 meldete das für Wirtschaftskonzessionen zuständige

Gewerbeamt: »Es wird wohl keine Straße geben, wo man bei Tag und Nacht so vielen Personen beiderlei Geschlechts begegnet, denen man das Laster und die Verkommenheit so vom Gesicht ablesen kann, wie dies im Thal der Fall ist.«

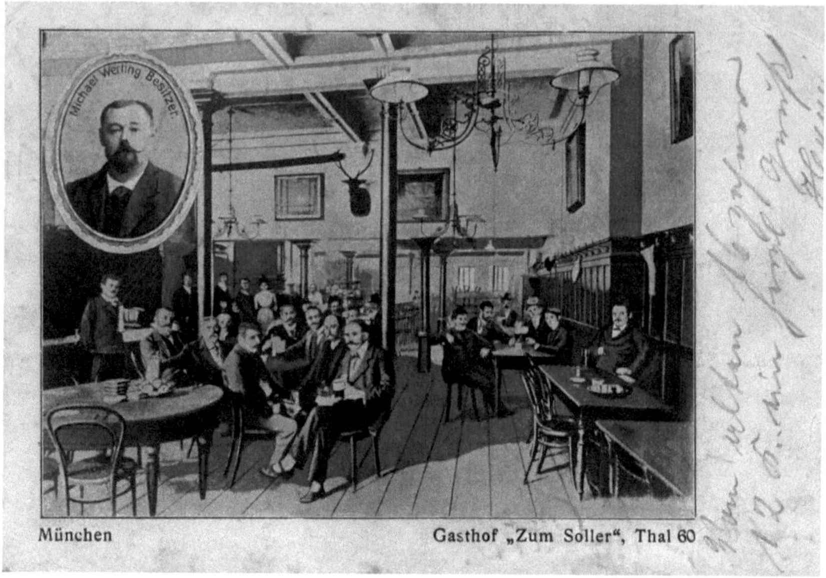

Innenansicht der Wirtschaft »Zum Soller«, Tal 60, mit Gästen und Besitzer Michael Werling, 1911.

Solchen Personen begegnete man bei Tag und Nacht im Haus Nummer 60. »Zum Soller« nannte sich das ursprünglich aus zwei Häusern bestehende Anwesen nach jener Familie, der es von 1640 bis 1719 gehört hatte. Wurde hier noch bis zum Anfang des 19. Jahrhunderts Bier gebraut, so wurde es danach nur noch getrunken, respektive gesoffen. Kaum anderswo in der Stadt stand der Alkoholpegel höher.

Der »Soller« war das bevorzugte Stammlokal der neuen Arbeiterklasse, der Tagelöhner und Erwerbslosen. Revoluzzer ließen es sich nicht nehmen, vor Ort zu agitieren. So predigte Erich Mühsam vor diesem »Lumpenproletariat« die soziale Gerechtigkeit. Oskar Maria Graf, der sich dem Kreis um Mühsam angeschlossen hatte, lud häufig Mädchen in den Soller ein. »Sie brachten ihre Zuhälter mit, die kleinen Taschendiebe und sonstige Elemente der Gesetzlosigkeit von geringerem Format, die Nelke hinterm linken Ohr.« Razzien gab es oft. So erinnert sich der Spartakist Franz Jung, dass an einem Tag des Jahres 1926, als der »Heimgartenschorsche« nach fünfjährigem Knast gerade seine Rückkehr feierte, eine ganze Hundertschaft der Landespolizei das Lokal stürmte und verdächtige Stammgäste auf Lastautos lud, während im Hof allerlei Diebesgut sichergestellt wurde.

Konkurrieren konnte der Soller mit dem »Schwanenwirt« am Rosenheimer Berg. Über die Kundschaft hüben wie drüben kursierte ein böser Witz: »Da hockan gwiß hundert Jahr Zuchthaus beinand.« Gewiss eine grobe Übertreibung. Gemeint waren die Strafentlassenen, die in diesen Kneipen anscheinend Zuflucht fanden. Auch in der Zeit des Nationalsozialismus war der »Soller« regelmäßig Zugriffen der Ordnungshüter ausgesetzt.

Einen nur wenig milderen Ruf hatte der »Fischerwirt« in der Westenriederstraße 14. Dieses Gasthaus übernahm im Februar 1989 der Schauspieler Walter Sedlmayr. Noch nach der Umgestaltung in ein feines bayerisches Wirtshaus mengten sich »Beim Sedlmayr« dunkle Gestalten unter die Gäste, und der Wirt, der auch ein Meisterkoch war, hatte oft alle Mühe, sie hinauszukomplimentieren. Am 13. Juli 1990 wurde der berühmte Bayer Opfer eines kriminellen Komplotts, sein Lokal führt ein neuer Pächter weiter.

Sterneckerbräu

Benachbart waren noch weitere Wirtschaften dieser Art. Im Tal Nr. 54 und 55 beispielsweise der seit 1574 existierende »Sterneckerbräu«. Wie es da zuging, schilderte 1874 die »Neue Freie Volkszeitung« einen kritisch-komischen Bericht über die übliche »Bierpanscherei und Neigeleintheilerei«. Wobei Letzteres zu verstehen ist als das illegale Abfüllen einer Maß aus den Überbleibseln (Neigerl) anderer Krüge. »Und der Trappentreu hat solche miserable Zuständ in seiner Wirthschaft.« Braumeister Johann Baptist Trappentreu, der Besitzer des »Sternecker«, wurde von der Stadt durch eine Straßenbenennung geehrt – er hat viele Kirchenglocken gestiftet.

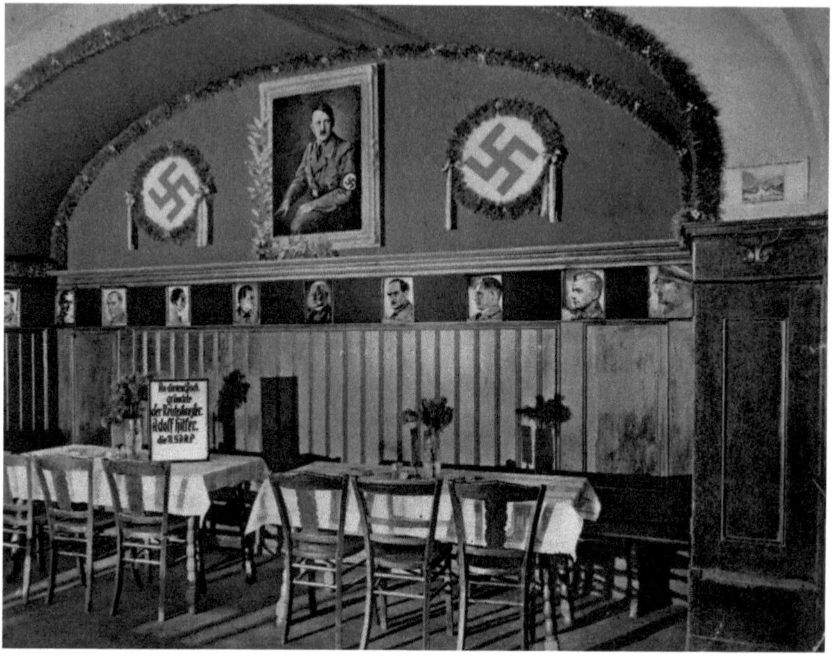

»Sterneckerbräu« mit der »Gründungsecke« der NSDAP. Die Ansichtskarte aus dem Jahr 1938 vermerkt auf der Rückseite: »Täglich Konzert der Dachauer Kapelle«.

In einem Hinterzimmer des »Sternecker«, im sogenannten Leiberzimmer, wurde am 3. Dezember 1920 die später in NSDAP umbenannte Deutsche Arbeiterpartei formell ins Leben gerufen. Als der Kriegsheimkehrer Adolf Hitler 1920 dazustieß, traf er 25 Menschen an, die gerade einen wirtschaftspolitischen Vortrag anhörten. Er ergriff sogleich das Wort und bekam die provisorische Mitgliedsnummer sieben, die allerdings – wie der eigentliche Parteigründer Anton Drexler feststellte – eine Fälschung war.

Im »Sterneckerbräu«, heute Tal 38, mietete sich die neue Partei dann für 50 Mark ihre erste Geschäftsstelle samt Telefon und Schreibmaschine und 1933 wurde eine Art Museum in der Wirtschaft eingerichtet. »Die ersten 7 wackeren Kämpfer legten hier den Grundstein zur deutschen Freiheitsbewegung«, so war dort bis 1945 neben dem Reichsadler plakatiert. Heute befindet sich in der Nebengasse, die den Namen Sternecker führt, im angeblich ältesten Bürgerhaus Münchens das private Bier- und Oktoberfestmuseum.

»Miserable Zuständ« in Münchner Wirtshäusern waren in jüngerer Zeit nur noch selten und vereinzelt zu melden. Passé sind die Jahre, als allenthalben geklagt wurde über schlecht eingefüllte Bierkrüge oder über unhygienische Verhältnisse selbst im angeblich größten Bierausschank der Welt. Oder als sich die Gaunereien eines gewissen G'schwerls in einer ebenso traditionsreichen »realen Bierwirtschaft«, die längst verschönert wurde, gar zum bundesweit beachteten Skandal auswuchsen, der 1985 mit einer Prozessserie, mit hohen Gefängnis- und Geldstrafen endete. Vorbei, vorbei. Höhere Ansprüche der Kunden, verstärkte Konkurrenz der Küchen, strengere Aufsicht der Behörden und vermehrte Erfahrung der Wirte – all das mag dazu geführt haben, dass das Niveau im Münchner Gastgewerbe seit Jahrzehnten mindestens gehalten wurde. Wenn heute noch öffentlich gemäkelt wird, dann vielleicht wieder mal über die Speisekarte, die den einen zu »preußisch« und den anderen allzu »bayerisch« oder auch vollkommen internationalisiert vorkommt. Gegrantelt darf im Gasthaus weiterhin werden.

Andechser am Dom

Das jüngste Aufsehen erregende Beispiel für das Sterben Münchner Traditionsgasthäuser ist die Schließung des »Andechser am Dom« am 30. Juni 2018, der alsbald auch der Abriss folgen soll. Überraschend hat die Nymphenburger Immobilien AG der Klosterbrauerei den eigentlich noch länger laufenden Pachtvertrag gekündigt. In ihrem letzten Geschäftsbericht hatte die Eigentümergesellschaft, die mit dem Firmengeflecht des 87-jährigen vielfachen Milliardärs Baron August von Finck verknüpft ist, bereits ihre spekulativen Absichten erkennen lassen: Man strebe ein Immobilien-Portfolio an, das »nachhaltig zur Stärkung der Vermögens- und Ertragslage beitragen werde«. Klarer kann Kapitalismus kaum formuliert werden.

Das Haus sollte »Flaggschiff der Klosterbrauerei in der Münchner Innenstadt sein, das war meine Motivation«, sagt Anselm Bilgri, damals Prior und Wallfahrtsdirektor auf dem »Heiligen Berg« Andechs. 1994 fand er dafür einen »hervorragenden Wirt«. Der Multigastronom Sepp Krätz und seine Familie haben »den Andechser« denn auch mit größtem Erfolg geleitet (wenn auch nicht immer ohne Tadel: Die Stadt München drohte ihm einmal wegen Steuersünden den Entzug der Schankerlaubnis an und das »Hippodrom« auf dem Oktoberfest hat er auch verloren.) Das Magazin »Feinschmecker« zählte es zu den 200 besten Restaurants Deutschlands.

10 Millionen Maß Bier – nicht die schlechteste Sorte – will der scheidende Wirt bisher ausgeschänkt haben. Und einen Berg von kälbernen Fleischpflanzerln so hoch wie die Zugspitze. Jedenfalls hat sich das Gasthaus an der Weinstraße 7 zu einer zünftigen Kultkneipe entwickelt. Immer war sie berstend voll. Oft wurden Prominente gesichtet, etwa Kardinal Joseph Ratzinger, Kanzler Helmut Kohl, Bayerns Landesvater Edmund Stoiber und Russlands Außenminister Sergei Lawrow. Im sogenannten Domherrenstüberl zechte und tafelte man unter einem prächtigen Deckengemälde. Draußen unter den Arkaden und auf der Terrasse saßen oder standen die Gäste unmittelbar vor dem großen Liebfrauendom, den noch ein paar weitere Wirtshäuser umsäumen.

Bis zu 200 Menschen fanden Platz, das Gedränge gehörte zum Gewohnten. Erst vor einigen Jahren war saniert worden. An volkstümlicher Geselligkeit stand die »Filiale« in der Stadt dem großen »Mutterhaus« draußen am Ammersee kaum nach. »In den letzten 24 Jahren hatte sich der ›Andechser‹ als Teil der lebendigen City etabliert, für viele war er ein Stück Heimat«, konnte auch Anselm Bilgri feststellen, der sich heute als Benediktinermönch in etlichen Stiftungen und Beiräten engagiert.

Natürlich löste die »Todesanzeige« vielfachen Ärger und Protest aus, zumal bekannt wurde, dass der Immobilien-Imperator nach dem Abriss dieses und des benachbarten Hauses einen lukrativeren Neubau plane, der einer Restaurantkette und teilweise dem reichen FC Bayern überlassen werden solle. So dürften sich die Mieteinnahmen, die bislang bei 60 000 Euro im Monat lagen, deutlich steigern lassen. Auch von einer Shopping Mall ist die Rede. »Es scheint Konzept der Finck'schen Vermögensverwaltung zu sein, dass Ladenstraßen attraktiver sind als Gastronomie«, vermutet Bilgri.

Widerstand konnte da nicht ausbleiben. So appellierte der Ortsverband Altstadt-Lehel der CSU an die großmächtige Firma des Großkapitalisten Finck, den eine Zeitung als »heimlichen Herrscher Münchens« betitelt hat: »Bitte handeln Sie mit Herz und Verstand für unsere Stadt München und spielen Sie kein Monopoly mit uns!« Bereits jetzt sei das Stadtzentrum »immer mehr von einer lieblosen und austauschbaren Kommerzialisierung geprägt«.

Genau so sieht es der frühere Kloster- und Gastromanager. Bilgri: Der Trend zur maximalen ökonomischen Verwertung der Innenstädte sei eine Fehlentwicklung, die nur dazu führe, dass die immer gleichen Läden finanzstarker Ketten oder Marken die Vielfalt des kleinen Handels oder der Betriebe verdrängen. Langfristig mindere das dann den Wert, weil die Umgebung uninteressant werde. Die Investoren müssten halt an die Sozialverpflichtung des Eigentums erinnert werden. Maximum sei meist nicht das Optimum. Und schließlich sei auch die Politik gefragt. Die Stadt müsste Fantasie entwickeln, wie man Anreize schaffen könnte, um die Vielfalt zu erhalten.

BURGEN MIT GESCHICHTE

Die Bierpaläste waren oft zentrale Orte politischen Geschehens

In den beiden letzten Jahrzehnten des 19. Jahrhunderts, den »goldenen Jahren« der Prinzregentenzeit, schossen in München 20 Bierpaläste empor. Die meisten am Rosenheimer Berg, wo es seit dem 18. Jahrhundert schon kühlende Bierkeller gab, einige auf der Schwanthaler Höh', auf dem Gelände von Großbrauereien, wenige in der Altstadt. Sie waren ein neuer, pompöser Gebäudetyp, in der Regel finanziert von spekulativen Aktiengesellschaften, entworfen von namhaften Architekten, ganzjährig frequentiert vom Münchner Bürgertum, Provinzlern und frühen Touristen, bekannt und – wie auch die damaligen Münchner Schulhäuser – kopiert in europäischen Großstädten. Fast jedes dieser Häuser war eine »Hoch-Burg« wortwörtlich: Auf einer Anhöhe ragten burgartige Mauern mit Erkern, Emporen, Türmchen, Terrassen, Höfen und Brunnen, alles malerisch und bildhauerisch verziert. »Kitsch« könnte man heute sagen; »Deutsche Renaissance« hieß es damals.

Als Kernzellen funktionierten: ein möglichst großer Festsaal mit Bühne, eine massentaugliche »Schwemme«, ein paar Nebenzimmer, ein Biergarten mit Kastanien sowie eine offene Schenke, wo sich jedermann (auch Kinder kamen mit leerem Krug) seine Maß und Jahre später auch seine Brotzeit abholen konnte. Schankburschen und Kellnerinnen galten als Respektspersonen, Wirte als »G'wappelte«, die im öffentlichen Leben und in der Stadtpolitik durchaus eine Rolle spielten. Bierpaläste, wie sie hier an drei Beispielen geschildert werden, waren die beliebtesten Tummelplätze typisch Münchner Lebenslust und Gemütlichkeit – die wenigen Übriggebliebenen sind es noch heut'.

Münchner Kindl-Keller

Rosenheimer Straße 18–23 lautete die Adresse des entsprechend langgestreckten, pittoresken »Münchner Kindl-Kellers« in Haidhausen. Die namengebende Figur, Münchens niedliches Symbol auf einem Fassl reitend, zierte den 25 Meter hohen Giebel. 1880 hatte ein anonymes Konsortium unter Federführung der Bayerischen Vereinsbank die ober- und unterirdischen Anwesen des »Zengerbräukellers« und des »Singspielerbräus« erworben. Deren Keller an der Hangkante waren nach Erfindung der Eismaschine durch Carl von Linde nutzlos geworden.

Friedrich von Thiersch und Franz Habich bauten 1899 das Gebäude aufwendig um und es entstand der mit 6000 Plätzen größte Saalbau Münchens. Weitere 5000 Zecher fasste der Biergarten. Alle Nebenräume eingeschlossen, konnten nicht weniger als 11 500 Gäste gleichzeitig bewirtet werden. Stolz warb man damit, der größte Bierausschank (wahlweise Münchens, Deutschlands oder der Welt) zu sein. Zwei Regiments-Musikkorps spielten gleichzeitig auf. Attraktivste Neuheit war das elektrische Licht in allen Räumen.

Die schiere Größe machte den »Kindl-Keller« zu einem zentralen Ort politischen Geschehens. Schon am 1. Mai 1892 feierten hier über 5000 Münchner den noch jungen »internationalen Protest- und Gedenktag«. Im März 1914 warnte die Friedenskämpferin Rosa Luxemburg vor dem preußischen Militarismus und einem Weltkrieg, der »früher oder später« kommen müsse. Und im September 1920 verkündete der zugewanderte Antialkoholiker Adolf Hitler als Führer der in einem anderen Bierlokal erstandenen NSDAP vor 3000 Zuhörern, er werde, sobald an der Macht, »den Fetzen von einem Friedensvertrag zerreißen«.

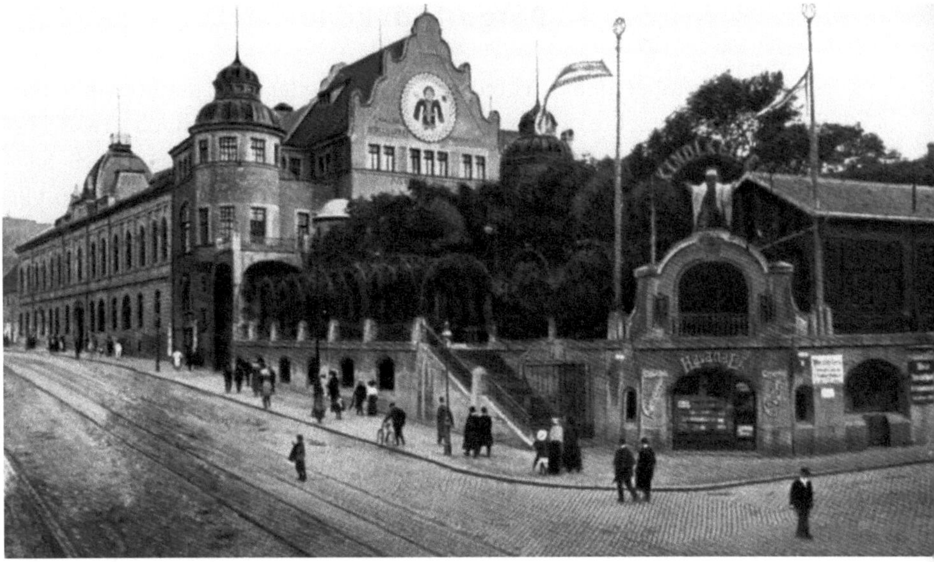

»Münchner Kindl-Keller« von der Rosenheimer Straße aus gesehen, 1913.

Das Bier, das der Braumeister nach »schwäbischem Rezept« für die mit Unionsbräu fusionierte Löwenbräu-Gruppe herstellte, bekam allerdings allmählich einen schlechten Ruf. Weil obendrein das von der Konkurrenz gepflegte Exportgeschäft vernachlässigt wurde und die Vorstände zwölf Mal wechselten, fielen die Aktienkurse gleichsam in den Bierkeller. Daher musste der Gaststättenbetrieb 1923 aufgegeben werden. Der nächste Besitzer war eine Fabrik für Tiernahrung. Auch die gehörte mehrheitlich dem sozial engagierten Bräukönig Joseph Schülein. Der zog sich 1933 aus dem Aufsichtsrat von Löwenbräu zurück, die Braunen schmähten sein »Judenbier«.

Was der nächste Weltkrieg von alledem übrig ließ, wurde 1969 abgeräumt, um einem Kauf- und Autozentrum (»Motorama«) und einem Hotel zu weichen. Demnächst aber soll der einstige Bierpalast doch noch auferstehen aus Ruinen. Der Großgastronom Dietrich Sailer hat die 2005 ausgelaufenen Markenrechte günstig erworben. Jetzt sucht er für seine Söhne ein Grundstück, wo er einen neuen, modernen und doch traditionstreuen »Münchner Kindl-Keller« samt Kindl hinstellen kann, um eine neue Biersorte zu brauen und auszuschenken. Die Firma Münchner Kindl GmbH hat er jedenfalls schon ins Traunsteiner Handelsregister eintragen lassen.

Bürgerbräukeller

Schräg gegenüber dem »Münchner Kindl-Keller«, in der Rosenheimer Straße 29, erstreckte sich bis hinüber zur Kellerstraße noch etwas längere Zeit der »Bürgerbräukeller«. Er konnte sich fast ebenso vieler Sitzplätze rühmen wie die benachbarte Konkurrenz. Auch diese Immobilie wurde 1880 von einer Aktiengesellschaft per Bankdarlehen erworben, als »Bürgerliches Brauhaus« registriert und 1922 von der Löwenbrauerei geschluckt. Und auch diese Bierburg erlebte am Ende des folgenden Jahres, als das »Münchner Kindl« drüben verschied, das Vorspiel eines politischen Dramas: den Novemberputsch.

Damals rief Hitler am Rednerpult die »nationale Revolution« aus; im Tumult feuerte er mit seiner Pistole gegen die Saaldecke und Parteigenosse Hermann Göring versuchte, aufgeregte Bürger ruhig zu stellen, indem er den Genuss des guten Bieres empfahl. Dem Marsch zur Feldherrenhalle, der so blutig endete, folgte hierorts im Februar 1925 die Wiedergründung der zeitweise verbotenen NSDAP und alljährlich ein Gedächtnistreffen der »Alten Kämpfer«. Am letzten, das hier am 8. November 1939 stattfand, krachte es wieder: Der schwäbische Schreiner Georg Elser wollte,

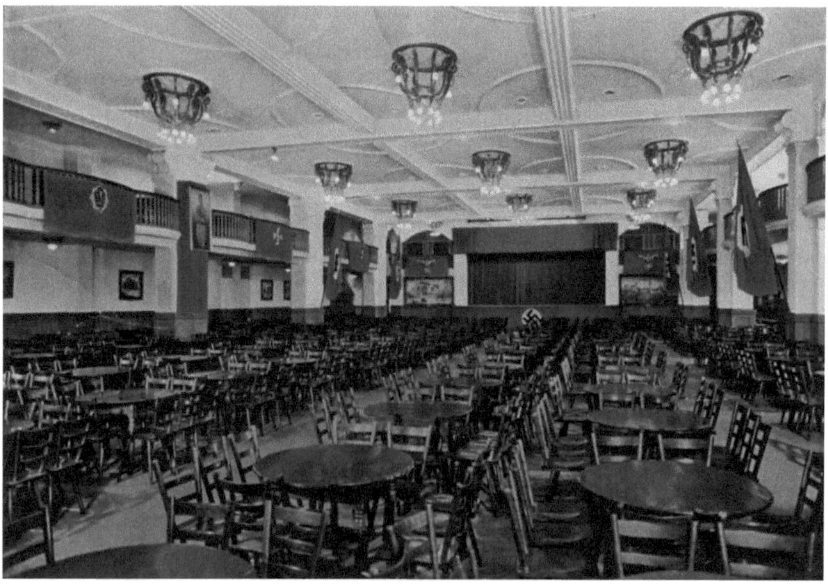

Haidhauser »Bürgerbräukeller«, Rosenheimer Straße 29, 1940.

nachdem er in vielen Nächten eine Zeitbombe in eine Säule eingebaut hatte, den Führer und Kriegstreiber in die Luft sprengen, doch war dieser wegen des Flugwetters schon weg, als die Bombe explodierte. Vier Personen starben, 60 wurden verletzt.

Das Bürgerbräu-Bier, das schmeckte den Münchner Bürgern tatsächlich besonders gut. Auch wusste man, dass in diesem »Keller« gut eingeschenkt wurde, sodass ein G'stanzl umging: »Do geb'ns statt drei Quartel oft/An Liter über d'Gass'n.« Nicht zuletzt aus diesen Gründen mussten die Lokalitäten immer wieder erweitert und verschönert werden. Gelegentlich protestierten frühe Bürgerinitiativen, die zuerst eine »Verschandelung Haidhausens durch Stromkabel« befürchteten und später Belästigung durch Lärm und Geruch.

Am 1. Mai 1945 wurde der kaum kriegsversehrte »Bürgerbräukeller« gestürmt: von hungrigen Bürgern, befreiten Zwangsarbeitern und Gefangenen. Die unterirdischen Gewölbe, wo Berge von Lebens- und Genussmitteln gehortet waren, wurden standesübergreifend und restlos geplündert. Einige der Eindringlinge sind dabei ertrunken, nicht etwa im Bier, sondern im Rotwein. Amerikanische Befreier konnten das Chaos nicht verhindern, vielmehr richteten sie bald in dem historischen Gemäuer einen Club für Soldaten ein. Nach deren Abzug wurde wieder dem Trunk und dem ganz normalen Frohsinn gehuldigt. Bis 1979 auch auf dieser Seite der Rosenheimer Landstraße tabula rasa gemacht wurde. Auf dem geräumten Gelände entstanden schließlich Münchens Kulturzentrum am Gasteig und das amerikanische »Hilton-Hotel«. Wenige Hinweise beschäftigen sich mit der bewegten Historie dieses Biertempels.

Mathäserbräu

Bald nachdem Kurfürst Karl Theodor 1791 die militärisch nutzlos gewordene Stadtbefestigung schleifen und die Stadtgräben zuschütten ließ, begann auf dem Platz vor dem Karlstor eine erste Blütezeit für Spekulanten. Zu denen gehörte ein gewisser Georg Hartl. An der Ecke der späteren Bayerstraße, wo heute der Kaufhof steht, machte er erst einen »Kleinen Löwengarten« auf und erwarb dazu 1818 noch den aus dem 15. Jahrhundert stammenden »Fuchsbräu«. Die »Gerechtsame« auf dieses Anwesen verschaffte ihm die Konzession für eine Brauerei mit Ausschank.

Nach Hartls Tod betrieben seine Witwe und mehrere »Braulöwen« das Geschäft auf dem Löwengartenareal, darunter ein adeliger, sogenannter Braugraf. Bis es 1858 ein gewisser Georg Mathäser kaufte, der dem ganzen Komplex seinen Namen gab: »Mathäserbräu«.

1892 wurden die Fabrikationsräume von August Exter total umgestaltet. Der Neubau bekam eine palastartige Gründerzeitfassade. Der obere der beiden großen Säle wurde mit dekorativen Malereien und einer hölzernen Tonne geschmückt. Ein späterer Eigentümer, die Löwenbräu AG, machte daraus vor dem Ersten Weltkrieg einen spektakulären Bierausschank, bestehend aus drei Festhallen, Festsaal, einem Weißbierkeller und weiteren Räumen mit zusammen 4000 Sitzplätzen.

Am Abend des 7. November 1918 versammelten sich im Festsaal etwa 1000 Menschen. Sie hatten sich von einer pazifistischen Massendemonstration auf der Theresienwiese abgesondert, unterwegs einige Truppenunterkünfte gestürmt und kriegsmüde Soldaten »befreit«. Der 23-jährige Dichterling Oskar Maria Graf hörte die Rufe: »Aus is! Revolution! Marsch!« Nach flammenden Reden wurde im »Dunst von Bier und Rauch und Volk« (Rainer Maria Rilke) ein Arbeiter- und Soldatenrat gewählt. Dessen Vorsitzender, der linkssozialistische Publizist Kurt Eisner, rief wenige Stunden später im Landtag den »Freistaat Bayern« aus, dessen erster republikanischer Ministerpräsident er wurde.

Doch der neue »Volksstaat« hatte keinen Bestand. Am 1. Mai 1919 eroberten Truppen der nach Bamberg geflohenen Regierung, verstärkt durch Freikorps und Soldaten aus Württemberg, die Landeshauptstadt zurück. Die letzte Bastion der Roten Armee war wieder der »Mathäser«-Palast. Ein schweres Geschütz schoss ihn sturmreif, Flieger warfen Bomben,

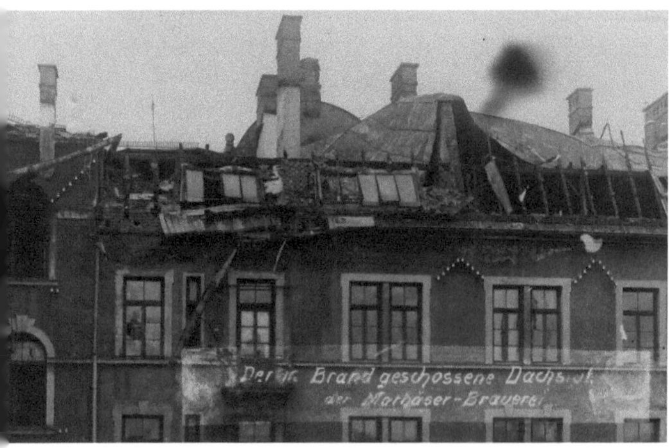

Der durch Minen in Brand gesetzte »Mathäserbräu« nach den Kämpfen am 1. und 2. Mai 1919.

Panzerwagen räumten die aus Bierfässern und Fuhrwerken gebauten Barrikaden. Um bei der Bewachung der Bierburg nicht zu ermüden, hatten die Kommandeure ihren Posten das dort gebraute Weißbier mit Limonade verdünnt. Daraus entstand dann eine neue, besonders im Sommer beliebte Biersorte, die – weil die Soldaten der Roten Armee wegen ihrer Kontakte zur jungen Sowjetunion als »Russen« verschrien waren – den heute noch gängigen Namen »Russ« bekam.

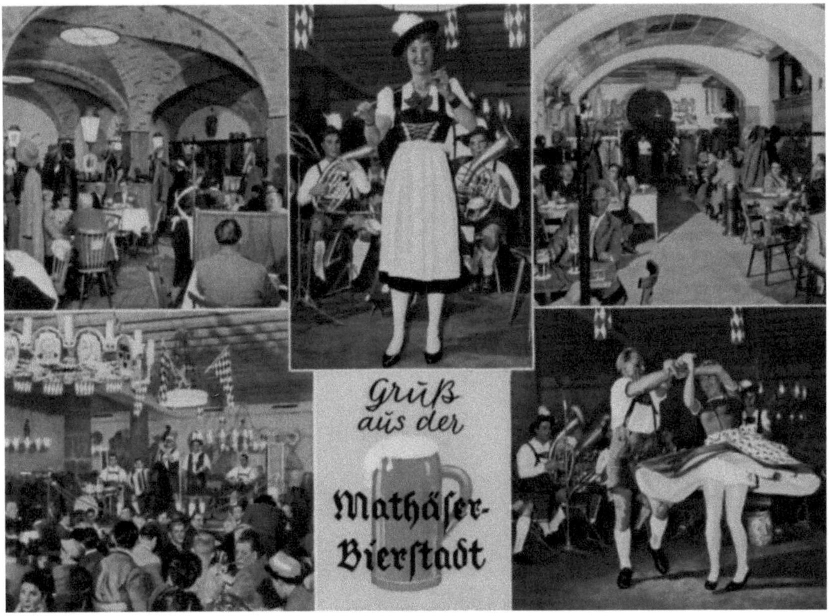

Die Vergnügungen im »Mathäserbräu« in den 1950er-Jahren.

Nach dem nächsten großen Krieg dauerte es zwölf Jahre bis zum Wiederaufbau. Im neuen »Mathäser« aus Stahlbeton, der dennoch »alpenländischer Tradition« nachempfunden war, fanden nun 7000 Durstige und Hungrige zugleich Platz, dazu 500 Angestellte in Dienstleistung und Büros. Den beiden Festsälen wurden auf dem 8100 Quadratmeter großen Gelände in fünf Etagen neue Attraktionen hinzugefügt: ein stets gut gekühlter Weißwurstkeller, ein lauschiger Biergarten mit fünf Schänken, Terrassencafés, Arkadenläden, ein Dachrestaurant und eine gläserne Küche, wo die Besucher bei der Zubereitung der Surhaxl und Kartoffelknödel zuschauen konnten. Der Konsum schlug sich in gewaltigen Statistiken nieder:

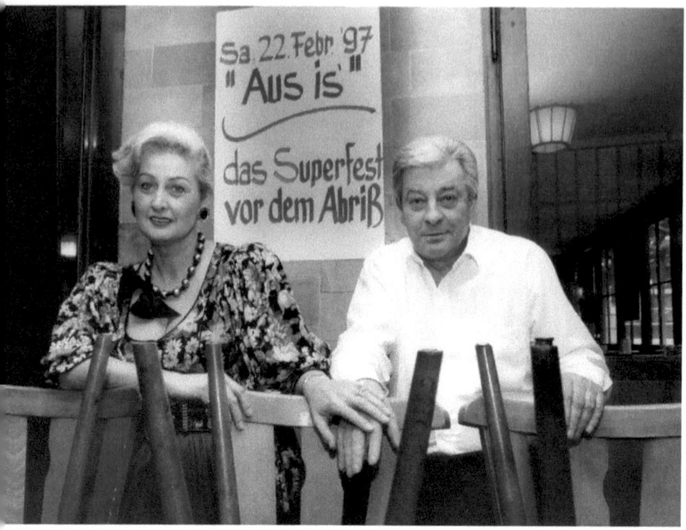

Der »Mathäser« feiert noch einmal vor dem Abriss, 1997.

Jede Woche wurden im »Mathäser« etwa 52000 Liter Bier getrunken und 15000 Weißwürste verspeist, von den sonstigen Schmankerln gar nicht zu reden.

Doch der Massenandrang in Bahnhofsnähe ließ Aussehen und Ansehen des großen Palastes der Trinker allmählich deutlich bröckeln. Und so kam es wie so oft: Die marode Immobilie wurde 1998 komplett abgebrochen und neue, eher anonyme Eigentümer pflanzten neue Vergnügungstempel, darunter Münchens größtes Multiplex-Kino, in die vom Bierland übrig gebliebene Brache.

Alles abserviert

Inzwischen ist ein historischer, oft für viel Geld wiederaufgebauter oder modernisierter Bierpalast nach dem anderen von der Karte der Münchner Großgaststätten verschwunden. Zuletzt noch hat die Schörghuber-Gruppe im März 2017 ihr »Hacker-Pschorr-Bräuhaus« auf der Theresienhöhe mit seinen 1000 Plätzen »abserviert«. Dieser »Keller« war allerdings ein Hochhaus, ein modernistischer Neubau, den Ernst Maria Lang aus Betonplatten aufschichten ließ. Gasträume und Biergarten wurden trotz schöner Sudkessel, Sportbar und Italo-Restaurant vom verwöhnten Publikum nie richtig angenommen – höchstens während der Zeit des in der Nähe stattfindenden Oktoberfestes. Baustellen und Zäune ringsum hatten zuletzt noch den Besuch behindert.

NICHTS ALS KULTUR

In literarisch-musikalischen Salons traf sich Münchens Elite

München hatte um 1900 mehrere Salons: künstlerische, literarische, musikalische, philosophische, politische. Sie befanden sich überwiegend in der Maxvorstadt. Auffallend war das überproportionale Engagement von jüdischen Bürgern und von Frauen; für diese gab es sogar einen Titel: »Salonnière«. Abgewürgt wurden die ausgesprochen liberalen, aber entgegen ihrem Ruf wenig einflussreichen Salons schließlich durch die nationalsozialistischen Kulturbanausen. Deren Anführer hatten zunächst selbst gern in derartigen Kreisen den Zugang zur besseren Gesellschaft (und deren Geld) gesucht.

Die Bernsteins

»Ich bin gesellschaftlich eingeführt, bei Bernsteins, bei Pringsheims«, schrieb Thomas Mann am 27. Februar 1904 stolzgeschwellt seinem Bruder Heinrich. Man gehörte zur Elite, wenn man »bei Bernsteins« in der Brienner Straße 8a im dritten Stock des Luitpoldblocks verkehren durfte, wenn man eingeladen war in diesen »kultivierten, intellektuellen Salon«, wie sich Katia Mann später erinnern wird. In ihrem Fall war der Salon der Bernsteins sogar ein Eheanbahnungsinstitut: Der 29-jährige, aus Lübeck zugezogene Schriftsteller verliebte sich hier in die sieben Jahre jüngere Tochter des Mathematikprofessors Alfred Pringsheim. »Ein Geschöpf, das durch sein bloßes Dasein die kulturelle Thätigkeit von 15 Schriftstellern oder 30 Malern aufwiegt«, schwärmte Thomas Mann. Also bat er die Hausherrin, ein gemeinsames Abendessen zu arrangieren. Ehefrau Katia später: »Eine unglaubliche Initiative.«

Die Gastgeberin Elsa Bernstein, 1866 in Wien geboren, war selbst literarisch recht produktiv. Unter dem männlichen Pseudonym Ernst Rosner schrieb sie, die eigentlich zur Bühne wollte, Erzählungen und 19 naturalistische Theaterstücke, von denen eines (»Die Königskinder«) von Engelbert Humperdinck vertont und sogar in New York aufgeführt wurde.

Schon ihr Vater, als Freund Richard Wagners von Ludwig II. zum Professor an die neue Musikschule berufen, führte einen musikalischen Salon.

Auch ihr Mann, Max Bernstein, schrieb Lustspiele, meist im Urlaub in Südtirol; außerdem hatte er einen Namen als Theater- und Kunstkritiker. Im Hauptberuf aber war der jüdische Jurist über Jahrzehnte hin der bekannteste Strafverteidiger Münchens. Ludwig Thoma war bei ihm Rechtspraktikant, später Mandant und Freund. Weil sich der linksliberale Bernstein auch politisch engagierte, etwa gegen die Sozialistengesetze und die Zensur agitierte, hielt ihn Kaiser Wilhelm II. für »gemeingefährlich«.

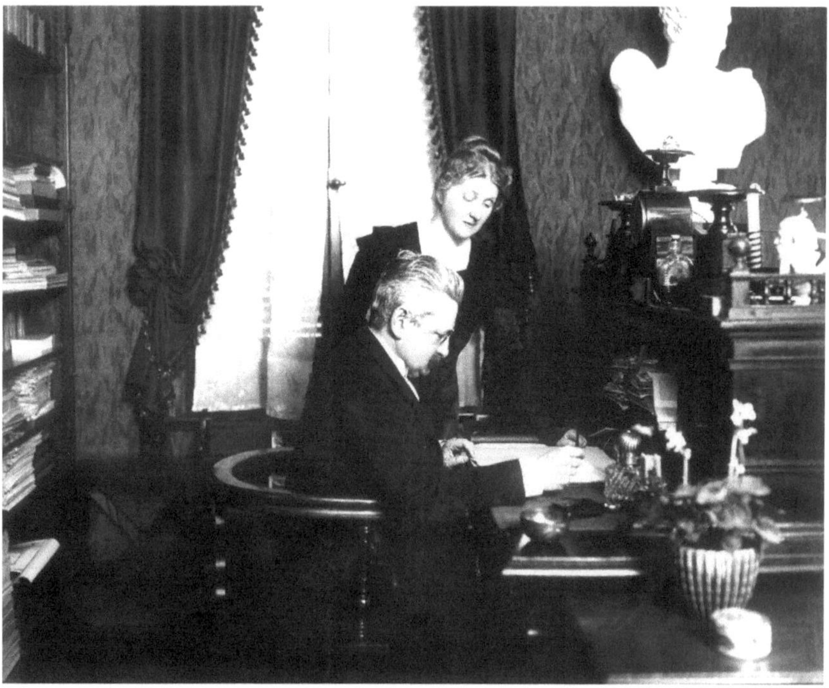

Dr. Max Bernstein und seine Ehefrau Elsa, 1902.

Im palastartigen Rundtreppenhaus an der Brienner Straße etablierte das Ehepaar Bernstein 1890 den literarisch-musikalischen Salon, der bald weit über München hinaus als ein Gipfeltreffen der geistigen Welt bekannt wurde. Die Gästeliste glänzte mit einigen der bedeutendsten Namen. Sie reichte vom betagten Theodor Fontane bis zum 22-jährigen

Rainer Maria Rilke, der hier das »eigentliche künstlerische München« erlebte, Lesungen hielt und der schwärmerisch verehrten Gastgeberin seinen Gedichtband »Advent« widmete.

Zu den Stammgästen gehörten außerdem die Schriftsteller Ricarda Huch, Max Halbe, Frank Wedekind, Paul Heyse, Ludwig Ganghofer, Josef Ruederer, Ernst von Wolzogen, Georg Queri, den Bernstein in einem Zensurprozess frei bekam, und Erich Mühsam, dessen Hochverratsprozess er verlor. Ans Klavier setzten sich gelegentlich die Musiker Richard Strauss, Bruno Walter, Hans Pfitzner und Hans Knappertsbusch. Zur sonntäglichen Runde zählten auch Theaterleute, berühmte Maler und einige der Zeichner des »Simplicissimus«. Sehr lebhafte, auch kontroverse Diskussionen soll es da oft gegeben haben.

»Der Salon war ein hellgrün tapeziertes Zimmer in der dritten Etage«, erinnerte sich einer der Gäste, der Schriftsteller Ernst Penzoldt, der das intellektuelle München von damals rühmte: »Man muss kein ausgesprochener Genießer von Gegensätzen sein, um diese Stadt zu lieben.« Elsa Bernstein trug meist ein fließendes Gewand von heller Seide. Sie war mit Blumen bekränzt und reichte, zusammen mit ihrer Schwester Gabriele, den erlauchten Gästen »geradezu künstlerisch belegte Brötchen«. Auch in den nachfolgenden Jahren der braunen Barbarei konnte Elsa Bernstein – ihr Mann war 1925 gestorben – den Salon noch eine Weile fortführen: in Form von Briefen. Jetzt kam es ihr noch mehr darauf an, junge Talente zu fördern.

1939 aber wurde die geistvolle Jüdin – fast erblindet – von den nationalsozialistischen Machthabern erst aus ihrem Domizil in eine kleinere Wohnung vertrieben und schließlich 1942 in das Konzentrationslager Theresienstadt deportiert, wo sie versuchte, die Kultur und Menschenwürde unter den Häftlingen so weit wie möglich zu wahren. Sie überlebte und starb am 6. August 1949 in Hamburg. In der Stadt München, der diese Frau so viel Kultur vermittelt hat, ist sie fast vergessen. Das Haus an der Brienner Straße, wo auch der Kinderbuchverlag Schneider seinen Sitz hatte, wurde im Krieg total zerstört, im Neubau, heute Maximiliansplatz 9, residierte lange Münchens »Auto-König«.

Carry Brachvogel

Ihr literarischer Salon in der Ludwigstraße 17b, direkt neben dem Siegestor, galt als ein Zentrum des kulturellen Lebens der Stadt. Hier empfing die äußerst erfolgreiche Schriftstellerin Carry (Caroline) Brachvogel alles, was künstlerisch Rang und Namen hatte. Einer ihrer Gäste, Ernst von Wolzogen, beschrieb die Atmosphäre bei dieser »feingebildeten Jüdin voll gepfefferter Bosheit und schlagfertigen Geistes« in seinen Lebenserinnerungen: »Ihr Trick bestand darin, Widerspruch herauszufordern, dann platzten die Geister ganz von selbst aufeinander.« Langweilig sei es in diesem Salon nie gewesen. Rainer Maria Rilke, der gern mit seiner exotischen Geliebten Lou Andreas-Salomé zu den »Tees« in das »weiße Schloss« kam, nannte den Brachvogel-Salon »das eigentlich intime Künstlermünchen«. Der aus Prag zugezogene, in München noch kaum bekannte Dichter genoss den »boshaften Witz« der Gastgeberin und widmete ihr sogar ein Gedicht, das so endet: »Die Uhren stehn im Schloss. Es starb die Zeit.«

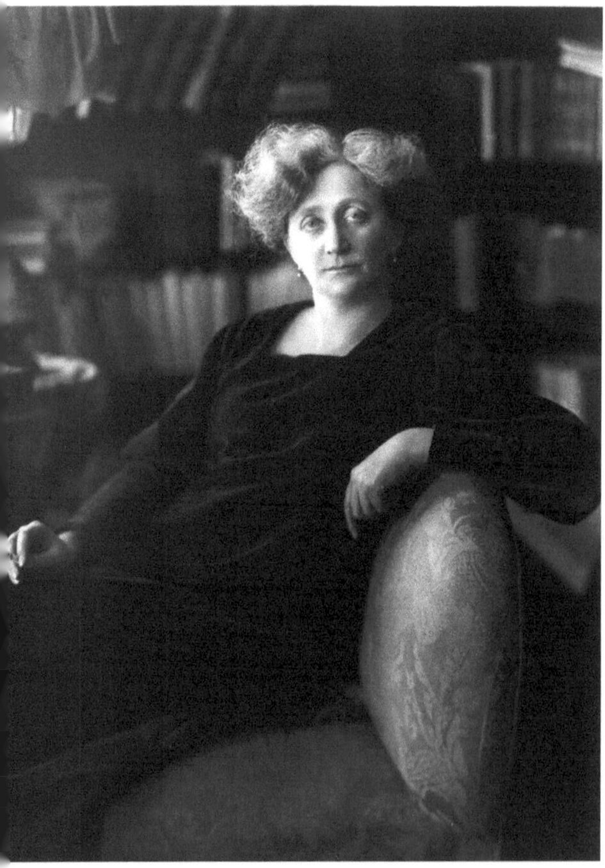

Carry Brachvogel, fotografiert von Theodor Hilsdorf.

Die Zeit des Geistes starb 1933 als die noch zu ihrem 60. Geburtstag deutschlandweit rauschend gefeierte Schriftstellerin Berufsverbot erhielt und ihr damit jede Existenzgrundlage entzogen war. Carry Brachvogel musste den Salon auflösen. Der von ihr und Schriftstellerkollegin Emma Haushofer-Merk bereits 1913 im Kampf um die Frauenrechte gegründete und ebenfalls in ihrer Wohnung in durchaus gewerkschaftlichem Sinne gegen »gewissenlose Verleger« geführte »Verein Münchner Schriftstellerinnen« wurde gleichgeschaltet. Als 87-Jährige wurde Carry Brachvogel nach Theresienstadt deportiert, wo sie am 20. November 1942 elend verstarb. Das Damenzimmer der Seidlvilla und eine Straße in Bogenhausen tragen heute ihren Namen.

Die Pringsheims

Alfred Pringsheim, der einer schlesischen Kaufmannsfamilie entstammte, galt als reichster Mann Bayerns, sein Vermögen wurde auf 13 Millionen Mark beziffert. Als er 1879 als Dozent für Mathematik von Berlin nach München übersiedelte, ließ er für sich und seine große Familie in der Arcisstraße 12 ein außen und innen prachtvolles Stadthaus bauen. »Kein Gedanke an Judenthum kommt auf, diesen Leuten gegenüber; man spürt nichts als Kultur.« Der Satz stammt von Thomas Mann, der das Haus Pringsheim am 5. Februar 1904 erstmals betreten hatte, begleitet von Elsa Bernstein. »Der Vater Universitätsprofessor, die Mutter eine Lenbach-Schönheit«, notierte der neue Gast über seine späteren Schwiegereltern. Am Abend darauf kam er wieder, zum Ball mit 125 Gästen. »Um ½ 5 wurden die letzten herausgeworfen.« Mit dabei waren zwei Herren, deren Frauen ebenfalls Salons in München betrieben: Hugo Bruckmann und Ernst Franz Hanfstaengl.

Den Salon in der Maxvorstadt führte Gertrude Pringsheim, eine frühere Schauspielerin. Ihr Gatte, Mathematikprofessor und Musikexperte dazu, ließ es sich indes nicht nehmen, auf dem Klavier vorzutragen, meist Richard Wagner. Auch jeder der beiden Söhne hatte einen Flügel zum Üben. Die zum Tee eingeladenen Gäste wurden, in der Regel zu Lesungen, im Musik- und Tanzsaal empfangen. Dessen Wände schmückten kostbare Gobelins und ein 20 Meter breites Gemälde von Hans Thoma mit Paradiesszenen. Ein anderes, von Wilhelm von Kaulbach gemaltes, berühmtes Bild zeigte die fünf Pringsheim-Kinder in Karnevalskostümen. Im Speisesaal, den bereits elektrische Lüster beleuchteten, wurde mittels Küchenaufzug serviert. Auch staunten die Gäste über das viele Silber und

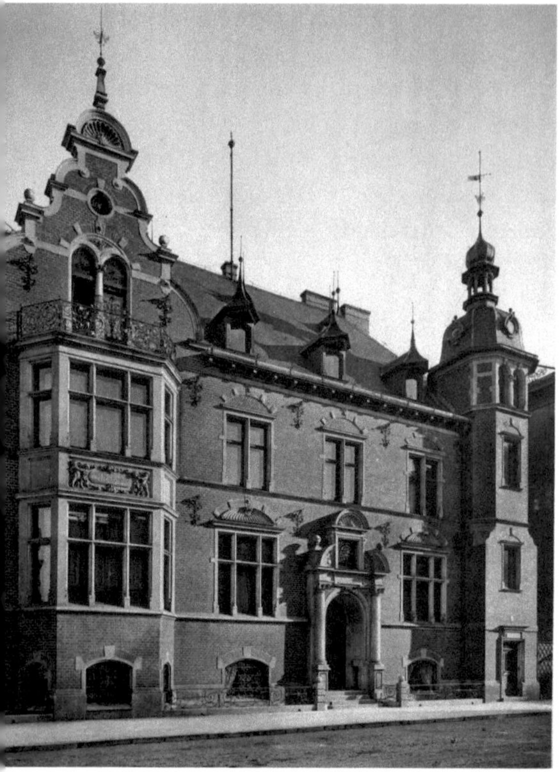

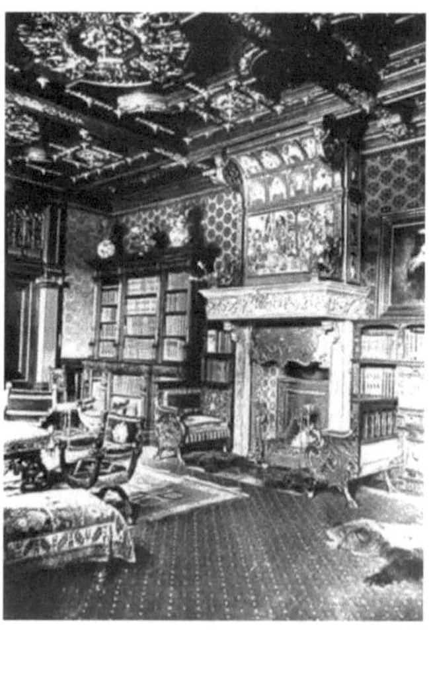

Wohnhaus und Salon der Pringsheims in der Arcisstraße 12, um 1900.

die einzigarte Majolikasammlung, an die sich Klaus Mann, der als Kind am Esstisch immer stehen musste, als »Inbegriff der Zerbrechlichkeit« erinnerte.

Im März 1933 notierte Thomas Mann, bereits in Zürich: »Die alten Leute müssen heraus, damit das Haus, das sie 40 Jahre lang bewohnten, einem der verschwenderischen Parteipaläste Platz mache, aus denen dieses Viertel in Kürze bestehen soll.« Der sogenannte Reichsschatzmeister Franz Xaver Schwarz drohte dem emeritierten, vielfach geehrten Universitätsprofessor mit Enteignung. Im August 1933 musste Pringsheim seine beiden Häuser in der Arcisstraße 12 und 14 für 600 000 Reichsmark verkaufen. Im November komplett abgerissen, errichtete dann die NSDAP an ihrer Stelle hier ihre Zentralverwaltung. Der Besitz Pringsheims wurde beschlagnahmt, verkauft oder versteigert. Die Eheleute wohnten noch bis zur Auswanderung im Jahr 1937 in der Widenmayerstraße, Theater-, Konzert- und Ausstellungsbesuche waren ihnen verboten. Den Krieg haben beide nicht überlebt.

Elsa Bruckmann

Seit 1899, kurz nach ihrer Heimat mit dem Buchverleger Hugo Bruckmann, lud die rumänische Prinzessin Elsa Bruckmann, die deutschnational dachte, zu sogenannten Soireen in die Verlagszentrale am Karolinenplatz 5. Bei Tee und Kuchen wurde dort oder in anderen Häusern über Politik, Literatur und Wissenschaft diskutiert. Die Gästeliste weist berühmte Namen auf wie: Hugo von Hofmannsthal, Stefan George, Karl Wolfskehl, Rudolf Alexander Schröder, Heinrich Wölfflin, Hugo Tschudi, Richard Riemerschmid, Adolf Furtwängler, dazu etliche Wirtschaftsführer.

Am 23. Dezember 1924 tauchte erstmals der Parteiführer Adolf Hitler in dem erlauchten Kreis auf. Elsa Bruckmann hatte ihn vor dem Novemberputsch mit Begeisterung reden gehört, einmal in der Landsberger Festung besucht und zu sich in ihr Palais am Karolinenplatz 5 eingeladen. Sie führte ihn in die bessere Gesellschaft ein, in die Welt der Smokings und des großen Geldes, die dem Emporkömmling bisher verschlossen war. Sogar Weihnachten durfte Hitler, der gern Kuchen aß, im vornehmen Haus Bruckmann verbringen.

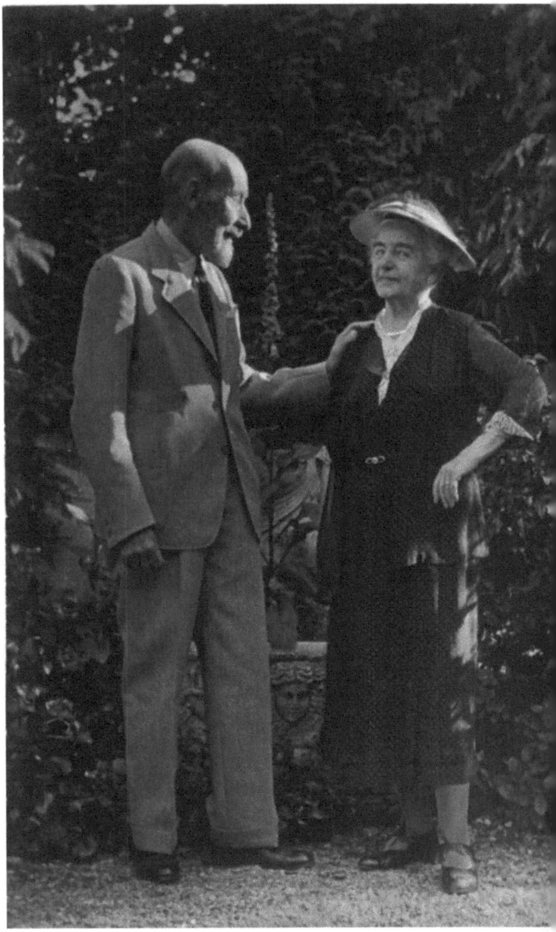

Verlegerehepaar Hugo und Elsa Bruckmann, um 1940.

Vorher war der Mann aus Braunau, am liebsten in Lederhosen oder mit Trenchcoat bekleidet, von kämpferischen

Genossen umgeben, die Ex-Fliegeroffizier Hermann Göring als »Bande von Biersäufern und Rucksackträgern« verachtete. Bei Bruckmanns begegnete er anders gearteten Leuten wie Baldur von Schirach und Alfred Rosenberg, die er als Ideengeber seiner Weltanschauung einspannen konnte. Außerdem wurde er von Frau Elsa reich beschenkt, mit Geld zur Schuldentilgung und zur Miete einer Neunzimmerwohnung am Prinzregentenplatz, auch mal mit einer Taschenuhr.

»Putzi« Hanfstaengl

Auch der Kunstverleger Dr. Ernst Franz Hanfstaengl, genannt »Putzi«, führte zusammen mit seiner Frau Helene am Schwabinger Elisabethplatz einen renommierten Salon, wo auch Hitler gern zu Gast war und sich mit dem geldgebenden Großbürgertum vertraut machte. »Café Gentz« nannte er die Wohnung in der Gentzstraße 1. Der gebildete Hausherr spielte ihm dort auf dem Klavier vor – bevorzugt Richard Wagner. Er soll Hitler, für dessen Rhetorikkünste er glühende Begeisterung zeigte, davon abgehalten haben, sich im November 1923 nach dem gescheiterten Staatsstreich zu erschießen, indem er ihn in seiner Villa am Staffelsee versteckte. Dafür wurde er später Auslandspressechef der NS-Regierung. Die Vertraulichkeit endete, als »Putzi« 1937 plötzlich emigrierte. Im Krieg soll er Präsident Franklin D. Roosevelt beraten haben. In München zurück, wurde er bei der Entnazifizierung als »unbelastet« eingestuft.

Neuerdings versucht das städtische Literaturarchiv der »Monacensia«, die Kultur der Salons wieder zu beleben. Ganz im Sinne des Hauspatrons Adolf von Hildebrand und seiner Frau Irene, die so unterschiedliche Gäste wie Kronprinz Rupprecht mit Frau Marie Gabriele von Bayern, Anette Kolb, Isolde Kurz, Georg Kerschensteiner, Heinrich Wölfflin, Cosima Wagner, Ludwig Curtius oder Wilhelm Furtwängler zu ihren weltoffenen Salons in der Bogenhauser Maria-Theresia-Straße 23 versammeln konnten. Und auch die Seidlvilla, das Kulturzentrum Schwabings, wo Karl Wolfskehl einst einen Salon pflegte, knüpft gern an diese Münchner Tradition an. Und das »Luitpold-Café« in der Brienner Straße 11 hat neuerdings den »Salon Luitpold« ins Leben gerufen, wo in bester Salon-Tradition regelmäßig Künstler, Literaten und Wissenschaftler über Gott und die Welt, über Kunst und Kultur parlieren.

PRO AKT EIN KREUZER

Wie die Theater von der Poetenschule aus in die Vorstädte wanderten

Am Gymnasium der Jesuiten und in der städtischen Poetenschule, beide in der Neuhauser Gasse (heute Gebäude der Alten Akademie und künftig Großkaufhaus), wurde 1561 erstmals in München regelmäßig Theater gespielt. Es waren frömmelnde und gleichwohl derbe Stücke. Das erste hieß: »Johannes Enthaubtung auff dem rathauß«. Dafür verbuchte die Stadtkammer Brot und Wein für die Spieler im Wert von 1 Gulden, 1 Schilling und 14 Pfennigen. Fast jedes Jahr wurde eine solche »Tragedi« uraufgeführt, meist am Faschingsdienstag. Dabei handelte es sich zum Beispiel um »Wollust und Tugend« oder um die »Zerstörung von Troia«. Immer wurde ordentlich geschmaust. Eine Gaudi war's wohl, auch wenn Theaterblut floss.

Deutsche Bühne

Bereits im 18. Jahrhundert, während der Regierungszeit von Max III. Joseph, dem »Vielgeliebten«, bespielten gut organisierte Komödianten eine Deutsche Bühne. Diese hatte sich beim »Faberbräu« in der Sendlinger Gasse 76 etabliert. Sie fand viel Beifall, sogar vom großen Klassiker Gotthold Ephraim Lessing. Für den noch kleinen Augsburger Wolfgang Amadeus Mozart hatte jener Kurfürst, obwohl selbst musikbegabt, derzeit jedoch »keine Vakatur«.

Opernhaus

Im Jahr 1651 ließ der bayerische Hof ein »Comoedie-hauß« in einem nördlich der Salvatorkirche gelegenen Getreidespeicher einrichten – das erste, wenngleich zunächst nicht sehr noble Opernhaus Münchens. Der musikbegeisterte Kurfürst Ferdinand Maria und seine aus Savoyen stammende Ehefrau Henriette Adelaide aber hatten große Ambitionen: Sie verpflichteten ein festes, aus 55 italienischen und deutschen Musikern und Sängern bestehendes Ensemble und ließen das Innere des ehemaligen Speichers prächtig im venezianischen Stil umbauen. Mitte des 18. Jahrhunderts wurde das mittelalterliche Gebäude aber so baufällig, dass man sich entschloss, den genialen Architekten François de Cuvilliés mit dem Bau eines noch schöneren neuen Rokoko-Theaters in der Residenz zu beauftragen, das heute noch versetzt existiert. Nach dessen Eröffnung 1753 wurde das alte Opernhaus am Salvatorplatz meist nur noch zur Aufführung von Singspielen genutzt.

Kurfürst Karl Theodor brachte aus seiner Mannheimer Heimat eine Schauspielertruppe mit nach München und vereinigte sie mit der des ortsansässigen Rechtspraktikanten Johann Nieser zu einer »National-Schaubühne«. Sie sollte die vom Adel bevorzugten Stücke aus Frankreich und Italien durch deutsche Schau- und Singspiele verdrängen. Die Kurfürstin Maria Anna höchstpersönlich übersetzte das Drama »Die Notleidenden« aus dem Französischen. Am 1. März 1773 wurde es aufgeführt. Vor allem während der Sommerfestspiele, die dem inzwischen hochgeehrten Mozart gewidmet waren, hatte das Haus am Salvatorplatz ein treues Publikum, bis es 1802 abgerissen wurde.

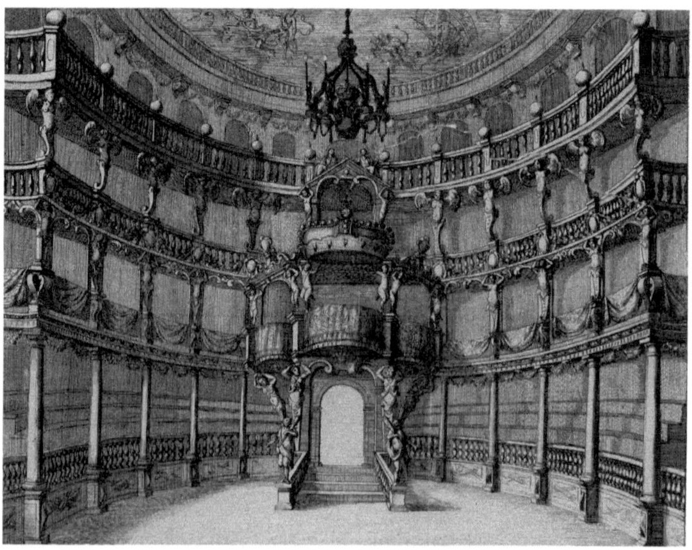

Die Kurfürstenloge im prächtig im barocken Stil umgebauten »Comoedihauß« am Salvatorplatz, Kupferstich von Michael Wening, 1685.

Isartortheater

Bayerns erster König Max I. Joseph ließ als Ersatz für das abgerissene Opernhaus auf einem ehemaligen Festungsgelände südlich des Isartors (der heutigen Frauenstraße entlang) vom Portugiesen Emanuel Joseph Herigoyen ein zweites »königliches Hoftheater« errichten. Am 10. Oktober 1812 wurde es in seinem Beisein (auch Kronprinz Ludwig kam noch schnell aus Innsbruck) eröffnet. Hinter vier toskanischen Säulen reihten sich stattliche 1200 Sitzplätze. Nicht mehr realisiert wurden ein Seitenflügel, ebenso wenig die von Friedrich Ludwig von Sckell geplanten Grünanlagen. Gespielt wurden Klassiker wie »Die Räuber« von Friedrich Schiller oder die Oper »Der Freischütz« von Carl Maria von Weber. Als der zweite Direktor des Hauses, Carl Carl, auf leichte Unterhaltung setzte, stimmte die Presse zwar ein lautes Klagelied an, alles sei »zum Erbarmen«, aber die Münchner liebten die volksnahe Unterhaltung. Als dem Isartortheater die staatlichen Zuschüsse gestrichen wurden – die Konkurrenz für das erste Theater der Stadt, dem Königlichen Hof- und Nationaltheater am Max-Joseph-Platz, war augenscheinlich zu groß geworden – ging Direktor Carl kurzer Hand 1825 mitsamt seinem komplet-

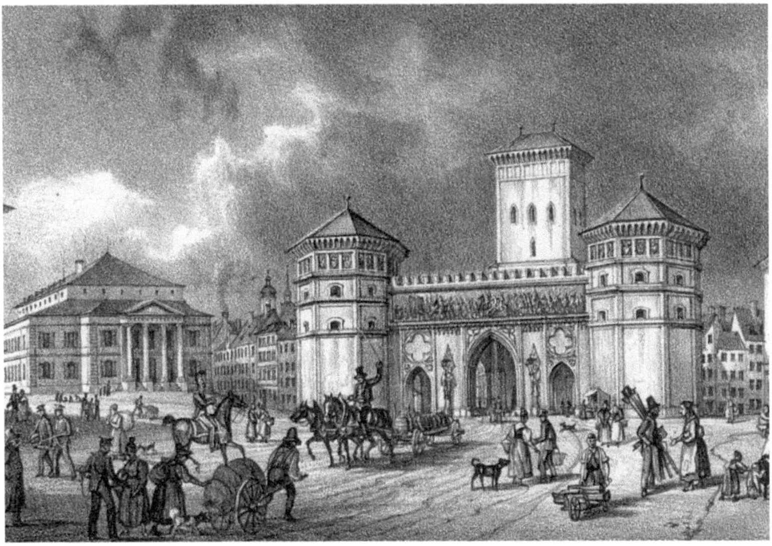

Isartortheater (links) und Isartor, Lithografie on Gustav Wilhelm Kraus, 1845.

ten Ensemble ans Theater an der Wien. Er startete damit eine grandiose Karriere, spielte die in München verschmähten Stücke und verstarb als Millionär. Das Isartortheater schloss ein Jahr später nach seinem Weggang, es wurde ein städtisches Leihhaus und später ein Kino (siehe Kapitel »Unhappy End«, S. 109ff.).

Die Schweiger-Theater

Dem gemeinen Volk, das im südlichen Bayern immer schon das »Komedispuin« liebte, wurden in München schauspielerische Späße zuhauf geboten. Eine Hauptrolle spielte dabei die Familie Schweiger, deren Mitglieder ständig zwischen Not und Erfolg, Verbot und Erlaubnis vagabundierten. Franz Maria Schweiger, Schwiegersohn und Mitarbeiter des Marionettenmeisters Lorenz Lorenzoni, tingelte durch die Vorstädte mit provisorischen Bretterbuden. Als Prinzipal »inszenierte« er auf der Jakobidult, auf dem Anger oder beim »Metzgerwirt«. Sein listig-lustiger Tölpel »Lipperl«, ein schon von Lorenzoni erfundener Kasperl für Erwachsene, begeisterte ganz München. Doch die eifersüchtige Hoftheaterintendanz intrigierte gegen den »Hüttenunfug«. Sie wollte dem pp. Publikum vielmehr »Geschmack« beibringen.

Dem Schweiger-Sohn Joseph gewährte die Regierung dann aber doch die Konzession für eine »Sommerspielhütte vor dem Karlstor« am Anfang der Sonnenstraße. Hauptsächlich wurden dort sogenannte Kreuzerstücke geboten: Für jeden etwa halbstündigen Akt zahlte man einen Kreuzer, musste danach das Theater verlassen und wurde zur Fortsetzung der Komödie erneut zur Kasse gebeten. Einen Großteil der unglaublich beliebten und erfolgreichen Stückln schrieb der Schneidersohn Franz Prüller. Um aber dem Hoftheater nicht übergebührlich Konkurrenz zu machen, durften nur von Ende April bis Anfang Oktober beim Schweiger Stücke aufgeführt werden. 1830 musste das Theater seinen guten Standort wieder aufgeben: angeblich um dem Bau der ersten protestantischen Kirche Münchens zu weichen, wahrscheinlich aber wohl eher, weil das königliche Hoftheater im Wettbewerb um die Gunst der Besucher immer schlechter abschnitt.

Josephs Bruder Johann machte in der Folge jenseits der Isar, in der Lilienstraße am Eingang der Au (heute Museumslichtspiele), das Neue

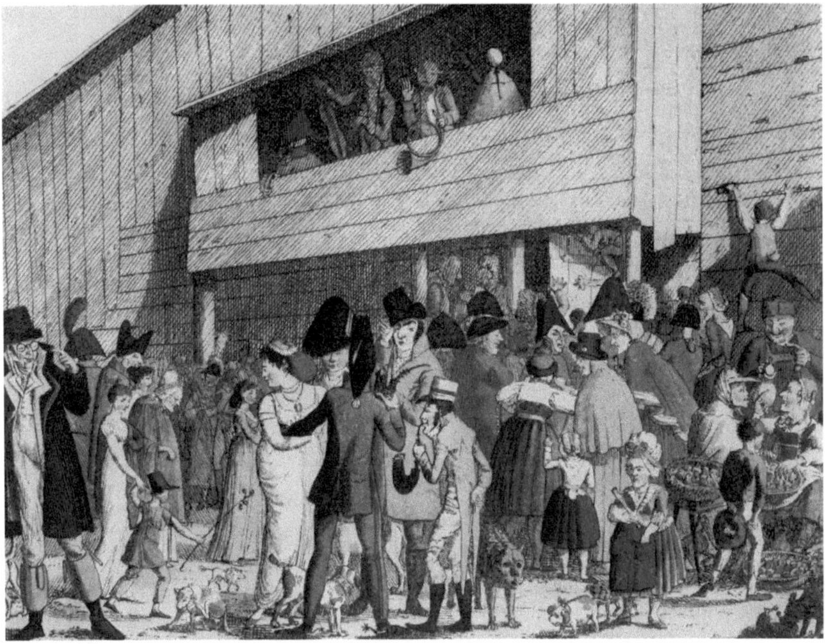

Das »Schweigerische Sommertheater vor dem Karlstor« vor Beginn der Vorstellung, Lithografie von Ferdinand Schießl, 1808.

Schweigerische Volkstheater auf. Komplett aus Holz gezimmert bot es 500 Zuschauern in Logen und auf schlichten Bänken Platz. Der Eintrittspreis war erschwinglich und entsprach einer Maß Bier. Durch biedermeierliche Posse und Singspiele (jeder Mime musste singen können) sowie sogenannte Staberliaden – dramatisierte Abenteuer einer aus Wien importierten Figur des albernen »Staberl« – wurde das Auer Vorstadttheater der Schweigers richtig populär. Aber auch schaurige Räuber-, Ritter- und Schauerstücke durften nicht fehlen und Titel wie »Der Bluthund und das Totengerippe« führten zu wahren Begeisterungsstürmen im Publikum. Weil das Theater aber für die Münchner sehr weit außerhalb gelegen war, stellte man den Antrag auf einen neuen, günstigeren Standort, den der Magistrat auch genehmigte. 1845 zog man in ein neu gebautes Haus im Garten des Wirtshauses »Zu den drei Linden« in der Müllerstraße 43. Max Schweiger, ein Neffe der erfolgreichen Theatermacherbrüder Joseph und Johann, übernahm dieses neue Isarvorstadttheater. 1865 fiel der letzte Vorhang in einem Schweiger-Theater in München.

Leopold-Theater

Gegen Ende des 19. Jahrhunderts blühte das Bühnenleben im Bahnhofsviertel auf. In die Senefelderstraße 11 ½ (heute ein Neubau zusammen mit der Nr. 12) verlegte der zugezogene Bierhauspächter Erwin Binder sein zunächst in Schwabing befindliches Theater in der Leopoldstadt. Er inszenierte Persiflagen auf aktuelle Ereignisse, etwa über die Bauernfängerin Adele Spitzeder, die nahebei in der Dachauer Straße ihre Schwindelbank betrieben hatte. Doch auch an den »Faust« und die »Räuber« wagte er sich heran; den Hamlet spielte der 70-jährige Direktor selbst. 1882 wurde er als Parsifal von der Bühne gepfiffen. Immer wieder wuchsen sich Lachausbrüche und Zurufe – insbesondere angetrunkener Studenten – zu Krawallen aus, oft rückte die Gendarmerie an, die stets niedergeschrien wurde. Ordnungsstrafen wurden verhängt und Aufführungen verboten. Die Bühne endete schließlich als Bierwirtschaft.

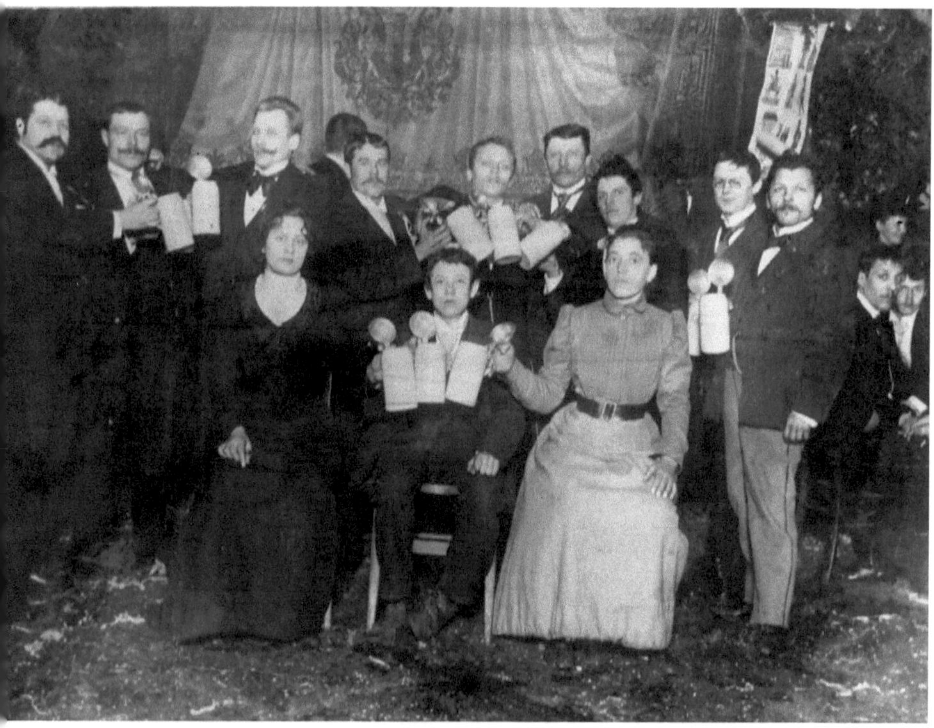

Gäste in der Wirtschaft Senefelderstraße 11 ½ in der Ludwigsvorstadt, 1895.

Neue Bühne

Gegen Ende des Ersten Weltkriegs brach die Kulturrevolution aus: Eine genossenschaftlich getragene »Neue Bühne« (Theater der Arbeit) wollte dem Proletariat anspruchsvolle Schauspielkunst nahebringen. Der Dramaturg schrieb sich Oskar Maria Graf. Vorher hatte sich der Bäckersohn aus Berg am See als Liftboy, Postsortierer und Gelegenheitsdichter durchgeschlagen. Graf: »Nach all den Niederschlägen der letzten Jahre schien hier etwas zu gelingen, das ganz dazu angetan war, das verlorengegangene Selbstbewusstsein und den erstorbenen Optimismus der Genossen zu stärken.« Eines Tages im Jahr 1919 bot ihm ein 21-jähriger Dichter ein Manuskript an. Der schrieb sich Bertolt Brecht. Er kam ebenfalls aus der »Provinz« und wohnte gleich um die Ecke. Graf musste das Stück ablehnen, weil die Feuerpolizei nur acht Personen auf der Bühne erlaubte. Das personalintensive Drama »Trommeln in der Nacht« wurde dann in den Kammerspielen uraufgeführt. »Die Zeiten sind verdammt unsicher«, hörten die eher bürgerlichen Besucher schon im ersten Monolog. Am 21. Februar 1919 wurde der erste republikanische Ministerpräsident Kurt Eisner ermordet ...

Die Münchner Kammerspiele befanden sich damals noch in der Augustenstraße 89. Sie firmierten zeitweise auch unter dem Namen »Zum großen Wurstel« und boten neben alten Klamotten neuen Expressionismus sowie Sozialkritisches. Die Eröffnung mit »Varieté« wäre 1911 beinahe geplatzt, weil der Autor, Heinrich Mann, dem der Name Wurstel missfiel, drei Tage zuvor eine einstweilige Verfügung beantragt hatte, die er aber doch wieder zurückzog. 1926 wurden die Kammerspiele mit Otto Falckenbergs Schauspielhaus in der Maximilianstraße fusioniert. Die »Neue Bühne« in der Senefelderstraße hatte allerdings schon 1921 pleite gemacht.

Münchner Volkstheater

Das erste Münchner Volkstheater, eine Privatbühne aus Beton und Eisen mit immerhin 1000 Sitzen, eröffnete am 10. November 1903 in der Josephspitalstraße mit Schillers »Kabale und Liebe« und hatte schon ein Jahr später, nach der 50. Aufführung, einen Namen weit über München hinaus. Noch berühmter wurde es, nachdem Spielleiter wie Ludwig

Schmid-Wildy und Ferdinand Dörfler hervorragende Volksschauspieler in allerlei Schwänken einsetzen konnten. Bomben des Zweiten Weltkriegs vernichteten das beliebte Haus und ebenso das stadteigene !Volkstheater! in der Sonnenstraße, das noch bis in die 1940er-Jahre hinein mit Gusto-Stücken wie »Graf Schorschi« mit Liesl Karlstadt die kriegsmüden Münchner entzücken und sich staatlicher Eingriffe entziehen konnte.

Nachfolger war das 1959 von Eduard Loibner wieder an der Sonnenstraße 12 gegründete Volkstheater, das eine bunte Mischung von bayerischen und europäischen Klassikern bot, aber auch kaum bekannte Autoren pflegte. Ähnlich anspruchsvoll gestaltet der Oberammergauer Christian Stückl das heutige Volkstheater in der Brienner Straße 50, von wo es allerdings 2021 in einen – bislang auf 131 Millionen Euro Kosten geschätzten – Neubau am Zenettiplatz (Schlachthofviertel) umziehen soll.

Münchner Künstlertheater

Am 7. Mai 1908 wurde im tags zuvor eröffneten Ausstellungspark auf der Theresienhöhe das Münchner Künstlertheater mit Goethes »Faust« eingeweiht. Für einen Verein schuf Max Littmann, der schon das Prinzregententheater gebaut hatte, auf der Theresienhöhe einen Jugendstilbau mit reizvollen Wandverkleidungen aus Alpenmarmor und einer neuartigen, schmalen, den 614 Zuschauersitzen nahen »Reliefbühne«. Auf ihr standen die berühmtesten Schauspieler ihrer Zeit. Kein Geringerer als Max Reinhardt brachte sie aus Berlin mit: Tilla Durieux, Adele Sandrock, Max Pallenberg, Gustl Waldau, Fritz Kortner, Erich Ponto, Eugen Klöpfer und viele mehr.

Künstler entwarfen kostbare Kostüme und Bühnenbilder. Thomas Mann versäumte keine Premiere und schrieb: »Das ist Modernität in Reinkultur.« Sogar Festwochen und eine Oper fanden statt. Das war sehr üppig und teuer. Auch dem Münchner Publikum und Kritikern missfiel der ganze Aufwand. Bald schon sah sich auch Reinhardt gezwungen, das Programm zu verdünnen: »Mit der kleinen Bude ist nichts zu machen.« Nachdem die Stadt München die »Bude« 1928 übernommen hatte, versuchte man es mit einer lukrativeren Nutzung: für Ausstellungen, Kongresse, Faschingsfeste. Der Bau verfiel, den Rest besorgten Bomben

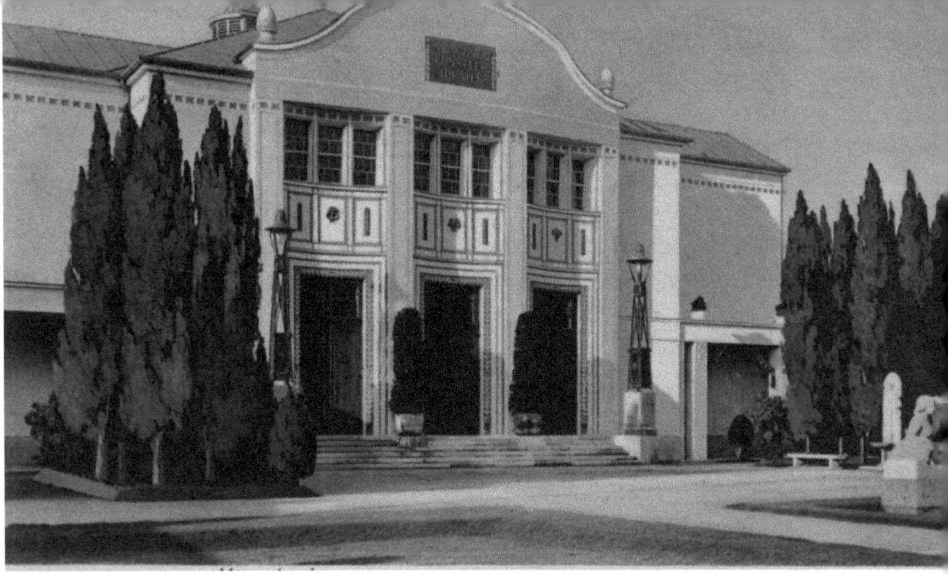

Künstlertheater von Max Littmann, Ansichtskarte aus Anlass der bayerischen Gewerbeschau 1912.

und Bagger. Heute bespielt hier das Verkehrszentrum des Deutschen Museums eine große Halle.

Weiß-blaue Bühne

Nach dem Krieg stiegen in München einige Laientheater aus den Ruinen. Sie folgten den urbayerischen Traditionen des »Komödispuins« und der »Dramatischen Gesellschaften«. Die Amateurbühnen wechselten oft ihre Aufführungsorte. So bespielten zum Beispiel die »Zwölf Apostel«, die sich 1948 zusammengefunden hatten, unter Leitung des Volkskundlers Hanns Vogel zunächst nur Altersheime und Krankenhäuser mit Ludwig Thoma-Klassikern. Die Weiß-blaue Bühne München e. V. entstand 1952. Sie brachte im Giesinger »Wintergarten«, im »Gasthaus Hiras« in Laim und in der »Schwabinger Brauerei« in der Adalbertstraße mehr als 20 Stücke bayerischer Autoren zur Aufführung, eines bekam den Hauptpreis des Bayerischen Rundfunks, der ohnedies für das Überleben der zahlreichen Volksschauspieler sorgte. Seit 1993 tritt das Ensemble der Weiß-blauen Bühne im »Gasthof zur Post« am Pasinger Marienplatz mit jährlich mehreren Stücken auf.

Volkssängerbühne

Die »Max Emanuel Brauerei« (sie diente später nur noch für Faschingsbälle und ist heute eine ganz »normale« Wirtschaft) in der Adalbertstraße 33 war auch die Stammbühne des 1965 gegründeten Vereins Münchner Volkssängerbühne. Begeisterungsstürme lösten die vom Musäums-Direktor Hannes König eingerichteten Melodramen aus: »Der Müller und sein Kind«, »Der Bayerische Hiasl« und »Wildschütz Jennerwein«; im Übrigen bediente man sich beim unsterblichen Karl Valentin. Nach 35 Jahren in Schwabing zog die »Münchner Institution« (Ex-Oberbürgermeister Christian Ude) an den Stadtrand ins Theater Gut Nederling in Moosach. Seit 2016 hat die Mundartbühne ihr festes Domizil im Kleinen Theater Haar gefunden.

Volkstheater in der Au

Ebenfalls 1956 gründeten 18 theaterbegeisterte Bürger den Privaten Bühnenclub München e.V. Daraus wurde 1973 der Volkstheater in der Au e.V., der sich viel Anspruchsvolles vornahm. In der Entenbachstraße bot das Ensemble »Theater vom Volk und für das Volk«. Es gab je zehn Aufführungen im Frühjahr und im Herbst. Die Idealisten leisteten sich sogar eine eigene Jugendgruppe, die das Kindertheater und die Mundart pflegen sollte. Schließlich wurde der Verein aus seinem Stammhaus vertrieben. Zwei Jahre lang musste man mit seinen Stücken auf Tournee gehen, bis 1993 im Pfarrsaal »Am Herrgottseck« eine neue Bühne mit eigenem Fundus und »Lyrikwerkstatt« eingerichtet werden konnten. Der neue Name ist eher nichtssagend: Theater in der Au – nun ohne »Volk«.

... und viele andere

Viele andere Münchner Theater, die sich nach dem Krieg bildeten und Schauspiel boten, haben längst den letzten Vorhang fallen lassen. Eine Auswahl:

- Theater im Brunnenhof, initiiert und vorfinanziert durch den Verein Freunde der Residenz. Am 1. August 1947 feierte man im bombenbeschädigten, notdürftig hergerichteten Residenzinnenhof Premiere mit William Shakespeares »Zähmung der Widerspenstigen«. Die »Freunde« initiierten 1951 auch den Wiederaufbau des ehemaligen Residenztheaters am heutigen Platz.
- Lore-Bronner-Bühne, Herzogstraße 9; 1948 gegründet, meist auf Tournee spielend.
- Theater der Jugend, schon 1946 von Hans-Reinhard Müller (später Intendant der Kammerspiele) in einer Schule am Annaplatz geleitet, von Siegfried Jobst (vorher Solotänzer der Staatsoper) in einem Hinterhof der Reitmorstraße 7 fortgeführt.
- Action-Theater, Müllerstraße 12; sein Spielplan bevorzugte absurde Stücke und Happenings und ermöglichte dem jungen Rainer Werner Fassbinder den Regiestart.
- Freies Theater, ab 1970 in der Wörthstraße 7–9, später Theater rechts der Isar.
- Theater über dem Landtag von Hartmut Nolte, Maria-Theresia-Straße 2a.
- Bürgertheater im Kolleghaus an der Kirchenstraße.
- Büchner-Theater, Isabellastraße 40; von Peter Handke für München entdeckt.
- Off-Off-Theater, Ludwigstraße 6; vom theaterbesessenen Kelle Riedl geführt.
- Studio-Bühne der Universität, Ludwigstraße 28; hier spielten Studenten auch mittags.
- Theater 44 im Keller der Hohenzollernstraße 20; stark beachtet.
- Modernes Theater von Ute Emmer im Hinterhof der Hesseloherstraße 3.
- Intimes Theater von Charly Müller, Odeonsplatz 18; Repertoire: Boulevardstücke.
- Tribüne am Karlstor von Isebill Sturm; erstes deutsches Kriminaltheater.
- Erotisches Theater unter dem Karlstor; es entstand im »Revolutionsjahr« 1968 und hatte Stücke mit gepflegtem Sex im Programm.

SEHR BUNT GEMISCHT

Varietés brachten die Glitzerwelt samt Halbwelt nach München

Die Einführung der Gewerbefreiheit von 1870, der wirtschaftliche Aufschwung nach dem gewonnenen Frankreichkrieg und zeitgleich die Ablösung der Gasbeleuchtung durch elektrisches Licht sowie der beginnende Fremdenverkehr machten München, das um diese Zeit rund 170 000 Einwohner zählte, gleichsam über Nacht zur glitzernden, pulsierenden, anspruchsvollen Großstadt. Spekulanten entdeckten das Volksvergnügen als Geschäft mit Zukunft und hoher Rendite. Privatiers, aber auch Aktiengesellschaften, Banken und Brauereien investierten in pompöse, moderne und bodenständige Unterhaltungsstätten, denen sie klangvolle Namen gaben wie »Glasgarten«, »Neue Welt« oder »Blumensäle«. Es gab ähnliche Etablissements auch in kleinerem, nicht ganz so feinem Format, sie galten als »Tingel-Tangel«. Varietés haben die Glitzerwelt, aber auch die Halbwelt nach München geholt.

Kil's Colosseum

Der erfolgreichste dieser Gaudi-Macher war der Maurermeister Franz Kil. Er betrieb seit 1870 in der Müllerstraße 42 ein ganz gewöhnliches Gasthaus. Daraus machte er nun nach einem Umbau eine Singspielhalle namens »Kil's Colosseum zu den drei Linden«. Er spannte auch Bruder und Sohn in das Unternehmen ein. Schnell konnte die neuartige Vergnügungsstätte in der Isarvorstadt wahre Volksmassen durch Tanzveranstaltungen, Festbälle und ein Nummernprogramm anlocken. Alles wurde groß plakatiert und annonciert. Eine bunte Mischung nach Pariser Muster: »Varieté« nannte man dergleichen.

»Deutschlands erstes und größtes Varieté-Theater« – bei der Werbung war Kil nicht kleinlich – bot Plätze für immerhin 1700 Zuschauer beziehungsweise für 3000 Ballbesucher. Ungewohnte Pracht entfaltete sich in den gut beleuchteten Sälen, wo Besucher aus allen Volksschichten unter Pilastern und Säulen in Weißgold und künstlerischen Lüstern essen und trinken und tanzen konnten. Neu war auch, dass Kil nicht nur, wie die

Konkurrenz, sogenannte Stimmungssänger, Musiker und Tänzer (meist Schuhplattler) beschäftigte, sondern auch Akrobaten, Zauberer, Feuerschlucker, Pantomimen, Kunstradfahrer, Tierbändiger und ähnliche Exoten. Solche konnte man bis dahin nur auf dem Oktoberfest und der Dult bewundern.

Kaum aber hatte Kil 1880 seinem Tempel der Lustbarkeit noch eine »Colosseums-Bierbrauerei« hinzugefügt, da geschah Ungeheuerliches: Beim Faschingsball vom 18. Februar 1881 geriet ein Student der Kunstakademie, der als Eskimo maskiert war, durch das Talglicht in Brand, weitere pelzartig verhüllte Ballbesucher wurden zu Feuersäulen, Sanitäter konnten nur noch neun verkohlte Leichen bergen. Die 3000 Gäste im Saal merkten es gar nicht – die »wilden Völker« tanzten einfach weiter. Dem Trauerzug folgten auch Prinzregent Luitpold und Oberbürgermeister Johannes von Widenmayer. In ganz Europa wurde über die Münchner »Eskimo-Tragödie« berichtet.

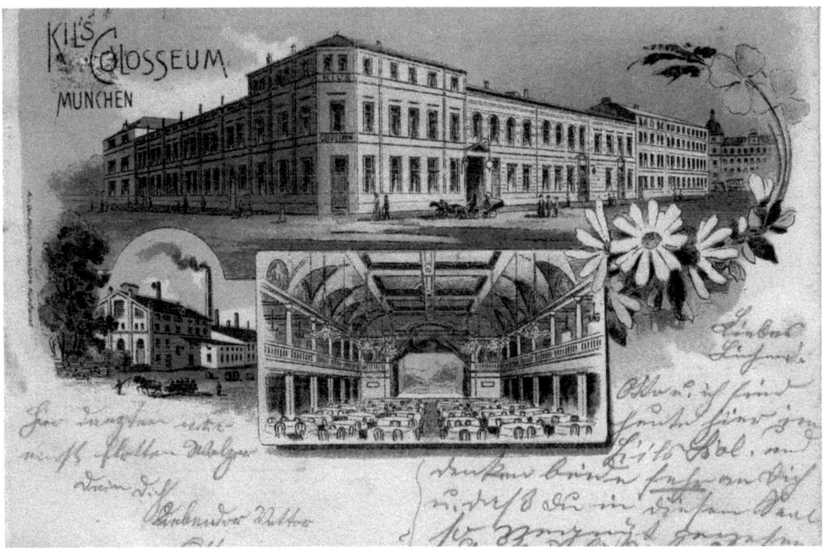

»Kil's Colosseum«, 1899.

»Kil's Colosseum«, wie es inzwischen warb, war noch lange in den Schlagzeilen. Die Spiele gingen weiter, im gleichen Stil, als Varieté. Auch dann noch, nachdem Kil das Unternehmen 1883 verpachtet und ein Jahr später in eine Aktiengesellschaft überführt hatte. Um 1900 hatte es den

Ruf, ein stadtbekanntes Bordell zu sein. Doch in den 1920er-Jahren gewann die »Colosseum's Singspiel Bierhalle« noch einmal Glanz und Gloria, nicht zuletzt durch die ersten Aufführungen der »Orchesterprobe« und der »Raubritter vor München«, mit denen Karl Valentin der große Durchbruch gelang.

Mitten im Fasching des Jahres 1928 geriet der Pächter Sensburg in Zahlungsschwierigkeiten und musste Konkurs anmelden. Nachfolger Karl Hundeshagen versprach, das Varieté zu erhalten, jedoch »volkstümlicher und weniger kostspieliger zu gestalten«. Einmal marschierten die Hoch- und Deutschmeister nach Ankunft aus Wien, Musik schmetternd in feschen Uniformen, vom Hauptbahnhof zum Colosseum.

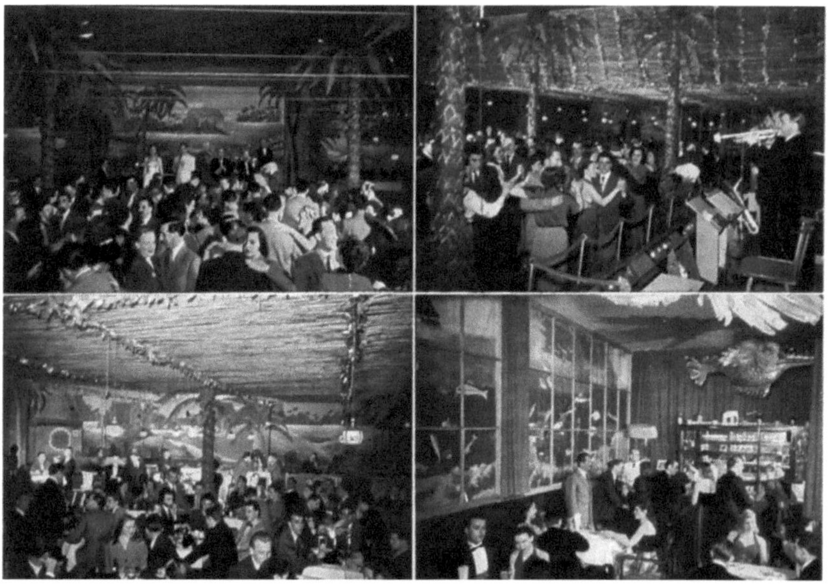

»Der modernste und meistbesuchteste Tischtelefon-Vergnügungs-Tanz-Großbetrieb Münchens (Inhaber Hans Rohwer)«, Werbespruch einer Ansichtskarte, 1930er-Jahre.

Den neuen Machthabern versprach Hundeshagen »Freude durch Kraft, Kraft durch Freude«. Nachdem er 1937 ins Deutsche Theater abgewandert war, wurde das Haus fast nur noch gastronomisch genutzt. Im Bombenhagel des Kriegsjahres 1944 wurde die einstige Hochburg großstädtischer Lustbarkeit schwer beschädigt, später zwar noch mal provisorisch bespielt, musste aber 1958 wegen Baufälligkeit endgültig geschlossen werden. Der achtstöckige Büro- und Wohnbau an gleicher Stelle erinnert kein bisschen mehr an die ebenso glitzernde wie tragische Geschichte, und die neu benannte Kolosseumstraße sagt den meisten Münchnern wohl auch nichts.

Klein-Paris

Das neue Vergnügungsgewerbe erblühte vor allem rund um den 1849 eröffneten Centralbahnhof, der nun so viele Leute aus der Provinz in die sinnenfrohe Halbmillionenstadt holte. Was dort in den neuen Etablissements geboten wurde, war freilich nicht immer vom Feinsten. Dort wurde München geradezu ein Klein-Paris.

So etablierten sich in der Schillerstraße ein »Moulin Rouge«, in der Prielmayerstraße ein »Chat noir« und ein »International«. Wo später das große Telegrafenamt entstand, lockte an der Ecke Bayerstraße 6/ Schützenstraße 3 der von Kastanien beschattete »Große Rosengarten« des Gastwirts Franz Hörl, auf dem späteren Hertie-Gelände das »Salzstädel«, benannt nach den Lagerhallen, die dem Bahnhof weichen mussten. Bereits 1851 empfand ein Reporter der »Leipziger Illustrierten Zeitung«

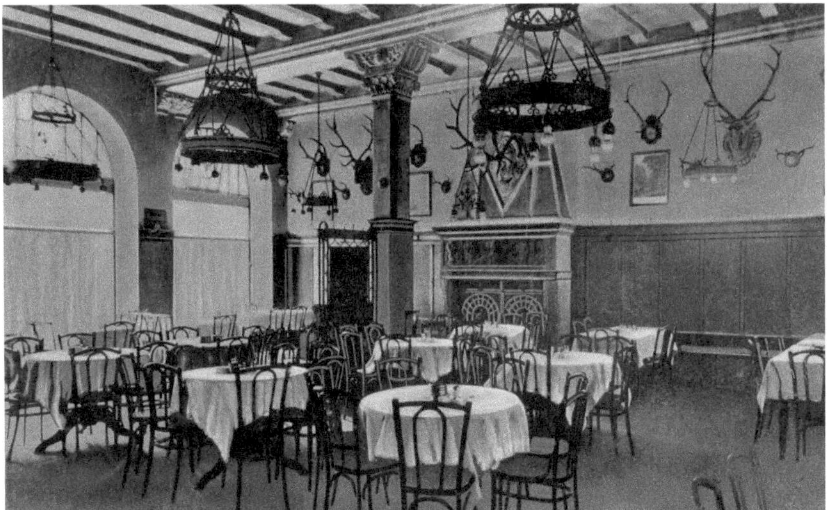

Hotel-Restaurant »Großer Rosengarten«, 1932.

die Gegend um den Münchner Hauptbahnhof als »großenteils ungeziemend«. Und 1873 bezeichnete die »Münchner Volkszeitung« die Schützenstraße gar als »Straße der Prostitution«.

Thalia-Theater

»Ein Ort der Halbwelt mit Lebemännern und Damen in den Logen, die sich an leichtgeschürzten Offenbachiaden ergötzen.« So schmähte der auch in der Provinz beheimatete Schriftsteller Karl Theodor von Perfall das 1873 in einem maurisch-chinesischen Mischstil gezimmerte, immerhin 1400 Plätze fassende Thalia-Theater.

In dem Holzbau an der prominenten Ecke Bayerstraße/Goethestraße (die noch viele Verwandlungen erlebte) trieb Prinzipal Emil Weinmüller das zeitgemäße Amüsement auf die Spitze. Abend für Abend stand eine Operette auf dem Programm, die meist eher einer Zirkusvorstellung glich. In »Tausend und eine Nacht« brillierte eine Schlittschuhtänzerin. Einer Indianerin verbot die Polizei den Auftritt, sie hätte über den Köpfen der Zuschauer auf einem Drahtseil tänzeln sollen. Das Theater endete als Rollschuhbahn und wurde 1880 abgebrochen. Nebenan auf Nr. 17 bot indes ein Zelt mit 8000 Plätzen »die größte Raubtierschau der Welt« sowie exotische Gastspiele, etwa von Arabern samt Schlangenbeschwörern.

Apollo-Theater

In Bahnhofsnähe, in der Dachauer Straße 19–21, verwandelte der Gastwirt Ludwig Schlecht 1896 das Hotel »Münchner Hof« in ein nobles Varieté mit 650 Plätzen und firmierte es als Apollo-Theater. Quasi über Nacht mauserte es sich zu einer der meistbesuchten Gaudistätten der Stadt, die dank ungebremster Zuwanderung nun schon mehr als 500 000 Menschen bevölkerten und Besucher bereits in Massen anzog.

Auf dieser »Bühne allerersten Ranges« – wie man plakatierte –, erzählten oder sangen, von der Obrigkeit argwöhnisch beobachtet, die etwas arbeitsscheuen Bauarbeiterfiguren »Kare und Lucki« und andere g'spassige Typen den kleinen Leuten vom Leben der kleinen Leute in der Vorstadt, die nicht selten ein kleinkriminelles Milieu kennzeichnete.

Viele Volkssänger, deren Namen noch nachklingen, sind hier groß geworden. Anderl Welsch, August Junker und Alois Hönle betätigten sich obendrein als Direktoren und Couplet-Dichter.

Im Apollo hatten auch Karl Valentin und Liesl Karlstadt ihre größten und meisten Triumphe. Aber ihre »urkomischen Originalszenen« (Plakatankündigung) waren im Programm immer begleitet von reinen Varietényummern, zum Beispiel von einer »Akrobatischen Kombination« oder einem »Wunder der Mundtechnik«. Nach der Aufführung ihres Stückes »Der Firmling« am 3. April 1929 fiel der Schlussvorhang für die beliebte Singspielhalle – es musste damals schon einem Warenhaus weichen.

Im Herbst 1951 versuchten die Komiker Oskar Paulig und Willy Vierlinger noch einmal einen Neustart des Apollo-Theaters als »echte Münchner Kindl-Bühne«, doch Unterhaltung fand schließlich nur noch auf dem Niveau von Tischtelefonen statt. 1960 war auch hier endgültig Schluss mit lustig. Übrig geblieben von der ganzen Branche ist in Mün-

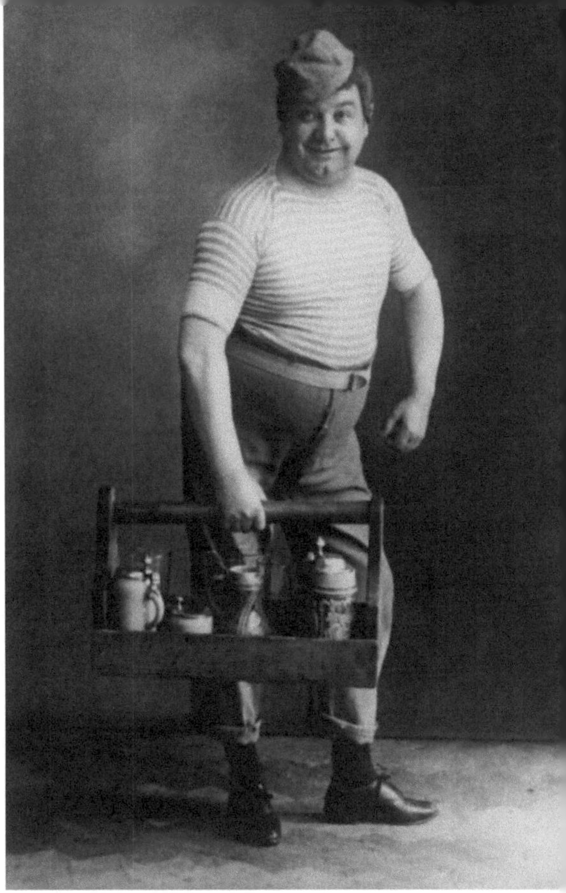

August Junker, Direktor des Apollo-Theaters, 1914.

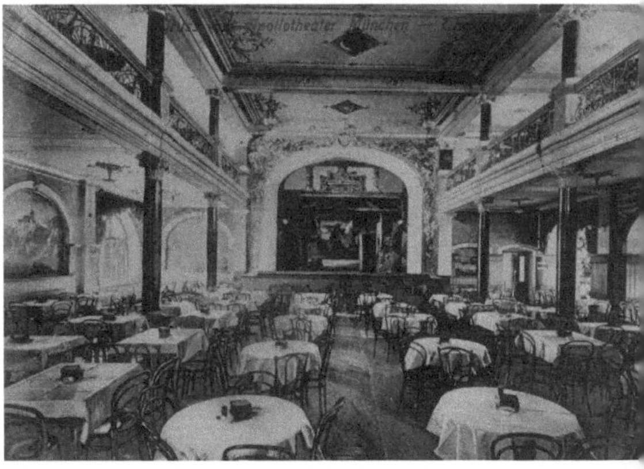

Apollo-Theater, um 1900.

chen einzig und allein das GOP Varieté-Theater am Max-Monument, das aus dem »Café Viktoria« und der Kleinen Komödie hervorgegangen ist.

DICHTER UND DENKER ÜBERALL

In manchen Schwabinger Kaffeehäusern
waren Revoluzzer »daheim«

Als Bierstadt ist München weltberühmt. Weniger bekannt ist, dass in alten Zeiten an der Isar weit mehr Wein gehandelt und getrunken wurde als der von Mönchen gebraute Gerstensaft. Dass München einst auch – nach Wien und Paris – Heimstatt hervorragender Cafés war, ist im Zeitalter der »Drinks«, der »Coffee Shops« und des »Coffee to go« nahezu vergessen. Zumal von der einstigen Kultur der Kaffeehäuser nur noch Restspuren zu erkennen sind.

Confiserie Rottenhöfer

Dunkel wie die Bohne selbst ist ihre Münchner Frühgeschichte. Anfang des 18. Jahrhunderts sollen zugewanderte Zuckerbäcker, Schauspieler, Tandler und ehemalige Hofbedienstete (Lakaien, Kammerdiener, Mundköche, Hofschreiber) hierorts für österreichische Offiziere und Beamte den köstlichen Sud, den die Besatzer bereits als Hinterlassenschaft türkischer Invasoren aus ihrer Heimat kannten, kunstvoll aufgebrüht haben. Mitte des 18. Jahrhunderts befanden sich die meisten der etwa 50 kleinen Kaffeeläden in der Umgebung der Residenz. Einer davon, die »Confiserie Rottenhöfer«, im Eckhaus an der Residenzstraße 26, gleich gegenüber dem hochnobligen Palais Preysing, hat 1868 Furore gemacht, denn in diesem Jahr wurde deren Besitzer, dem Conditor und Chocoladenfabrikant Carl A. Rottenhöfer der begehrte königlich-bayerische Hoftitel verliehen und er war von da an berechtigt, die Bezeichnung »Hof-Conditor« zu führen. Sein Gewerbe gehöre zu den renommiertesten Geschäften in

München. Rottenhöfer fertige ausgezeichnete Conditor- und Chocoladenware, er habe den hiesigen Adelsstand sowie die reichsten und allerreichsten Herrschaften zum Abnehmer und er habe sein Geschäftslokal in höchst eleganter und geschmackvoller Weise neu errichten lassen, sodass der Laden eine Zierde der Residenzstraße bilde, hieß es damals überschwenglich in der Begründung der ehrenvollen Titelvergabe.

Ein späterer Eigentümer des »Rottenhöfers« war der aus Bremen stammende Kaffee-Hag-Erfinder und Kunstmäzen Ludwig Roselius. Von diesem Zeitpunkt an gab es im Haus Residenzstraße 25 die feinsten Rottenhöfer-Pralinen zu kaufen und im Gründungshaus trank man stilvoll Kaffee Hag. Beide Cafés existieren nicht mehr und Ende 2016 schloss dann auch noch das nahegelegene »Tambosi« am Odeonsplatz, das auf eine noch längere Tradition zurückblicken konnte.

Im Juni 2013 musste das 188 Jahre alte Traditionsgeschäft »Confiserie Rottenhöfer«

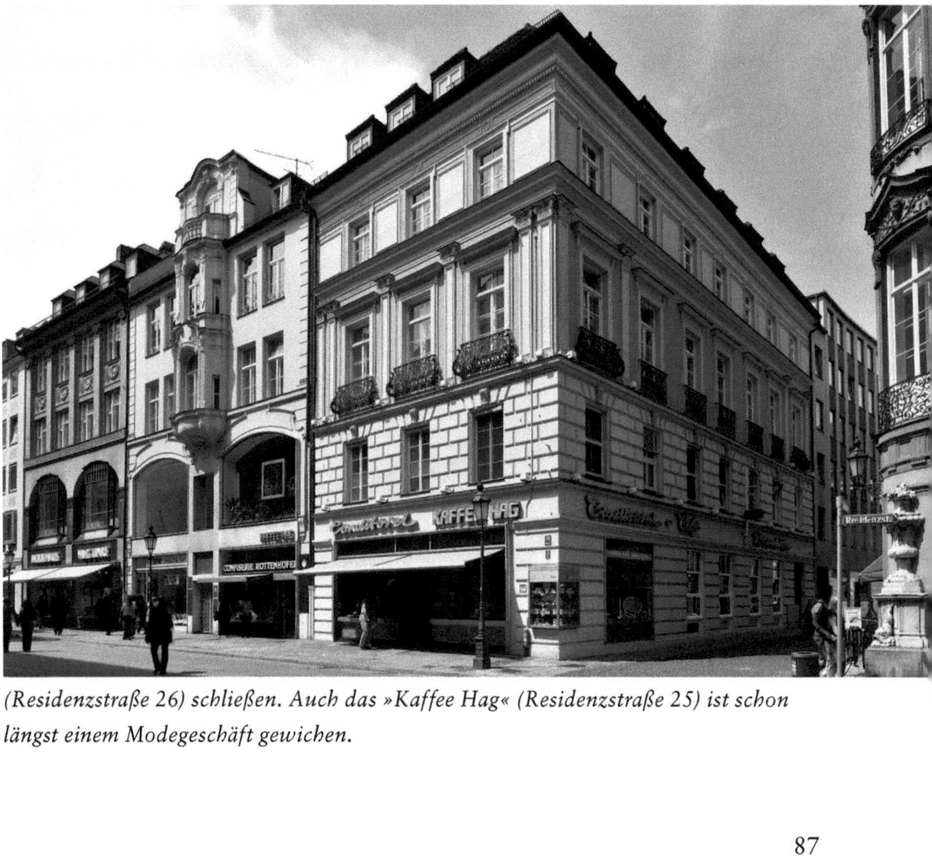

(Residenzstraße 26) schließen. Auch das »Kaffee Hag« (Residenzstraße 25) ist schon längst einem Modegeschäft gewichen.

Café Tambosi

Da das »Café Tambosi« im November 2017 unter demselben Namen mit 400 wichtigen Gästen, Sternekoch, »Champagnerkojen« und Glitzergirls wiedereröffnet wurde, gehört es eigentlich nicht zu Münchens »verlorenen Orten«. Der Umbau ist dem neuen VIP-Wirt Ugo Crocamo jedoch derart gelungen, dass die »Süddeutsche Zeitung« zu vermelden wusste: »Eine Demonstration, wie man einen Ort völlig umkrempeln kann.« Deshalb soll hier auf die Geschichte dieses Münchner Traditionsortes der Geselligkeit doch nicht verzichtet werden.

Giovanni Pietro Sardi hieß der aus Venedig zugezogene Lotterieeinnehmer, der am 24. März 1775 mit kurfürstlicher Genehmigung vor der Reitschule an der Hofgartenmauer ein »Lädel« aufmachte, wo er welsches Naschwerk sowie »coffee«, »schokolats«, »thee« und »lemonate« verkaufen durfte.

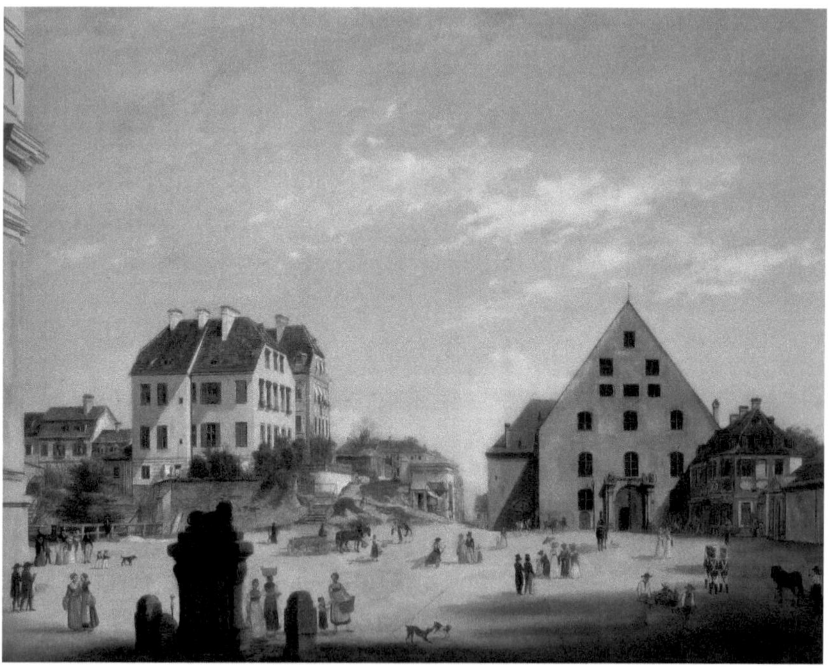

Die Alte Reitschule mit ihrem markanten, steil aufragenden Dach und dem »Café Tambosi« (rechts), Gemälde von Domenico Quaglio, 1822. Links die Theatinerkirche.

Der auch als Possenreißer beliebte Sardi leistete sich höfischen Glanz: Marmorböden in Weiß und Blau, himmelblaue Tapeten, sechskerzige Kronleuchter, Wandbilder mit der Fürstenfamilie und historischen Szenen. Es war mehr ein Gartenschlösschen als ein Gastlokal. Gern wurde da bei Musik getafelt. Auch Wolfgang Amadeus Mozart kehrte mit Vater Leopold, Schwester Nannerl und lokalen Musikgrößen hier ein. Sogar Kaiser Franz Joseph II. kam 1789 zu Besuch. Sardi führte auch das Fruchteis in Deutschland ein.

Nach mehrmaligem Wirtewechsel pachtete 1810 der Schokolateur und Traiteur (Feinkoch) Luigi Tambosi aus Trient das Kaffeehaus. Seine Familie diente dem Hof und betrieb neben der Theatinerkirche eine kleine Schokoladenfabrik. Als 1825 das gesamte Ensemble abgerissen und durch Leo von Klenzes monumentales Bazargebäude ersetzt wurde, erwarb Tambosi dessen südlichen Kopfbau und ließ das alte Kaffeehaus an dieser Stelle wieder aufleben. Zehn Jahre später wurde es durch Architekt Franz Jakob Kreuter komplett renoviert und luxuriösest ausgestattet. Aus dem »Kaffeeplemperer« Tambosi wurde Münchens erster Gastronom und aus seinem Café ein Treffpunkt der mondänen Welt, wohl auch der Demimonde.

»Hier ist der offene Markt der Reize«, berichtet der Stadtschreiber Lorenz Hübner. »Hier wird an Sonn- und Feiertagen jeder neue Putz zur Schau getragen. Hier wird geschmachtet, geliebäugelt, geseufzt und getändelt.« Hier wurde auch geklatscht und getratscht, mit Vorliebe über die Liebschaften des Königs. An den Marmortischen soll Ludwig I. selbst Komplimente an die Schönen verteilt und die Allerschönsten zum Porträtieren ausgewählt haben. Zu Ehren seines hohen Gastes und Gönners bajuwarisierte Luigi seinen Vornamen in Ludwig Alois und richtete selbst eine kleine Galerie mit Gemälden schöner Münchnerinnen ein.

Lange Zeit blieb das »Tambosi« das vornehmste Ausflugsziel der Biedermeier-Stadt. Der Philosoph Schelling, die Maler Kaulbach und Rottmann, die Dichter Scheffel und Heyse, der universale Graf Pocci, der Hofkapellmeister Lachner und sonstige Mitglieder der Hautevolee gehörten zu den Stammgästen. Der Wiener Ferdinand Raimund schrieb in das Gästebuch eine Hymne auf die besten Münchner Restaurants mit dem Spruch »[…] und dann der famosi Kaffee beim Tambosi«. Und Sebastian von Daxenberger pries 1840: »Wer die Eleganz der französischen und Wiener Lokale in München suchen wollte, irrt sich. Nur eins macht den

Anspruch in diesem Sinne fashionable zu sein: Tambosi unter den Arkaden am Eingang des Hofgartens. Dies ist ein von künstlerischer Hand geschmücktes Café. Mit allen Vorzügen.« Nicht nur Kaffee, sondern allerlei Kurzweil wurde den erlauchten Gästen geboten: ein Guckkasten mit tanzenden Figuren, eine »Sängerbande mit großer Jodelei«, Dudelsackmusik, Imitatoren für Vogelstimmen, Schweinegrunzen und Pferdewiehern, auf Hunden reitende Affen und dergleichen Gaudi mehr. Schrullige Originale unterhielten, beispielsweise der letzte Hofnarr Georg Prangerl, ein Liebhaber süßer Schnäpse; der als Liebesbote gefragte Finessen-Sepperl mit dem Spruch: »Nix gwiss woas ma net«; ein fliegender Buchhändler, ein Professor der unentdeckten Wissenschaften und der Geiger Canapé mit seinen markerschütternden Kratztönen. Draußen im Hofgarten spielte im Sommer fast täglich eine andere Militärkapelle. Ein Club von 113 Offizieren, die »Tambosianer«, traf sich zum Billard. Sogar ein Kartenspiel bekam den Namen des Cafétiers, woraus der Spruch entstand: »So spielt man beim Tambosi.«

Englisches Café

Für einen vermögenden Migranten baute der Multi-Unternehmer Ulrich Himbsel 1820 am Lenbachplatz 3 und 4 das vornehme »Englische Café«, für das der Kasperl-Graf Pocci zeichnete und Franz von Kobell dialektdichtete: »Im Englischen drunten/Dös woas ma ja eh/verkehrt meistenteils/nur grod 's haute volé.« Aber auch dem gemeinen Volk machte man im gemütlichen Biedermeier die exotische, erregende, im »Haferl« servierte Kaffeebrühe schmackhaft.

Während der Prinzregentenzeit erreichten die Kaffeeschänken geradezu Kultstatus. Mit ihren üppigen Sälen, Säulen, Marmortischen, Spiegeln, Springbrunnen, Fresken, Plastiken und Palmen spiegelten sie Glanz und Gloria und Talmi der Belle Epoque wider. Nicht weniger als 84 solcher Palastcafés existierten 1892 in der Stadt. Davon sind bis heute allerdings nur drei übrig geblieben: Der »Schelling-Salon« von 1872, der immer noch wegen seiner Billard-Tische und der Billig-Gastronomie gut besucht ist; das »Café Luitpold« von 1888, das mit allerhöchster Genehmigung den Namen des Prinzregenten führen durfte, aber nach dem Wiederaufbau von 1962 längst nicht mehr die Pracht und Größe von einst erreichte, und das »Café Leopold« von 1908. Es bietet heute als »Bachmaiers Hofbräu« Brunch, Burger und Crazy Christmas.

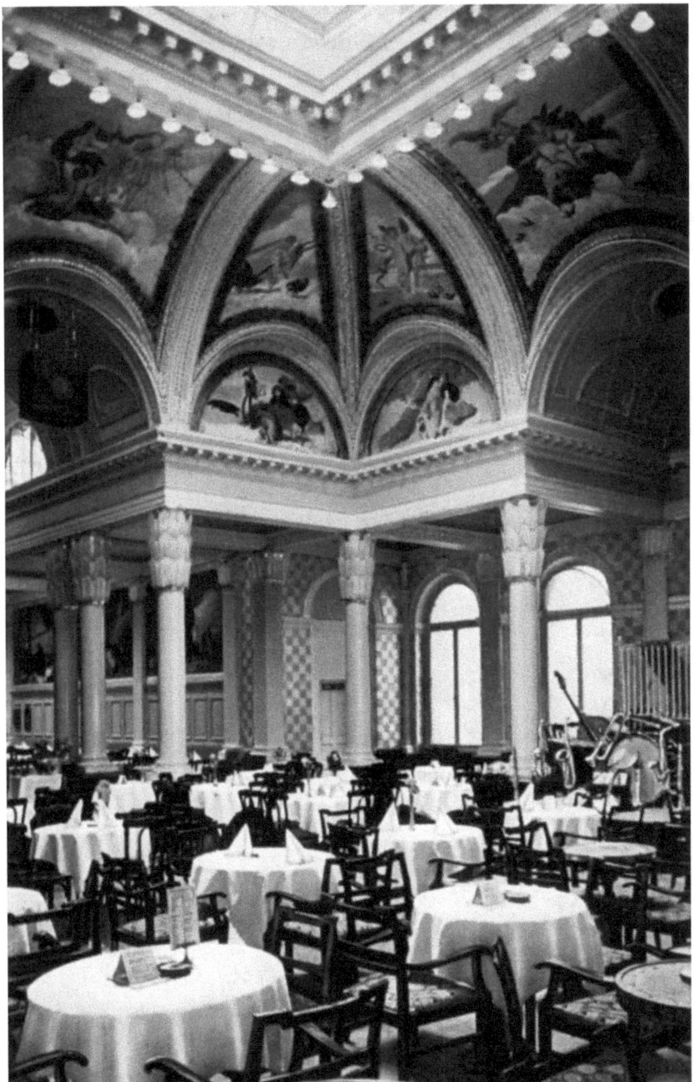

»Café Luitpold«, Brienner Straße 11: »Treffpunkt der vornehmen Welt«, 1935.

Café Stefanie

Im Hinterhof des Gasthofs zum »Goldenen Hirschen«, Amalienstraße 25, eröffnete 1896 das »Café Stefanie«, das bald den Spitznamen »Café Größenwahn« bekam. Denn hier tummelten sich die bekanntesten Schwabinger Dichter sowie Spinner und Revoluzzer, Adelige und Offiziere, Arbeits- und Obdachlose. Man wärmte sich auf roten Plüschbänken am Kohleofen, debattierte heftig und zechte noch heftiger, Schulden machte man beim Kellner Artur. Bis 3 Uhr war geöffnet – noch eine Besonderheit in der Halbmillionenstadt. Johannes R. Becher, der nach 1945 Kulturminister der DDR war, widmete dem »Stefanie« ein langes Gedicht, hier eine Strophe:

»Am Tisch daneben spielte Mühsam Schach,
und Frank saß einem Geldmann auf der Lauer.
(Vielleicht saß der indes im Café Bauer?)
Ein Denker hielt mit Kokain sich wach.«

Der aus Würzburg zugezogene Leonhard Frank fand: »Wer hier eintrat, war daheim.« Der aus Lübeck zugezogene Anarchist Erich Mühsam war fast jede Nacht im »Stefanie« zu Hause und lauerte Frauen auf, statt an seinem Kampfblatt »Kain« zu arbeiten.

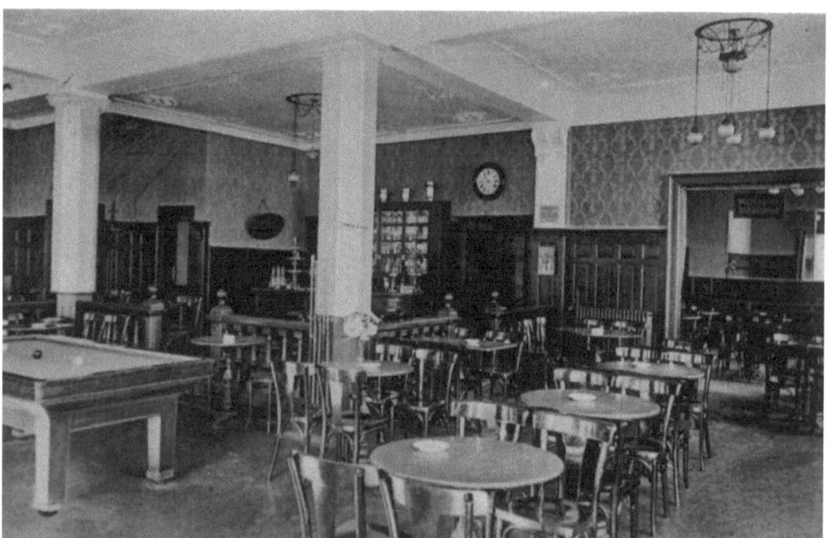

Wiener Café »Stefanie«, Ecke Amalien- und Theresienstraße, um 1920.

Indessen redigierte ein aus St. Petersburg zugezogener Genosse, der sich in München Mayer oder Lenin nannte, im »Café Noris«, Leopoldstraße 41, seine revolutionäre Zeitung »Iskra« (Funke). Im vierten Stock über dem Café hatte Franziska Gräfin zu Reventlow mit ihrem »Bubi« im Dezember 1909 die letzte ihrer vielen Münchner Wohnungen. (Auch sie war, wie die Mann-Familie und Erich Mühsam, aus Lübeck in das von ihr sogenannte Wahnmoching zugezogen). Sie freute sich über die »rote Jubeltapete«.

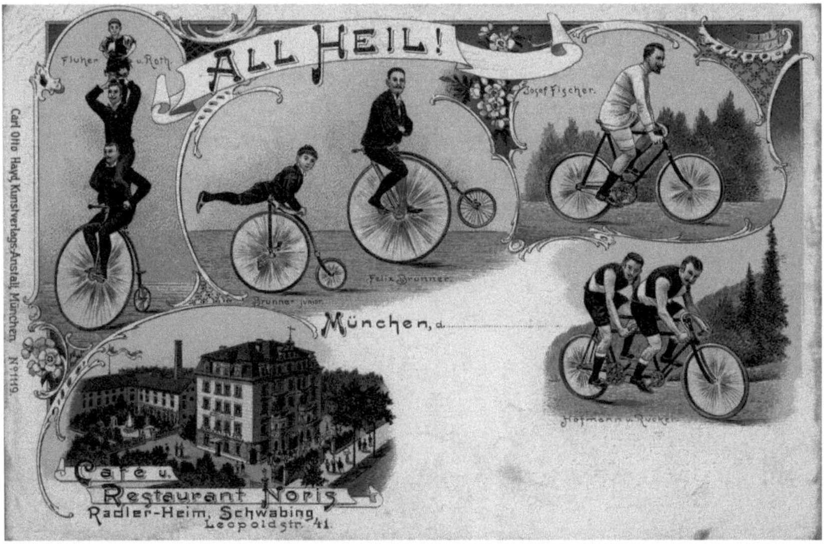

Café, Restaurant und Radlerheim »All Heil« mit Badeanstalt (Norisbad) im Garten des Rückgebäudes Leopoldstraße 41, 1897.

Dichtelei

In der »Dichtelei«, Türkenstraße 81, begann Kathi Kobus ihre legendäre Karriere als Boheme-Wirtin, die sie in der (heute noch existierenden) Künstlerkneipe »Simplicissimus«, Türkenstraße 57, krönte, indem sie dem aus Wurzen in Sachsen stammenden Matrosen Hans Bötticher alias Joachim Ringelnatz mit Rotwein lustige Verse entlockte. Dichter waren damals in fast allen Kaffeehäusern Schwabings »daheim«.

Café Fahrig

Gleich neben dem Karlstor, in der Neuhauser Straße, machte Oskar Fahrig im Jahr 1903 ein Wiener Kaffeehaus auf, nachdem er dergleichen schon in Wien und in Breslau betrieben hatte. Kurz vor Ausbruch des Ersten Weltkriegs wurde das Münchner »Café Fahrig« ein Opfer des plötzlich grassierenden Patriotismus. Die Gäste zerschlugen die Fenster und das Mobiliar, weil die international bestückte Kapelle um 3 Uhr morgens nicht mehr die allseits verlangten Militärmärsche spielen wollte, berichtet Joachim Ringelnatz. Ödön von Horváth notiert, dass der Krawall ausbrach, weil man in einem schlecht rasierten Gast einen Serben vermutete. In den 1920er-Jahren versammelten sich hier gerne nationalistische Wehrverbände; die Männer ließen alle Viertelstunde das Lied von der »Flagge schwarz-weiß-rot« spielen und grölten mit. Danach war das »Fahrig« nur noch ein beliebiges Tanz-Café, heute residiert hier ein Sporthaus (ehemals Oberpollinger).

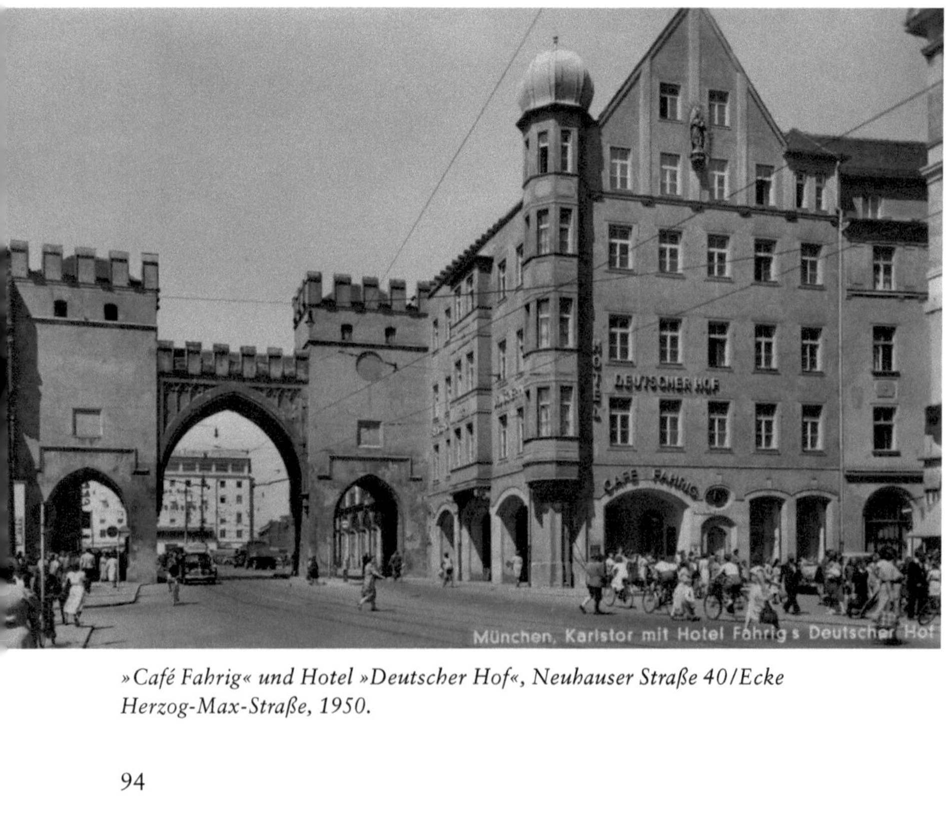

»Café Fahrig« und Hotel »Deutscher Hof«, Neuhauser Straße 40/Ecke Herzog-Max-Straße, 1950.

FREIHEITEN IM HINTERHOF

Wie Kleinkunstbühnen die bürgerliche Gesellschaft aufmischten

»Ein Schattentanz, ein Puppenspott/Ihr Glücklichen und Glatten/Im Himmel lenkt der alte Gott/die Puppen und die Schatten.« So sangen, neben einem Schandpfahl und Totenschädeln, elf vermummte Herren im Frack, blutrote Mäntel übergeworfen, Henkerbeile geschultert. Die grausligen Puppenspieler nannten sich die »Elf Scharfrichter«. Alle waren namhafte Künstler, Regie führte Otto Falckenberg, der spätere Intendant der Kammerspiele. Texte schrieben der spätere Filmemacher Heinrich Lautensack sowie kein Geringerer als Frank Wedekind, der auch selbst auftrat. Marie Biller ersang sich unter dem Pseudonym Marya Delvard Weltruhm; das Plakat mit ihrer schwarzen Gestalt wurde zum Markenzeichen des Künstlerbrettls so wie die rote Bulldogge für den – immerhin noch als Kneipe fortlebenden – »Simplicissimus«.

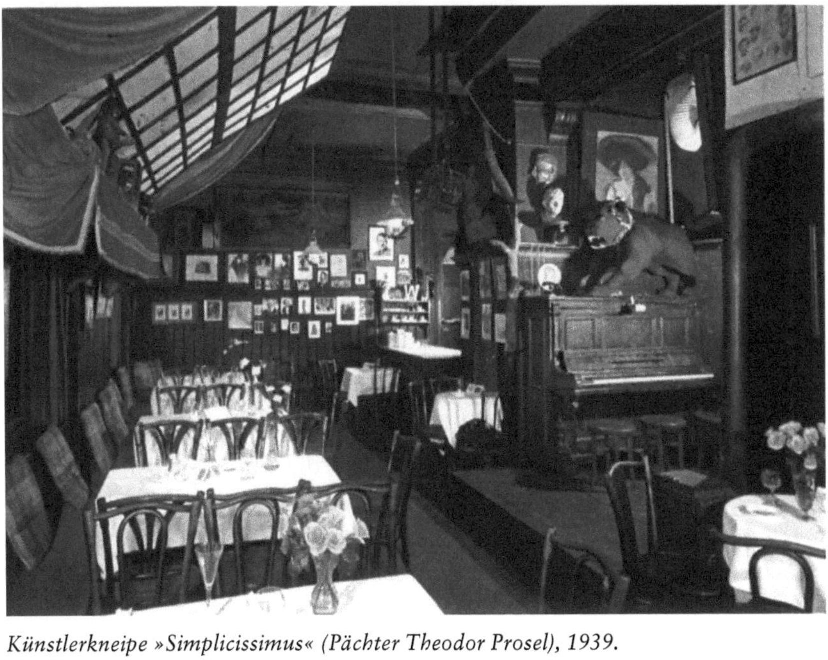

Künstlerkneipe »Simplicissimus« (Pächter Theodor Prosel), 1939.

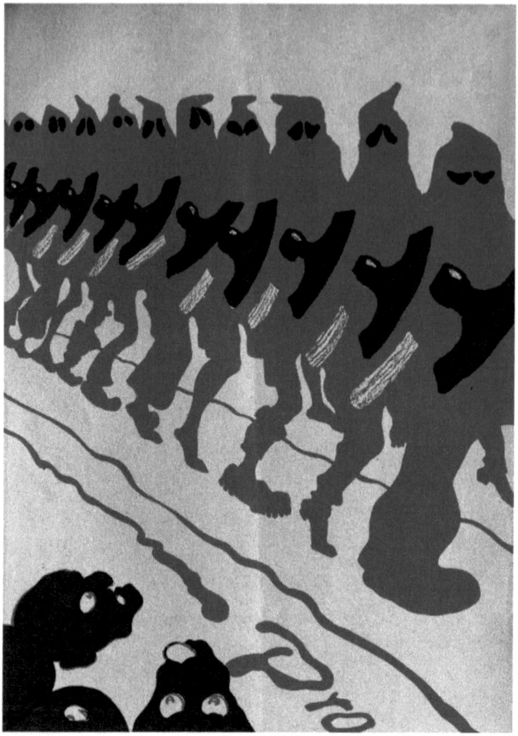

Titel zum 12. Programm der »Elf Scharfrichter« von Arpad Schmidhammer, Dezember 1902.

Dreimal wöchentlich spielte man abwechselnde Programme im 100 Plätze fassenden Hinterraum der Wirtschaft »Zum Goldenen Hirschen«, Türkenstraße 28 – in guter Nachbarschaft zu einem Pferdestall und einer Sargtischlerei. Die Premiere fand am 13. April 1901 statt, eine Karte kostete stolze 9 Mark und 99 Pfennige. Es war, nach Pariser Vorbild, das erste Kabarett in München und blieb eines der »schärfsten« in Deutschland. Aber der Ruhm dauerte nur bis November 1903. Der Laden mit dem Beil und dem roten Licht am Eingang wurde vom Schuldenberg erdrückt und der Plan, deshalb täglich zu spielen, musste scheitern.

Annast Hofgartenspiele

Bald nach Weltkrieg und Revolution blühte die Kleinkunst in München wieder auf. Für 1 Million Reichsmark erwarb Anna Annast 1920 das frühere »Café Tambosi«. Zusammen mit ihrem Mann Gustl, einem Salzburger, der 1928 Münchens erster Faschingsprinz wurde, baute sie zum 1000 Plätze bietenden Kaffeehaus noch einen Ballsaal und ein Casino dazu und eröffnete im ersten Stock das »Kabarett der Humoristen«. Die Hofgartenspiele im »Annast« sollten sich zu einem Magneten für nationale und inter-

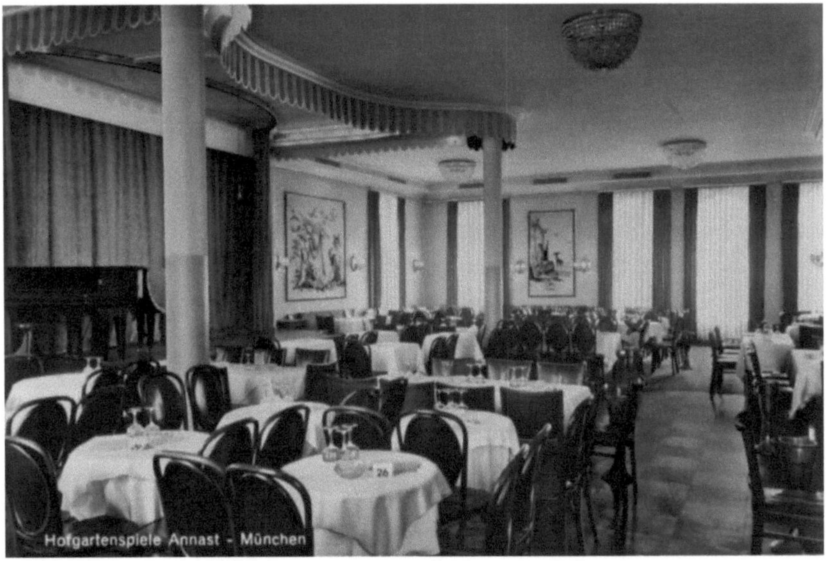

Hofgartenspiele mit dem »Kabarett der Humoristen« im »Café Annast«, Odeonsplatz 18, 1954.

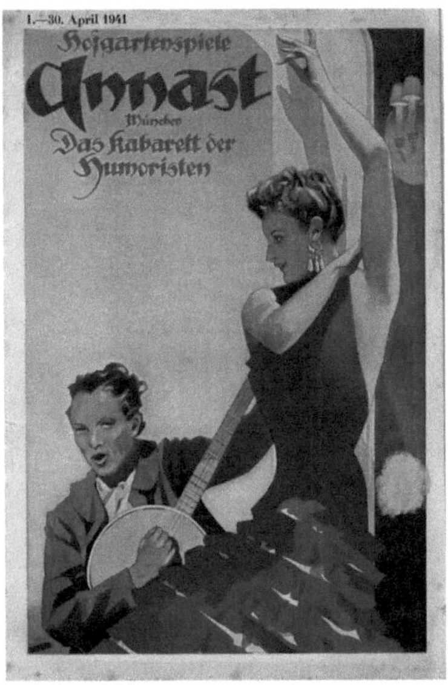

Titelbild des Programmhefts der Hofgartenspiele 1941.

nationale Varieté-Größen entwickeln. Wer hier auftreten durfte, der galt etwas. Unter anderem waren auf der illustren Gästeliste dieser Jahre Agnes Pauline Prell, genannt Bally zu finden, aber auch Karl Valentin mit Liesl Karlstadt, Fritz Grünbaum (der ein Opfer der Nationalsozialisten wurde), Lale Andersen, Willy Schäffers, Iska Geri, Ursula Herking, Gert Fröbe, Adolf Gondrell und viele andere.

Nach dem Krieg wiedereröffnet traten im »Annast« jetzt allerdings eher literarische Ensembles auf. Im Januar 1964, nach über 100 Programmen, war erst einmal das Ende aller künstlerischen Aktivitäten gekommen: Der 83-jährige Gustl Annast verkaufte an den Wienerwald-Hendlkönig Friedrich Jahn. 1970 gelangte das Haus in den Besitz einer Bank, die sogleich die Schließung und anderweitige Nutzung des Cafés beschloss. Dies wiederum löste einen von der Presse unterstützten Proteststurm aus. Nun übernahm eine Immobiliengesellschaft aus Köln den von Klenze gebauten Bazar-Komplex. Aus einigen Räumen im Parterre und der Beletage wurde wieder ein Café, dem der Pächter Frank Waldecker den vollen Traditionsnamen »Luigi Tambosi« zurückgab. Auch etwas Kleinkunst führte er in Form von Gourmet-Opern wieder ein. Als der letzte Eigentümer der begehrten Immobilie, die Inselkammergruppe, die Miete drastisch erhöhte, gab Waldecker zum Jahresbeginn 2017 auf und verkaufte die letzten Einrichtungsgegenstände.

Schaubude

Bald nach dem Zweiten Weltkrieg regte sich in einem Hinterhaus der Reitmorstraße 10 – in einem ungewöhnlich großen Saal – das erste neudeutsche Kabarett: die »Schaubude«. Rudolf Schündler, Hinterbliebener der legendären Berliner »Katakombe«, trommelte erfahrene Kollegen zusammen, die sich vor Kriegsende noch zur »Filmarbeit« ins südliche Reich verflüchtigt hatten. Unter ihnen Erich Kästner; sein »Marschlied 1945«, von der zerlumpten Ursula Herking erschütternd vorgetragen, wurde zur »Sternstunde des Kabaretts«, lobte dessen Chronist Klaus Budzinski.

Eine gewisse »Kirchtumsgesinnung« im Zusammenhang mit dem Flüchtlingsstrom, von den überwiegend aus Berlin stammenden Darstellern satirisch angegriffen, führte aber auch zu wütenden Gegenangriffen bayerischer Patrioten. Da jedes Kabarettprogramm rund 50 000 Besucher begeisterte, konnte man zwar Trillerpfeifen, Kuhglocken und Stinkbomben leicht verkraften, nicht jedoch die Währungsreform vom 20. Juni 1948. Fortan wollten die Münchner ihr schönes neues Geld lieber für die plötzlich wieder verfügbaren Naturalien umsetzen. Weil obendrein der Katholische Gesellenverein als Hausherr auf einer Monatspacht von 2700 DM bestand, leerten sich bald die 650 Plätze. Der Hauskomponist Edmund Nick erinnerte sich: »Das Ensemble ging auf Reisen – und kam nicht wieder.« Film, Funk und Schauspielbühne lockten die Akteure. Anfang 1949 fiel der letzte rote Vorhang und wie so manch andere Privattheaterunternehmen muss auch die »Schaubude« Konkurs anmelden.

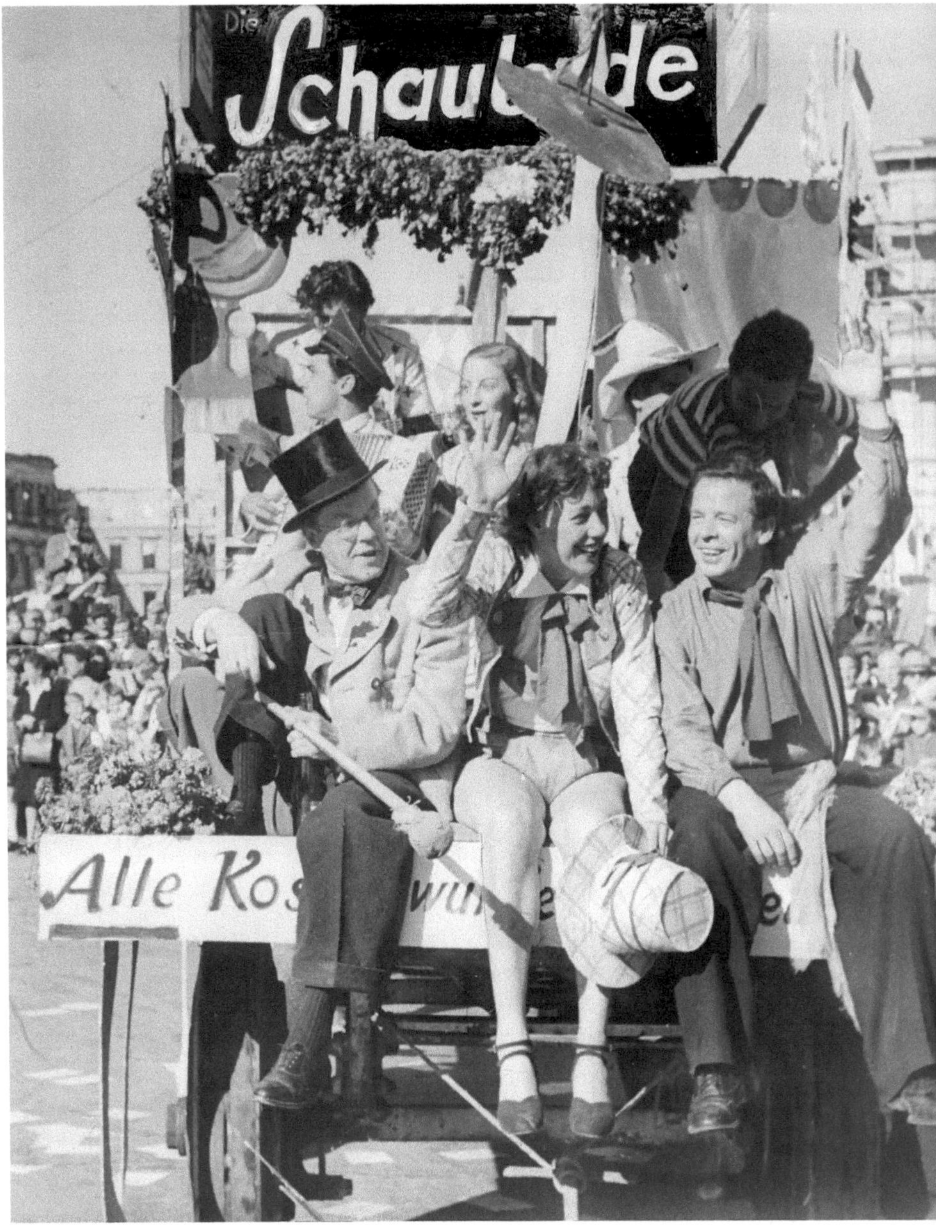

Mitglieder des Kabaretts »Schaubude« werben für den Besuch ihrer Vorstellungen. In der Mitte Ursula Herking, rechts Bum Krüger, links Helmut Krüger, 1948.

Die Kleine Freiheit

Inzwischen waren die Kabarettveteranen Trude Kolman und Robert Gilbert aus der Emigration heimgekehrt. In München taten sie sich zusammen mit namhaften Textdichtern, so auch mit Erich Kästner, der als Feuilletonredakteur aus der »Neuen Zeitung« ausgeschieden war. Am 24. Januar 1951 boten sie erstmals in einer Dachwohnung in der Elisabethstraße 34 ein »Versuchsprogramm« und nannten es »Die Kleine Freiheit«. Kästners Schluss-Song endete jeweils mit dem Satz: »Den Titel schrieb die Zeit.«

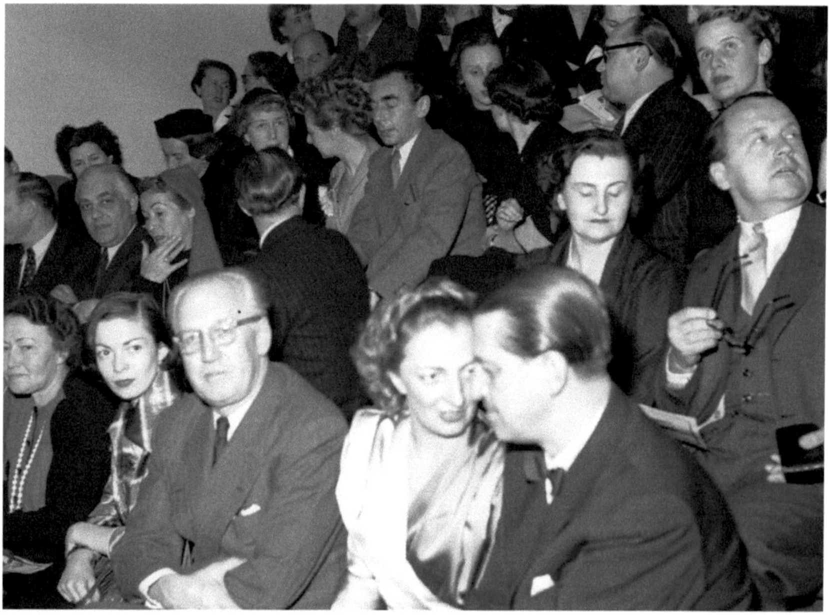

Voll besetzte Zuschauerreihen bei der Premiere des Kabaretts »Die kleine Freiheit« am 24. Januar 1951 im Ateliertheater, Elisabethstraße 34. In der Mitte, dritte Reihe: Erich Kästner.

Schon im November bezog man eigene Räume in einem Keller unter den Arkaden der Maximilianstraße 31. Wieder waren Ursula Herking und Bum Krüger dabei. Dazu stießen Oliver Hassencamp, der am Odeonsplatz kurze Zeit ein eigenes Kabarett geführt hatte, Helen Vita, Eva Maria Meinicke, Gertrud Kückelmann, Klaus Havenstein, Hans Nielsen, Karl Schönböck, Lukas Ammann und Karl Lieffen.

Mit diesen Stars sowie dem genialen Textdichter Martin Morlock und der Chansonette Hanne Wieder stieg die »Kleine Freiheit« als Stern am deutschen Kleinkunsthimmel auf. Sie konnte nun ein größeres Theater beziehen, am unteren Ende der Maximilianstraße. Gespielt wurden hier, mit sagenhaftem Erfolg, vier sogenannte Revuetten. Die letzte hieß »Spötterdämmerung«, es war der Schwanengesang des 1951 aus Amerika zurückgekommenen Friedrich Hollaender auf das politische Kabarett. So lieferte er der Prinzipalin einen Vorwand, ab 1961 nur noch unterhaltende Boulevardstücke mit prominenten Schauspielern zu bieten. Im November 1966 wurde zugemacht.

Als Platzanweiser und Bewunderer des großen, kleinwüchsigen Hollaender hatte sich anfangs ein Theaterstudent namens Dieter Hildebrandt in der »Kleinen Freiheit« verdingt. Mit dem Sportreporter Sammy Drechsel zusammen gründete dieser, nach einigen Experimenten, die »Münchner Lach- und Schießgesellschaft«, die am 12. Dezember 1956 auf einem »Nudelbrett« in der Altschwabinger Ursulastraße 9 Premiere hatte. Mit Ursula Herking, Hans Jürgen Diedrich und Klaus Havenstein in dem Programm »Denn sie müssen nicht was sie tun«. Dieses Spitzenkabarett existiert immer noch, weshalb es hier nicht als »verlorener Ort« ausführlicher gewürdigt wird. Das gilt auch für das von dem Volkswirt und Ex-Leutnant Reiner Uthoff und Ekkehard Kühn im Januar 1956 eröffnete Rationaltheater in der Hohenzollernstraße, das sogar Bundeskanzler Brandt besuchte. Nach 61 Strafverfahren und Streit mit der Stadt München wurde es 1998 geschlossen. Seit 2008 bietet das Rationaltheater – jetzt in der Hesseloherstraße 18 – wieder eine Bühne für Newcomer, Nicht-Angepasste und politisch Engagierte.

Weitere Brettl

Hinter dem Siegestor, wo Ludwig Thoma einst den »Simplicissimus« redigierte, machte Therese Angeloff im April 1953 eine »Künstlerklause« auf, wo sich bald ein Kreis junger Mimen tummelte, der sich »Die Kleinen Fische« nannte. Sie waren noch eine Spur bissiger als die ältere, prominente Konkurrenz. Fasziniert waren Kritiker und Publikum vor allem von einem »knackigen blonden Ding mit einem heiser röhrenden Alt« (Klaus Budzinski). Die kesse Kleinkünstlerin, ein Flüchtlingskind, hieß Ingrid van Bergen; sie sollte noch jahrzehntelang von sich reden machen, nicht

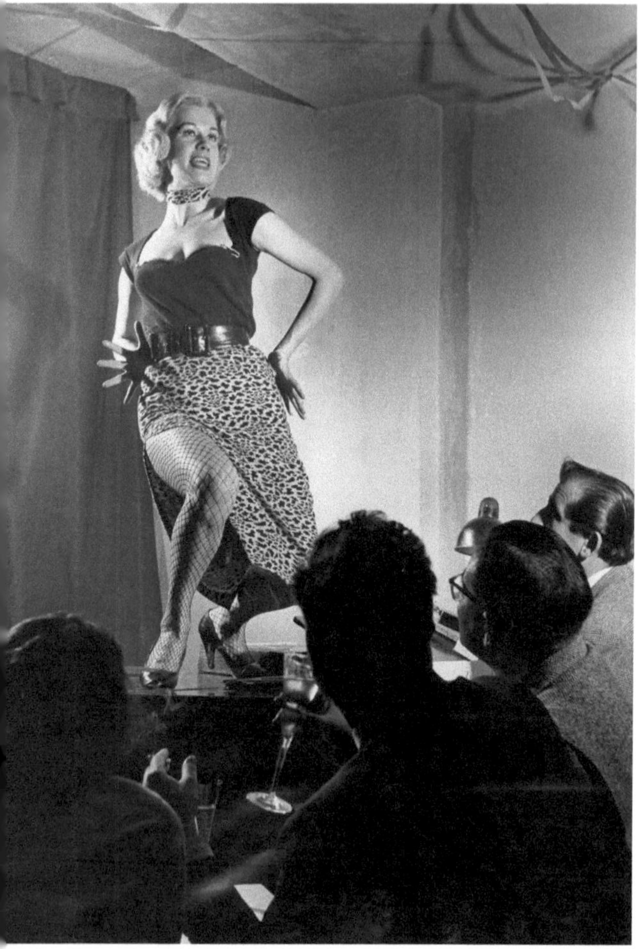

Schauspielerin Ingrid van Bergen bei einem Auftritt im Literaturkabarett »Die kleinen Fische«, 1956.

zuletzt, weil sie 1977 einen ihrer Liebhaber erschossen hat. Nach mehrmaligem Umzug war Schluss im Aquarium. Bilanz: 18 starke Programme. Das letzte traf Fragwürdigkeiten der Zeit zielgenau, natürlich ohne irgendetwas zu bewirken, es hieß: »Moneten, Callgirls und Raketen«.

In einem Kohlenkeller der nach Kriegsende wieder eleganten Brienner Straße drückte indes »Die Zwiebel« von Michael Burk – endlich mal ein gebürtiger Münchner in diesem Genre – ab Mai 1954 drei Jahre lang auf die Tränendrüse, zusammen mit Carla Hagen, Ilse Petri, Fritz Korn und immer wieder neuen Kabarettisten. Die Tränen kamen in der »Zwiebel« oft eher vom Weinen als vom Lachen. Burk war mit seinem »Agitationskabarett« der Zeit ein Stück voraus. Damals schon kämpfte er mit den Mitteln der Satire gegen aufkommenden Ausländerhass, Aufrüstung und Diskriminierung von Homosexuellen; am Ende aber landete er bei einer Wählerinitiative für Franz Josef Strauß. Münchner Kleinkunstbühnen und ihre Stars hatten allemal scharfe Ecken und Kanten …

SPASS UND SPOTT

In Singspielhallen übten die Volkssänger das »Derblecken«

Um die Wende zum 20. Jahrhunderts hatte die Halbmillionenstadt München, geballt um Hauptbahnhof, Karlstor und Sendlinger Tor, ungefähr 1500 Gaststätten, in denen regelmäßig Volkssänger nach Wiener Vorbild auftraten. Sie waren zwar, amtlich geordnet, zunächst nur ein Teil der Gattung »Varieté«, wurden aber weit darüber hinaus ein Teil der Volkskultur. In den 1920er-Jahren, als Kino und Radio andere Möglichkeiten leichter Unterhaltung boten, blieben nur noch etwa 80 Singspielhäuser übrig. Voll von berühmten Namen blieb jedoch die – von Anderl Welsch bis Papa Geis reichende – Liste jener Männer und Frauen, denen es gelungen war, das gemeine Volk durch komische oder sentimentale Possen, Solovorträge, Musikstückln, Couplets und sonstigen Humor selbst in widrigen Zeiten bei Laune zu halten.

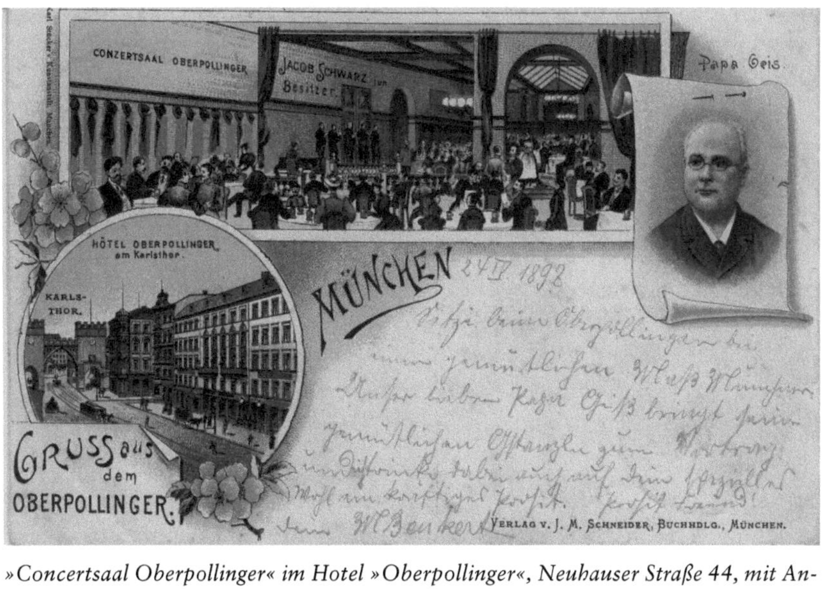

»Concertsaal Oberpollinger« im Hotel »Oberpollinger«, Neuhauser Straße 44, mit Ankündigung des beliebten Volkssängers Jakob Geis, genannt Papa Geis.

Baderwirt

Karl Valentin war gewiss der Größte unter all jenen »Charakterkomikern« (so die damalige Berufsbezeichnung). Wenngleich er sich selbst nie als solcher verstanden hat (»Die woin an Gaudiburschn aus mir machen«), sondern immer mehr als Schauspieler, einer mit oft gebrochenem Ehrgeiz und Einsatz bis an die Grenze seiner Kräfte. In der ihm eigenen Buchführung summierte er nach dem Zweiten Weltkrieg 27 Münchner Lokalitäten, »in welchen Frl. Karlstadt und ich seit 25 Jahren gastiert haben«, insgesamt etwa 6000 mal. Ganz wenige dieser Säle und Spelunken haben überlebt. Erinnert sei hier nur an Valentins erstes und letztes Podium. »Im Jahre 1907 standelte ich, besser gesagt, ich durfte nach einer Volkssängervorstellung im ehemaligen Baderwirt an der Dachauer Straße ein Stegreifsolo machen«, schrieb Karl Valentin 30 Jahre später. Da »standelte« er also, in Frack und Zylinder, wie für Volkssänger amtlich vorgeschrieben, erzählte die alberne Geschichte vom Aquarium und spielte Ziehharmonika. Auf dem erhaltenen Programmzettel vom 14. April taucht tatsächlich ein »Mister Valentin« auf, wenn auch erst an 20. Stelle, als »musikalischer Clown«. Jedenfalls hatte seine Darbietung, eigener Lebensgeschichte zufolge, »einen nicht vorausgeahnten Erfolg«.

Kein Wunder, dass der zaundürre Jüngling, der in einem Handwerksburschenkasino für 30 Pfennige die Nacht verbrachte, gleich ein erstes richtiges Engagement bekam: für den »Frankfurter Hof« in der Schillerstraße 49, wo er 1911 seine Partnerin Liesl Karlstadt kennenlernte. Beim »Baderwirt« im ersten Haus an der Dachauer Straße 1a, Ecke Hirtenstraße, bestand das Publikum überwiegend aus Soldaten, die es von ihren Kasernen am Marsfeld nicht weit her hatten. Als sie 1914 in den Krieg ziehen mussten, leerte sich daher das Lokal; hier ging die Volkssängergaudi zu Ende und kam nie wieder.

Bunter Würfel

Genau 40 Jahre nach seinem ersten Auftritt und acht Jahre nach seinem letzten (im Deutschen Theater) fand der 65-jährige ausgebombte, ausgehungerte Karl Valentin, dessen fatalistischer Humor im Nachkriegselend kaum noch gefragt war, nach verzweifelten Mühen ab 22. Januar 1948 doch noch einmal, zusammen mit seiner Liesl Karlstadt, ein Engagement: im »Bunten Würfel«, einem ehemaligen Großkino in der Preysingstraße 42, Ecke Wörthstraße in Haidhausen (heute ein Billigsupermarkt). Mit dabei waren talentierter Nachwuchs, aber auch Künstler mit klingenden Namen: die Berliner Volksängerin Claire Waldorff, der Klavierkabarettist Peter Iglhoff, der Geigenvirtuose Barnabas von Gezy. Kaum bekannt war Gert Fröbe. Ihn hatte sein gleichfalls abgemagertes Vorbild Valentin in der Silvesternacht noch mit den Worten geschreckt: »Du, heut sterben wir.«

Das zweistündige Programm jedoch machte auf Opportunismus. Titel: »München lernt wieder lachen«. Es lief seit dem 6. Januar, war von der Militärregierung als Kleinkunstbühne zugelassen und gleich jeden Abend ausverkauft. Gründer und Direktoren mit US-Lizenz waren zwei Juden, die sich im Konzentrationslager begegnet waren und dort sogar als »Vortragskünstler« auftreten durften: Bobby John und Dr. Viktor Hahn. Ihre Zwei-Personen-Sketche begannen stets so: »Wie geht's Ihnen, Herr Fröhlich? Wie geht's Ihnen, Herr Schön? Ich danke, so allmählich/Da könnt es besser gehn.«

Der »Bunte Würfel« war auch das Sprungbrett für zahlreiche Volksschauspieler, die der Bayerische Rundfunk berühmt gemacht hat: Elfie Pertramer, Barbara Gallauner, der Regisseur Olf Fischer, der Plauderer Fred Rauch, der Komponist Fred Sporer und viele andere vom »Weißblauen Brettl«.

An fünf Abenden trat Valentin mit der Karlstadt auf. Manchmal hüstelte er, sein Asthma hatte sich verschlimmert. Um nicht in der Nacht noch

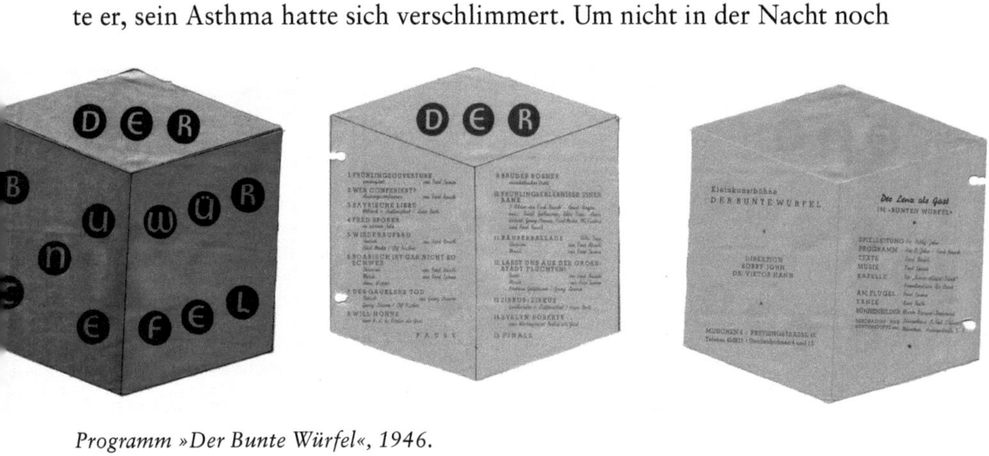

Programm »Der Bunte Würfel«, 1946.

von Haidhausen aus in den Münchner Westen fahren zu müssen, schlief er mehrmals in der unbeheizten Garderobe. »Ein Dekorationsfetzen war sein Federbett«, berichtet seine Tochter Bertl. Dabei kam es dann zu einer bösen Lungenentzündung. Am 31. Januar fiel für den großen Volkskomiker im »Bunten Würfel« der letzte Vorhang. Er starb am 11. Februar, einem Rosenmontag. Nur Wenige kamen zur Trauerfeier in den Vorort Planegg, auch kein Vertreter der Stadt.

Platzl

Als ein anderer großer Volkssänger im Juni 1949 auf dem Sollner Waldfriedhof beigesetzt wurde, da war dessen Grabstätte »lange vor Beginn der Trauerfeier von dichten Menschenmengen umlagert«, wie die Zeitungen meldeten. Populär, wenn auch politisch umstritten, ist der Weiß Ferdl bis heute, sein grantelndes Lied von der überfüllten »Linie 8« gehört in München immer noch zu den meistgehörten. Und seine Bühne, das »Platzl« am Platz gleichen Namens, blieb älteren Münchnern unvergessen.

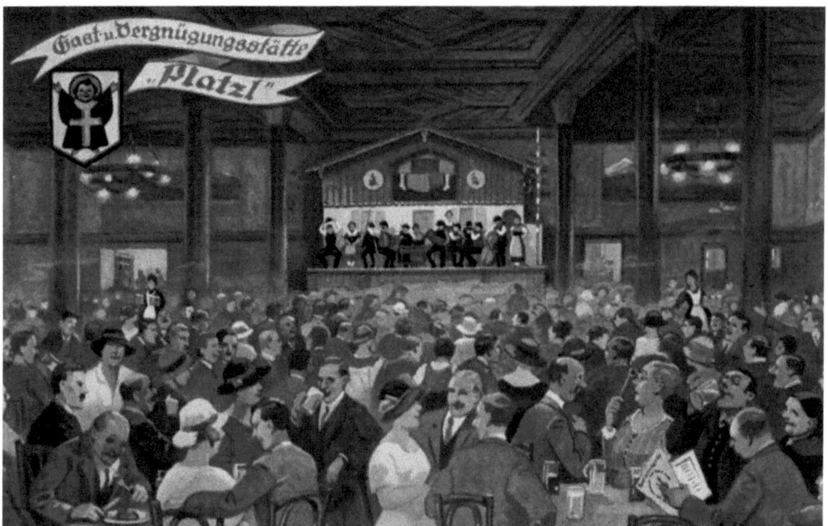

»Gast- und Vergnügungsstätte Platzl, München, Besitzer Böhm & Lettner. Täglich Konzert und Vorstellung der D'Dachauer«, Werbekarte 1926.

Am 16. November 1907 hatte Ferdinand Weisheitinger, der uneheliche Sohn einer Altöttinger Kellnerin, beim Spielleiter Hans Strassmaier in der »Gast- und Vergnügungsstätte Platzl« angeheuert. Wie in ähnlichen Lokalen ergötzten hier, am Platzl 1 genau gegenüber dem Hofbräuhaus, Tölpel und Musikanten aus dem Hinterland das Großstadtpublikum. So kleidete sich auch der Weiß Ferdl, wie sich der Neue nannte, in Dachauer Tracht und gab den »Gscheerten«: witzig, frech, oft bis an die Grenze des guten Geschmacks. Rustikal waren auch Speis und Trank während der Vorstellungen. Das Bier wurde im Vierzehntelkrug für 20 Pfennig ausgeschenkt, Schwangeren wurde ein »Umstandsbrot« angeboten.

Auf 700 Plätze vergrößerte der Weiß Ferdl 1921 das mit Girlanden behängte Lokal, dessen Direktion er zusammen mit Josef Eringer nach Strassmaiers Tod übernommen hatte, und erweiterte die Programmpalette. Die reichte nun bis zur Operettenparodie (»Das weiße Pferdl«). Jeden Abend, an Sonn- und Feiertagen sogar dreimal täglich, wurde gesungen, gejodelt, musiziert, geschuhplattelt, geschmust, wurde vor unveränderlicher Bauernhauskulisse vielerlei Gaudi geboten. Inszeniert und gepflegt wurde auch bereits der spöttische Brauch des »Derbleckens« namhafter Mitbürger.

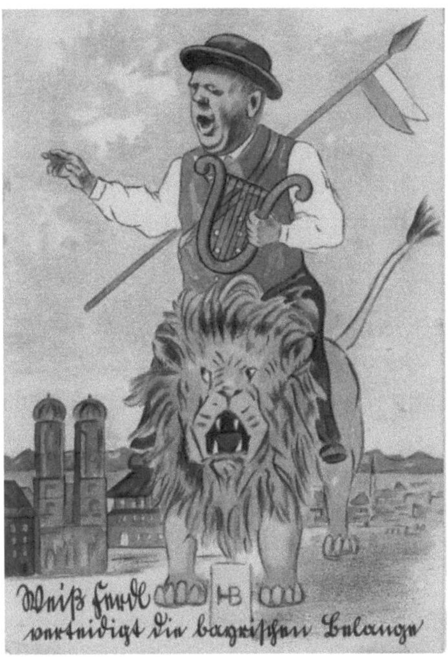

Weiß Ferdl, seit 1921 Direktor der Gast- und Vergnügungsstätte »Platzl« und »Verteidiger der bayerischen Belange«.

Fröhlich ging's im Ersten Weltkrieg weiter, während der Chef als kriegsfreiwilliger Unteroffizier zusammen mit Wastl Witt und Kiem Pauli an der Front einen »bairischen Singspieltrupp« betrieb. Bei den braunen Machthabern, sogar bei Hitler persönlich, kam der Autor des Buchs »Ich bin kein Intellektueller« mit dem »Volkstümlichen« aus dem Bauerntheater gut an, zumal er auf antisemitische Anspielungen nicht verzichten wollte und der NSDAP noch 1940 beitrat.

Ein paar allzu freche Witze, ein paar Tage Haft, ein Polizist in jeder Vorstellung, ansonsten lief alles nach dem Motto »I sog weder so noch so, dass ma danach net sagn ko, i sag so oder so«. Im Oktober 1947 wurde Ferdinand Weisheitinger von der Spruchkammer als »Mitläufer« eingestuft; er kam mit 2000 Reichsmark Buße davon. Rückblickend hat der Hausherr, Hausdichter und Hauptdarsteller Weiß Ferdl nicht weniger als 14 400 persönliche Auftritte so penibel bilanziert, wie Karl Valentin, der ganz andere Komiker, der nie im »Platzl« aufgetreten war, die seinen.

Bayerische Frauen und Männer mit hoher, durch das Radio geförderter Bekanntheit und Beliebtheit brachten das »Platzl« nach dem Ende des unlustigen Jahrzwölfts noch einmal zu später Nachblüte. Das traditionsreiche Münchner Singspiel erlebte dort geradezu eine Neuauflage. Obendrein wurden die Programme, die schon früher der Reichssender München in ganz Europa ausgestrahlt hatte, zu einem wichtigen Faktor des Fremdenverkehrs. Neben anderen Volkslieblingen haben sich hier verewigt: Jodlerinnen wie Käthe Tellheim, Maria Hellwig, Franzl Lang und zuletzt Franzi Kinateder (die ihre Gäste sogar Japanisch begrüßte), Gesangstars wie Bally Prell und Erni Singerl (die bei einem Wiederbelebungsversuch mitwirkte), »Salonkomiker« wie der Blädel Schorsch, Stücklschreiber wie Maximilian Vitus Ertl sowie großartige Schauspieler wie Wastl Witt, Michl Lang, Willy Harlander, Carl Baierl, Peter Steiner (der später eine eigene, ebenso berühmte Theatertruppe gründete) und Ludwig Schmid-Wildy (der das »Platzl« 22 Jahre lang geleitet und im Niveau angehoben hat).

Trotz alledem: Langsam und unaufhaltsam erlosch die Tradition. Peter Inselkammer, seit 1985 Eigentümer der Bühne und des benachbarten Hotels, begründete es mit der Übersättigung des Publikums durch das Fernsehen. Kein Kanal mehr, der nicht ständig »bayerische Gaudi« in irgendeinem »Stadel« verbreitete, oft aber auch verwässerte und verfälschte. »Unsere Klientel ist ausgealtert«, beklagte Inselkammer das Ausbleiben insbesondere von jüngerer Laufkundschaft. Silvester 1994 wurde das »Platzl« nach 88 Betriebsjahren geschlossen.

Auf Grund einer Marktstudie wurde die einstige Singspielhalle dann in »Platzl's Theatrie« mit 270 Plätzen verwandelt. Alle Spielarten der Bühnenunterhaltung, von der Artistik bis zur Zauberei, sollten Platz finden im neuen »Platzl«. Sogar ein lebender Tiger wurde vorgeführt. Zu jedem

Programmthema servierte man ein passendes Viergängemenü, Feuerschlucker, Transvestiten und Musical-Stars waren gleichsam die Beilage. 145 Mark kostete alles zusammen. Doch die erhofften internationalen Gäste blieben wiederum aus.

Im September 1995 endlich verpachtete Inselkammer den lustlos gewordenen Laden an die amerikanische Gruppe »Planet«, die der Schauspieler und Politiker Arnold Schwarzenegger managte. Weitere vier Jahre nach einer glitzernden Eröffnungsparty mit Hollywood-Größen platzte auch dieses »Platzl«-Projekt. Seit 2002 versucht die einstige Hochburg des Singspiels als »Hard Rock Cafe«, durch amerikanisch gestylte »Gemutlichkeit« einen Teil des rundum tobenden Touristenrummels abzufangen. Von echter Gemütlichkeit keine Spur mehr, von bayerischer Tradition erst recht nicht.

Doch noch ist die Zunft der Volkssänger nicht gänzlich aus München verschwunden. Beim einen oder anderen »Hoagarten«, wie sie meist in der Vorstadt ohne viel Trara stattfinden, sind immer mal mehr oder weniger gspassige Laienspieler zu entdecken. Manche nennen sich jetzt »Bänkelsänger« oder »Barden« oder gar wieder »Volkssänger«. Umrahmt werden ihre Soli oder Ensemblevorträge, wie einst zu Blütezeiten, von »Musi« aus Zupfinstrumenten, Ziehharmonikas oder Klarinetten. Immerhin werden solche Veranstaltungen vom städtischen Kulturreferat gefördert. Interessenten können sich melden unter: volkskultur@muenchen.de. Auch auf der »Oidn Wiesn«, dem 2010 installierten Anhängsel des Oktoberfestes, wird versucht, alte Volkssängerkultur neu zu beleben.

UNHAPPY END

Wie große und kleine Kinos wechselnde Zeiten abfilmten

Seit der aus Schlesien zugewanderte Carl Gabriel in der Neuhauser Straße ab 1897 die ersten Pionierfilmchen aus Frankreich in seinem Panoptikum zeigte, lieben die Münchner die lebenden Bilder, die ihnen die Kinetografen in unzähligen Lichtspielhäusern, in Hinterhöfen und Palästen, bis heute vorführen. Dramatisch bewegt und schier unüberschaubar ist die Geschichte der Kinos in dieser Stadt, die ja selbst als Produktionsstätte internationalen Ruf hat. Dieses Buch will sich auf Beispiele beschränken: auf die beiden einst größten und drei der kleinsten Münchner Kinos. Das älteste hingegen – es existiert seit 1907 unter Gabriels Namen in der Dachauer Straße 16 – ist (noch) kein »verlorener Ort«, daher muss es hier außer Betracht bleiben.

Luitpold-Theater

Im modernisierten Luitpoldblock, Brienner Straße 8, wurde am 4. November 1929 mit einem Stummfilm das »Luitpold-Theater« eröffnet – Münchens seinerzeit größtes Kino. 34 Meter lang, 20 Meter breit und 10 Meter hoch konnte der Zuschauerraum 1368 Cineasten Platz bieten. Das Lichspielhaus kam gerade zur rechten Zeit, denn der Tonfilm war erfunden. Zur Ausstattung der ehemaligen prunkvollen Prinzensäle, für die der renommierte Architekt Hans Döllgast verantwortlich zeichnete, gehörten die neueste Klangfilmanlage, erstmals eine eigene Vorführkabine sowie eine Wurlitzer-Orgel. Zum Glück für die Betreiber August Weinschütz und Isidor Fett kam zehn Tage nach der Eröffnung eine spektakuläre deutsch-englische Produktion auf den Markt: »Atlantis« – das erste Filmdrama vom Untergang der »Titanic«. Publikum und Presse waren begeistert und auch wenn manchmal noch der Ton ausfiel, das Haus war wochenlang ausverkauft.

Als 1931 der stramme Wilhelm Sensburg das »Luitpold-Theater« pachtete, stellte er es ausdrücklich in den Dienst der Wahlkampfpropaganda. Während des »Dritten Reichs« blieb es eine zentrale Abspielstätte für NS-Vorzugsfilme, zuletzt noch für »Jud Süß« und ähnliche Machwerke. Am 18. Dezember 1944 trafen die Bombenangriffe der Alliierten den Kinopalast schwer, aber schon im September 1945 wurde er unter der Leitung von Lonny van Laak wiedereröffnet. Beautys, Musiker und Stepptänzer aus den USA beherrschten noch jahrelang die Szene, große Weltstars kamen zur Premiere. Lonny van Laak, die schon vor dem Krieg sechs Kinos in München betrieben und hier als Jüdin in der Stadt überlebt hatte, ließ aber auch die von Amerikanern gedrehte KZ-Dokumentation »Todesmühlen« fünf Wochen lang laufen, 130 000 Menschen waren erschüttert. 1974, auf dem Höhepunkt der Kinokrise, musste die UFA das »Luitpold-Theater« schließen, weil die Immobilienbesitzer andere Geschäftsideen hatten.

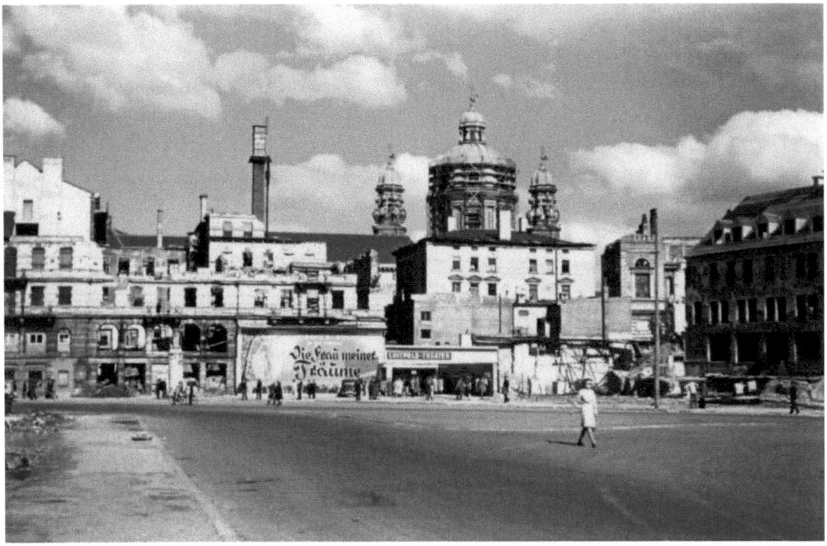

Aufführung des Films »Die Frau meiner Träume« im »Luitpold-Theater«, Brienner Straße 8, Juni 1948. Links die Ruinen des »Café Luitpold«.

Atlantik-Palast

Das ehemals »Königliche Theater am Isarthor« (siehe S. 71ff.) hatte zuletzt als Heim für »krüppelhafte Knaben« gedient, dann als Institut für Unterricht, Erziehung und Beschäftigung, am Ende nur noch als Versatzamt. Zu Weihnachten 1931 jedoch, nach neun Monaten Umbau, wurde es als großes Volkskino wiedergeboren. Der namhafte Theatermann Ferdinand Dörfler, der schon fünf Kinos in München betrieb, wollte im neuen »Atlantik-Palast« ausschließlich den noch kaum drei Jahre alten Tonfilm pflegen. Um eine »ausgezeichnete Hörsamkeit« zu erreichen, wurde ein feines Gitternetz über die 1200 Parkettplätze gespannt und auf Balkons verzichtet.

Das klassizistische Äußere sollte erhalten bleiben. Große Reklamebilder verbot die Stadt, die Eigentümer blieben. Neonschrift wurde zwischen die

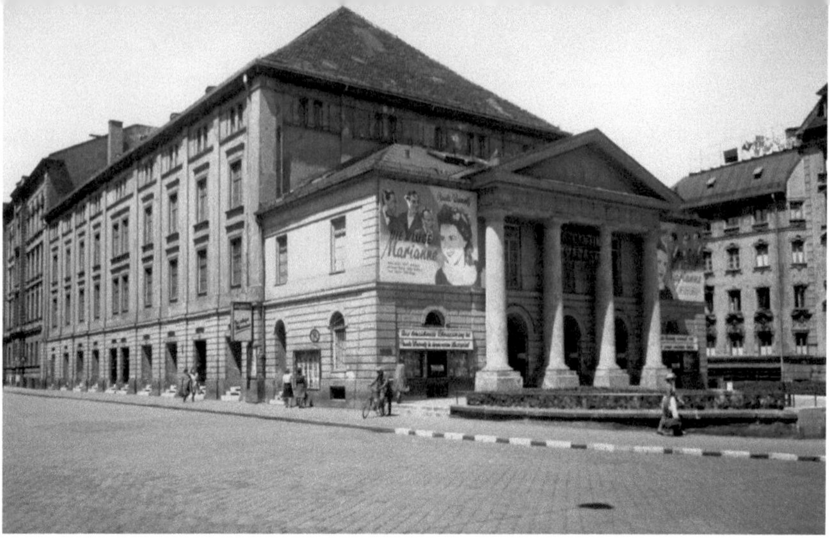

Der »Atlantik-Palast«, Westenriederstraße 1, mit der Ankündigung des Films »Die kluge Marianne« mit Paula Wessely in der Hauptrolle, um 1943.

vier Säulen geklemmt. Die allmächtige UFA hatte ab 1931 eine neue Premierenbühne. Aber auch amerikanische Filme durften bis 1938 gespielt werden, ausgenommen solche mit der »Volksverräterin« Marlene Dietrich. Der Zensur folgte die gesteuerte Propaganda. Am 8. November 1940 lief im »Atlantik« der Hetzfilm »Jud Süß« an. Und 1944 sah der Autor die umschwärmte Marika Rökk als »Frau meiner Träume« dort ein letztes Mal stepptanzen. Im Krieg brannte der Palast der Träume aus, 1953 wurden die Außenmauern niedergelegt. Das Areal blieb eine Brache – bis heute.

In einem Neubau an der Schwanthaler Straße 2 wurde im Juni 1956 – München besaß wieder 125 Kinos – noch einmal ein »Atlantik-Palast« etabliert, aus dem später ein »Atlantis« wurde. Mit 1500 Plätzen war es Münchens größtes Kino. Was allerdings nicht lange dem Zeitgeschmack entsprach. »Fernsehen bedroht Kino« titelte die »Abendzeitung« im März 1960 in dicker roter Schlagzeile. Diverse Betreiber versuchten, durch unterschiedliche Programme und durch »Zellteilung« der Krise zu trotzen, einmal durch ein Fremdsprachenkino. Ernst Hürlimann gestaltete das Interieur durch psychedelisches Dekor zum ersten Pop-Kino; das junge Publikum wurde mit Beat begrüßt. Dennoch konnte 1992 das Happy End nicht ausbleiben. Wobei happy vielleicht nicht das richtige Wort ist ... 2012 wurde das »Atlantis« in den »Jack Rabbit«-Club umgebaut.

Occamstudio

Im Hinterhof der Occamstraße 8 übernahm der Diplomkaufmann Fritz Falter im Oktober 1949 einen winzigen, konkursreifen Kintopp. Bald schon unterbrach er die dort gepflegte Western-Tradition. An drei schwachen Wochentagen ließ er die Meisterwerke der Avantgarde in der Originalsprache flimmern (Cocteau, Clair, Pasolini, Rossellini). Sogar neueste DEFA-Werke aus Babelsberg gelangten nach Altschwabing. Gegen den Widerstand eines Großverleihs erwuchs aus dem durch Fragebogen untermauerten Experiment das erste Filmkunsttheater der Bundesrepublik. Die 350 anfangs aus Holzstühlen bestehenden Plätze im »Occam« waren meistens ausverkauft, die Kritiker jubelten.

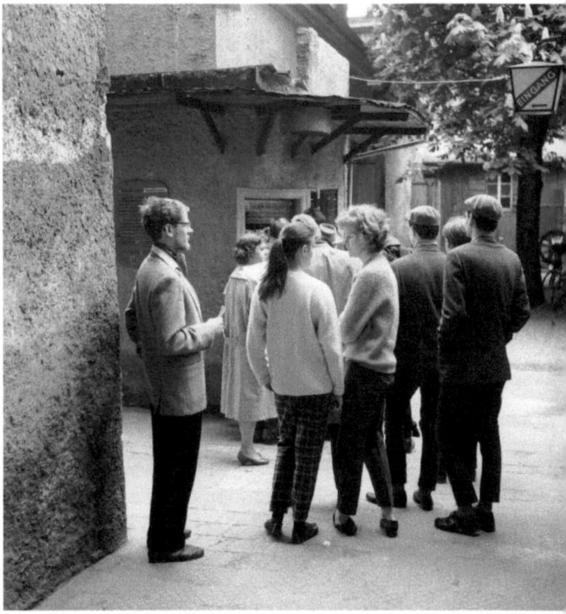

Warten auf Einlass vor dem »Occamstudio«, Occamstraße 8, 1950er-Jahre.

Türkendolch

1961 kam ein weiteres Kleinkino hinzu, das »Isabella«, und ein Jahr später das ebenso abgewirtschaftete »Türkenkino«, das Fritz Falter in »Türkendolch« umtaufte. Der Dolch richtete sich gegen Kitsch, Schund und Gewalt in der Münchner Kinolandschaft. Es waren überwiegend Schüler und Studenten, die sich um die 130 Plätze rauften. Jeden Donnerstag liefen Angebote für Frauen. »Das Kino läuft so gut, dass es bald auseinanderbricht«, befürchtete Falter. Bald aber verkrachte er sich mit seinen ebenso eigenwilligen Mitarbeitern. Schließlich ging das Kunsttheaterchen in die Hände von 13 Genossen. Wegen überhöhter Pacht musste es im April 2001 zumachen. Hinterblieben ist in der Türkenstraße 74 ein Café mit dem passenden Namen »Zeitgeist«. Und aus dem »Occamstudio« wurde 1970, nach der heftig kritisierten Kündigung durch eine Großbrauerei, statt des geplanten Tanzpalastes ein immerhin gut laufendes Lustspielhaus. Vom Schwabinger Art-Cinema-Dreiergestirn seines mit vielen Ehrungen bedachten, 2007 verstorbenen Schöpfers, ist allein das »Isabella« erhalten. Es spielt immerhin noch eine Hauptrolle bei den alljährlichen Internationen Filmkunstwochen, die Fritz Falter schon 1953 initiiert hat.

MUNICH'S HARLEM

Nach 1945 hatten Jazzkneipen in der Vorstadt ihre Hochblüte

Als am 16. Juni 1928 die Jazzoper »Jonny spielt auf« im Theater am Gärtnerplatz erstaufgeführt wurde, warfen Nationalsozialisten Stinkbomben und zettelten eine Schlägerei an. Dann durften Deutsche die »verjudete Negermusik« zwölf Jahre lang nur noch über verbotene Feindsender hören. Aber schon sehr bald nach dem Krieg wurde München zu einer internationalen Hochburg des Jazz. In kurzer Folge flogen ziemlich alle damaligen Superstars ein: Louis Armstrong, Ella Fitzgerald, Duke Ellington, Count Basie, Lionel Hampton, Stan Kenton, Woody Herman, Dizzy Gillespie und so fort.

Doch auch die heimische Szene blühte bemerkenswert auf. Vollblutjazzer wie der 19-jährige Metzgersohn Max Greger und der 22-jährige Hugo Strasser, der an der Akademie für Tonkunst tatsächlich studiert hatte, spielten erst in Ami-Clubs (»Off Limits« für Nichtmilitärs), später auch in Biersälen, Tanzcafés, Kellerbars und oft sogar im Schauspielhaus. (Übrigens: Diese beiden Bläser lebten und spielten als gefeierte Bandleader noch bis weit ins 21. Jahrhundert hinein).

Damals begeistert wahrgenommen von der Jugend und gefördert durch populäre Radio-Moderatoren wie dem Plattensammler Jimmy Jungermann, schossen in den ersten Nachkriegsjahren meist kleine Jazzkneipen wie Frühlingsblumen aus dem Münchner Untergrund, bevorzugt in

Schwabing und Haidhausen. Und sie gingen alle wieder ein, als Pop, Beat und Rock die Musikwelt zu erobern begannen. Einige von ihnen jedenfalls sind mindestens allen Hot- und Swing-Fans in Erinnerung geblieben.

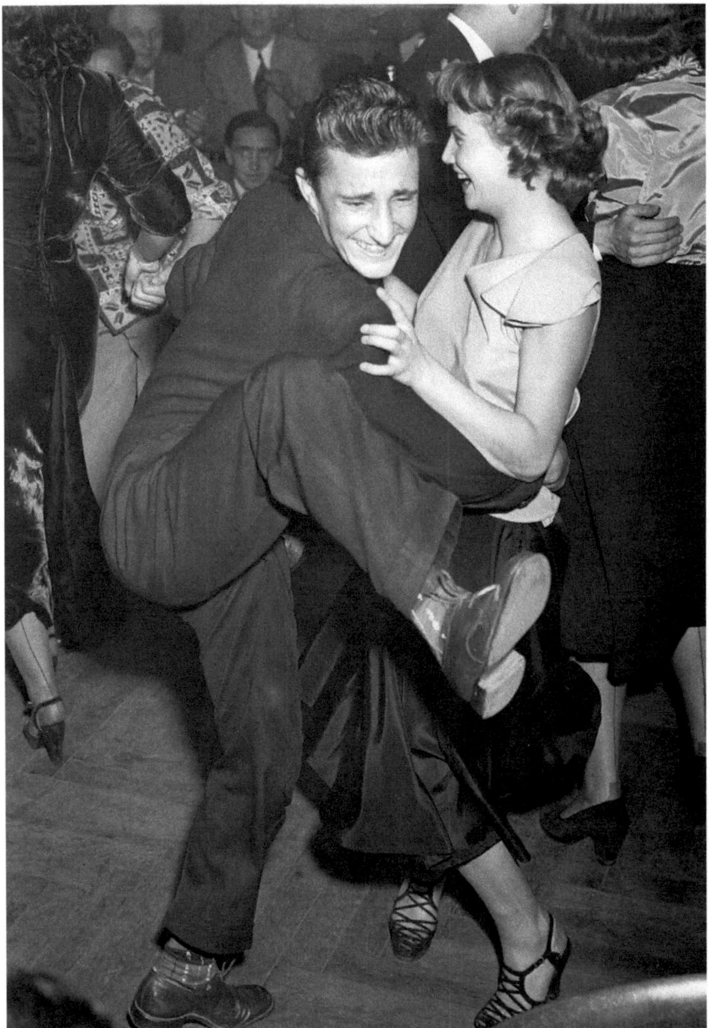

Mitglieder des »Hot-Clubs« tanzen am Klubabend im Tanzlokal »Studio 15«. Links Hermann Stahl, rechts Adelhaid Stein, 1951.

Studio 15

In einer halbwegs heil gebliebenen Villa an der Leopoldstraße 15 betrieb der Schlagzeuger Freddie Brocksieper noch in der Ruinenzeit sein »Studio 15«. Dorthin lockte er die amerikanischen Gastspieler nach ihren Konzerten, die meist im Kongresssaal des Deutschen Museums (die Amis sagten »Jubilee Hall«), umrahmt von germanischen Mosaiken, stattfanden. Hauptsächlich aber pflegte Freddie, der schon vor 1933 in München getrommelt hatte, den deutschen Nachwuchs. Sein Vokalist Willi Johanns, der München als »Jazz-Paradies« empfand, wurde zum Pendant der Sängerin Ingrid Bergson (nicht zu verwechseln mit Inge Brandenburg). Gejazzt wurde im Sommer auch auf der Terrasse, noch beschwerte sich kein Nachbar.

Birdland

Bayerisch-amerikanisch gab sich das »Birdland« in Haidhausen in der Kirchenstraße, Ecke Seeriederstraße. Es war Munich's Klein-Harlem. Ganze Trupps schwarzer US-Soldaten, gemischt mit superblonden »Froilleins« und Stenzen der östlichen Vorstadt hörten guten alten Dixieland, gemischt mit Beat und Soul. Propeller ventilierten den Tabaksqualm. Der Wirt sorgte für zivile Preise (das Bier 2 DM, der doppelte Whisky 4,50 DM) sowie für Ordnung: Mehr als 120 Personen wurden nicht eingelassen, »intoxicated people« (Junkies) schon gar nicht. Punkt 22 Uhr brüllte der Bandleader: »Jugendliche raus!« Noch 1970 pries ein Reiseführer das »Birdland« als »eines der originellsten Lokale Münchens«, wo man allerdings keine Ansprüche an Ausstattung und Service stellen sollte. Heute kocht dort ein Grieche. In einer Haidhausen-Ausstellung im Gasteig ließ Hermann Wilhelm das legendäre »Birdland« noch einmal auferstehen.

Domicile

Als der Live-Jazz durch neue Musikstile allmählich verdrängt wurde, machte der Jurastudent und Pianist Ernst Knauff am 1. Mai 1965 in der Siegesstraße 19 das »Domicile« auf, wo er – in Konkurrenz zum jazzigen

»Siegesgarten« vis-à-vis – auch »Rock, Soul und Action« anbot. Immerhin 100 Gäste konnte er auf »hühnerleiterartige Sitztribünen« quetschen. Persönlich warb er in New York die jeweils angesagten Spitzenstars wie Chet Baker oder Art Blakey an. Aus der deutschen Szene waren Albert Mangelsdorff und Klaus Doldinger häufige Gastspieler. So jazzte sich das »Domicile« in Europa in die Erste Liga. Im Januar 1979 zog das Lokal in die Leopoldstraße 19 um, aber nach einem Großbrand, aufwändigem Wiederaufbau und langjährigem Rechtsstreit um die Vergnügungssteuer gab Knauff zwei Jahre später seinen Jazzschuppen endgültig auf.

Allotria

Oldies blieben indes noch lange, bis heute, gefragt. »Täglich Dixie-Swing«, die besten Bands und Solisten der Town sowie Kleine Küche versprach der Koch und Brocksieper-Schüler Hermann Kügler im bierseligen, seit 1969 existierenden, langlebigen »Allotria«. Dort, in der Türkenstraße 33, war vieles improvisiert – nicht nur Jam Sessions. Da tauchten Berühmtheiten wie Charly Tabor oder Norbert Möller (»Armstrong von Giesing«) oft nur auf, um nach der Brotzeit eben mal ins Rohr zu blasen. Kügler gründete selbst auch eigene Formationen, die sich große Namen erspielten: die »Ballhouse Jazzband«, die »Occam Street Footwarmers«. 1982 gründete Dr. Rainer Sander, Arzt an Münchner Kliniken und nebenbei Klarinettist, die »Allotria Jazz Band«, die heute noch, natürlich in veränderter Besetzung, als eine der wohl ältesten Jazzbands Europas auftritt. 1983 übernahm der deutsch-amerikanische Vibraphon-Spieler und Sänger Gerry Hayes den ergrauten »Jazz-Salon«, wie er ihn umtaufte, zog noch zweimal um und musste 1992 nach erheblichen finanziellen Verlusten endgültig schließen.

Schwabinger Podium

Immerhin bis zum März 2017 konnte sich das »Schwabinger Podium« in der Wagnerstraße 1, Ecke Siegesstraße halten. 44 Jahre lang hat es Live-Musik geboten. Berühmte Combos wie die »Trouble Boys«, die »Isar Rider« und »The Public« oder der Jazzsänger Axel Kovolik waren dort aufgetreten, wo sich die dicht gedrängt sitzenden Gäste wie im eigenen Wohnzimmer gefühlt hatten. Alle Stilrichtungen des neuen Jazz wurden dargeboten, aber auch eine noch völlig unbekannte »Spider Murphy Gang« rockte dort in den 1970er-Jahren den – tempi passati – von Zigarettenrauch völlig verqualmten Laden. Die Jazzkneipe versucht am Stadtrand in der Allacher Gaststätte »Schießstätte« einen Neustart. Schwabing ist um ein weiteres luxussaniertes Appartementgebäude reicher und eine musikalische Institution ärmer geworden.

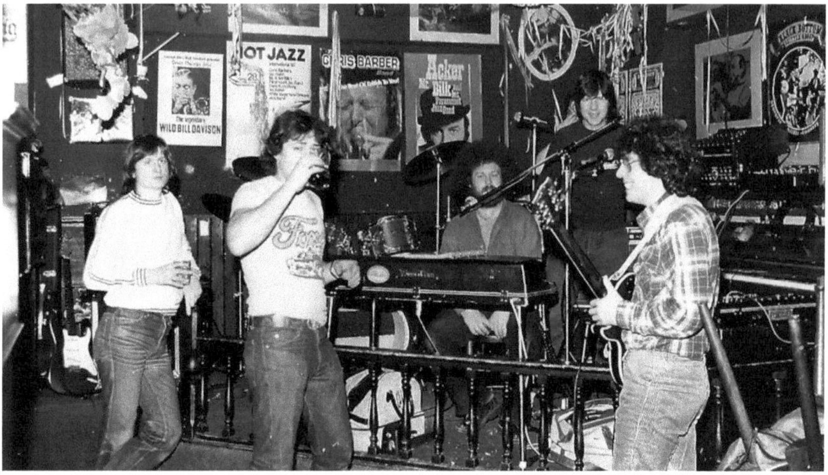

Das »Schwabinger Podium«, YouTube-Still, um 1981.

ADIEU BOHEME!

Wenig ist in Altschwabing von der Traumstadt stehen geblieben

Peter Paul Althaus' Dichterwort von der »Traumstadt, in der ein Lächeln stehngeblieben« sei, dient nach wie vor der Verklärung des alten Schwabing der Boheme. Gewiss, manches ist hier, rund um den Wedekindplatz, stehengeblieben von jenen Institutionen, die einstmalen das weltberühmte Gesicht von Münchens Quartier Latin geprägt und ein Lächeln darauf gezaubert hatten, zum Beispiel die poetisch angehauchte »Seerose« (heute eine Trattoria) oder, umgetauft, Erich Kästners Stammlokal »Leopold«. Doch der Großteil dieser Bühnen der Künstler und Träumer ist den Zeitläufen zum Opfer gefallen. Und die Boheme, die laut René Prévot »niemals ausstirbt«, hat sich auch längst verflüchtigt. Nur manchmal taucht sie schemenhaft auf. Hier einige Beispiele von verschwundenen Treffs Altschwabinger Lebenskunst.

Pension Fürmann

Von einem Hügel aus Bombenschutt beim Scheidplatz bedeckt und jetzt mit einem Biosupermarkt bebaut wurde jenes Grundstück in der äußeren Belgradstraße 57 (heute Nr. 61), das einmal ein Wolkenkuckucksheim des »Geistes von Schwabing« war. Zuerst stand da allerdings nur ein Pferdestall. Den hatte der Schweizer Heinrich (»Henry«) Fürmann, der sich nach abgebrochener Apothekerlehre und abenteuerlicher Welterkundung als Farmer in Kalifornien niedergelassen hatte, von einem ihm unbekannten Münchner Onkel nichtsahnend geerbt. »Buffalo Bill«, wie man ihn wegen seiner Reitleidenschaft nannte, verwandelte die Pferdeboxen in winzige Zimmer, die er mit Biedermeiermöbeln einrichtete, mit grellen Farben ausmalte und für 2,50 Mark pro Nacht vermietete, Vollverpflegung inklusive.

Schnell war die Pension Fürmann bis in den Giebel hinauf voll von Gästen aus aller Welt. »Behaarte Kulturträger des Balkans, blondgeschneckelte Nordlandmädchen und ausgeschlüpfte Provinzpennäler, die der lichte Schein der Kunststadt hoch und fern am Himmel des Lebens herbeigelockt hat«, so beschreibt der elsässische Schriftsteller und Journalist Prévot die internationale Münchner Mischpoke. Doch auch Dichter mit klangvollen Namen, Ricarda Huch und Stefan George zum Beispiel, hatten in dem schwabylonischen Idyll zeitweise ihre Residenz, manche ein ganzes Jahr lang.

Statt Miete begnügte sich der Hausherr auch mal mit handwerklicher Arbeit. Seinen Fliederpark konnte Fürmann vollstellen mit Skulpturen von Dauergästen. Die aus Breslau zugezogene Käthe Kruse gestaltete hier ihre erste Puppe. Der aus Brünn zugewanderte Alexander Roda Roda stellte fest: »Was jung ist und einen Namen hat in der Literatur, Koloratur,

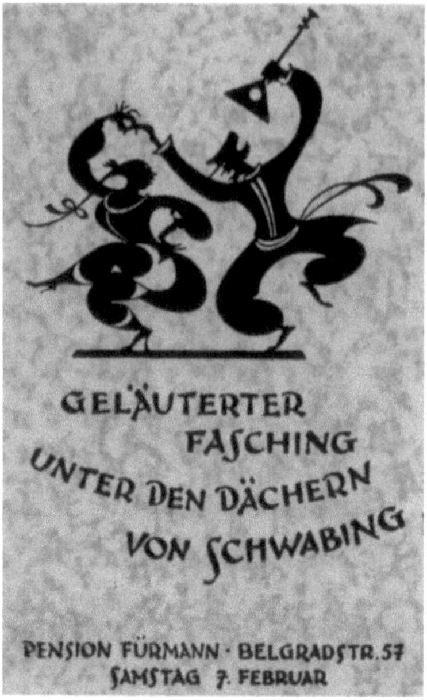

Architektur und Skulptur, hat irgend einmal bei Vater Fürmann in Kreide gestanden.« Der jüdische »Kosmiker« Karl Wolfskehl aus Darmstadt erinnerte sich noch im neuseeländischen Exil an die Schwabinger Oase: »Dein gilbend Haus – Baracke oder Schloss?/Der Saal, wo Leid und Kuss den Alltag schloss […].«

Da die Behörden den sonderbaren Schwarzbau tolerierten, fügte Fürmann eine kleine ökologische Landwirtschaft hinzu. Zwischen Ziegen, Gänsen und Hühnern konnte man spazieren. Aus dem Hinterhof machte der Pensionswirt einen gemüsereichen Garten. Und aus dem Rhabarber eine Bowle, deren Rezept er geheim hielt. Die war wichtigster Bestandteil der zahlreichen Feste, die Henry und Lulu Fürmann regelmäßig gaben, gern mal zum Gedenken an den verehrten Karl May. Jeden Samstag, beim Tanzcafé, gab's Selbstgebackenes. Und dann erst der Fasching – das war überhaupt die tolle Zeit der Fürmann-Familie. Über München hinaus berühmt waren diese Bälle …

Papa Benz / Papa Steinicke

Im früheren Künstlerviertel hatten sich noch zwei weitere Kulturwirte einen legendären Namen gemacht: Ab 1900 betreute der aus dem Badischen zugezogene Opernsänger Joseph Friedrich Benz, genannt »Papa Benz«, in der Leopoldstraße eine Reihe von Kleinkünstlern, darunter das noch kaum bekannte Duo Karl Valentin/Liesl Karlstadt. Und 1932 verwandelte der Berliner Carl Georg Steinicke, genannt »Papa Steinicke«, seine Buchhandlung in der Adalbertstraße 15 in einen Dichter- und Künstlerclub, wo nicht zuletzt Gegner des aufkommenden Nationalsozialismus diskutierten; im heutigen Neubau erinnert daran eine Gedenktafel.

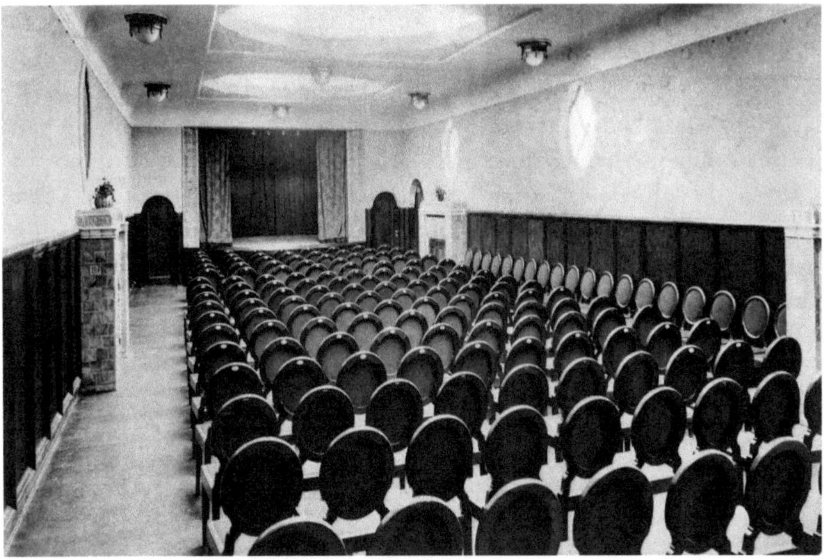

Steinickesaal in der Adalbertstraße 15, in dem unter anderem das erste Mal ein Ödön von Horváth-Text dem Publikum präsentiert wurde.

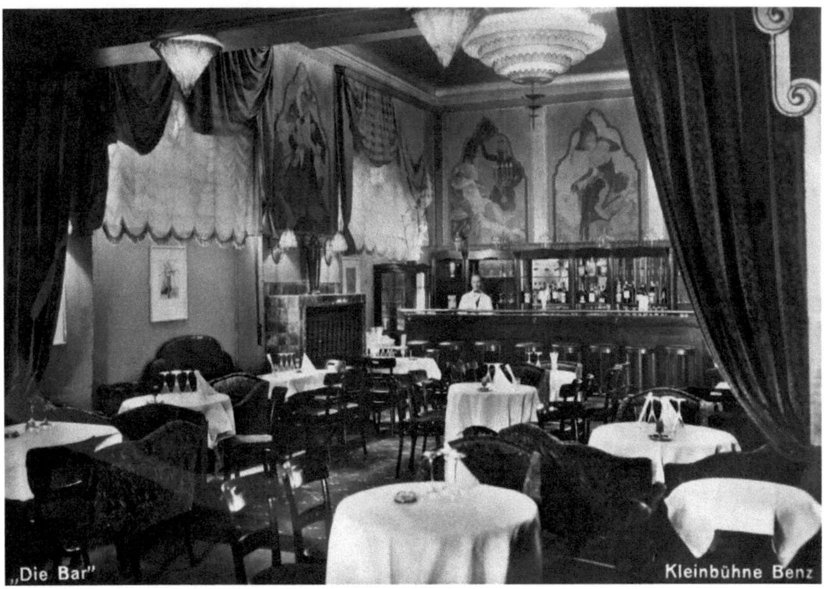

Kleinbühne Benz, Leopoldstraße 50a, 1930.

Bei Gisela

Drei Jahre stand Gisela Jonas, geboren 1929 im niederrheinischen Moers, nach einer Kfz-Lehre an der Bar und der Garderobe im Schwabinger »Mutti-Bräu« und im »Pfälzer Hof«. Mit ihrer rauchigen Altstimme imitierte sie die UFA-Diva Zarah Leander, bis sie im November 1952 – auf Anregung des umtriebigen Sportreporters Sammy Drechsel und mit Hilfe von Freunden – gleich um die Ecke, Occamstraße 8, das »Flimmerzelt« pachtete. Sie galt als die jüngste Wirtin der Bundesrepublik.

»Bei Gisela«, wie sie die Pleitekneipe umtaufte, wurde während der Zeit von Wirtschaftswunder und Schickimicki das Kultlokal der Schwabinger Boheme – ein amerikanischer Freund Giselas machte sie schier weltbekannt. An den Tischen, auf denen Kerzen tropften, fand sich denn Prominenz aus West und Ost ein, beispielsweise Leonard Bernstein, Orson Welles, Eduard Kennedy, Kirk Douglas, Juri Gagarin und Prinzessin Soraya. Erich Kästner amüsierte sich ebenso wie namhafte deutsche Politiker bis hin zu Franz Josef Strauß, welchem hier – anderes als in den Kabaretts rundum – kein Spott widerfuhr, sondern allenfalls Freches und Frivoles.

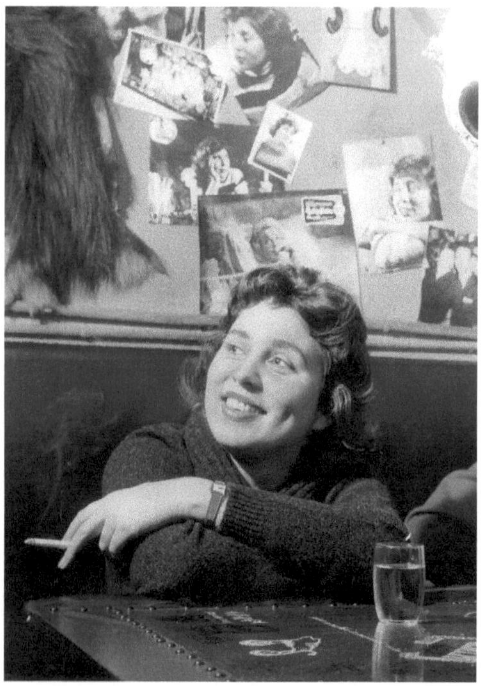

Gisela Jonas, die »Schwabinger Gisela«, Sängerin und Wirtin in ihrer Bar »Bei Gisela«, Occamstraße 8, in den 1950er-Jahren.

Jeden Abend sang Gisela das leicht schlüpfrige Lied »vom Nowak«, der sie nicht verkommen lasse. Das Original hatte Hugo Wiener für seine Frau Cissy Kraner geschrieben. Der Schwabinger Architekt Alexander Gorsky, Giselas »Sascha«, dichtete laufend neue Strophen, insgesamt 81, die oft aktuellen, auch mal politischen Bezug hatten. 1960 klagte sie der Staatsanwalt an. Der Amtsrichter sprach die »gebildete Dame mit stark unzüchtigem Charakter« jedoch frei, er ließ nur die strittigen Schallplatten »unbrauchbar machen«.

Gisela schrieb sich auch selbst ein paar Chansons: Ihre »Schwabinger Laterne« wurde ein Gassenhauer bis heute und eine dreidimensionale Abbildung stand neben dem Flügel, an dem auch mal junge, unbekannte Musiker wie Udo Jürgens und Konstantin Wecker für eine Gulaschsuppe klimperten. Die etwas krumme Originalleuchte aus dem »Giselas« ziert neuerdings den Schwabinger Wedekindplatz.

Im Jahr 1974 verließ die Rheinländerin ihr Schwabing, das nicht nur ihr allzu kommerzialisiert vorkam, und machte auf Drängen ihres angetrauten Tirolers Louis Dialer ein Lokal in Dinkelsbühl auf. Nach dem Tod ihres Mannes kehrte sie nochmal nach München zurück und übernahm ein neues »Gisela«, das sogar der »New York Times« eine Meldung wert war. Ein Kehlkopfleiden beendete ihre Karriere. Im Juli 2014 ist Gisela Jonas-Dialer, hoch geehrt, verstorben. Aus ihrem Lokal wurde 2006 die Liederbühne »Vereinsheim«, der schon etliche Bayern-Barden entwachsen sind. Die »Sportfreunde Stiller« bezeichnen es als ihr Lieblingslokal.

Schwabinger 7

Der Abrissbirne und der Gentrifizierung fiel ein Areal im Herzen von Schwabing zum Opfer, auf dem sich einst zwei Kultkneipen befanden: die seit 1967 vom Kunstmaler Kurt Hartmann mit gesellschaftlichem Engagement betriebene »Säge« und die »Schwabinger 7«, die der aus den Philippinen zugezogene Gerd Waldhauser 1969 übernommen hatte und daher »Manila« genannt wurde.

Beide Hinterhoflokale dienten während der sogenannten Schwabinger Krawalle im Sommer 1962 als Refugien. Beide waren düster, schmuddelig, alkoholhaltig, noch lange nach dem Rauchverbot verqualmt, verwinkelt, laut und fast jede Nacht überfüllt. Nie wurde renoviert. Dennoch fühlten sich Filmemacher wie Rainer Werner Fassbinder und Rüdiger Syberberg zwischen den schokoladebraunen Wänden anscheinend sauwohl. Anderen diente die übrig gebliebene »Schwasi«, wie Stammgäste die abbruchreife Bretterbude in der Feilitzschstraße 7 liebevoll nannten, wenigstens für einen oder eher mehrere »Absucker«.

Ein Beobachter schilderte die allnächtliche Szenerie so: »Viele lachen, andere brüllen sich an. Was allen gemeinsam ist: Sie trinken. Das Bier fließt in Strömen. Die Abende verlaufen immer ekstatisch.« Öfter drohte der Abriss, doch die »7« blieb noch lange »das letzte Paradies der Nacht«. Bei einer Drogenrazzia stürmten Polizisten den Behelfsbau. Daraufhin musste der Wirt über 250 Hausverbote erteilen. Zeitweise war die »7« auch Zufluchtsort trinkfreudiger Münchner Iren.

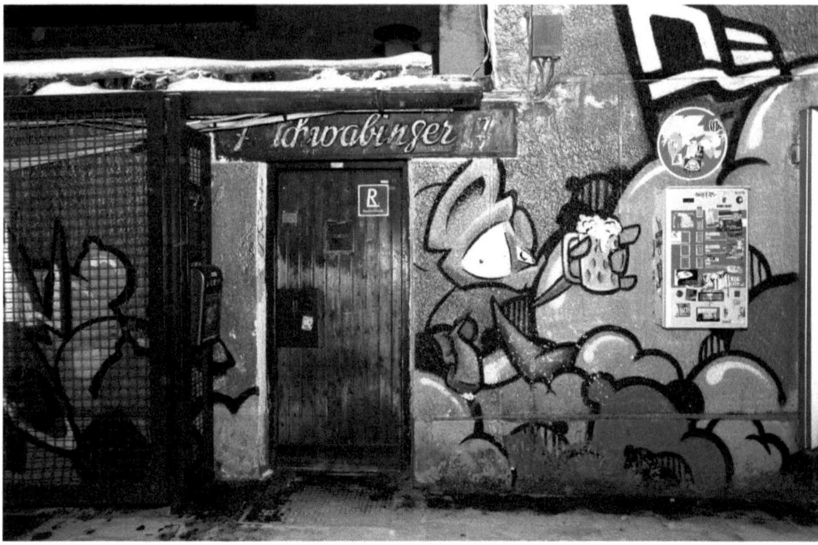

Die seit 1948 in einem Barackenbau untergebrachte, berühmt-berüchtigte »Schwabinger 7«, in der Feilitzschstraße 7, 2011.

Im Mai 2011 wurde ruchbar, dass der Grundbesitzer das ganze Gelände planieren und durch ein fünfstöckiges Haus bebauen wolle. Bürgerproteste waren die üblich gewordene Folge. Namhafte Künstler setzten sich für das »Schwabinger Biotop« ein. Auch die CSU, an der Spitze Kultusminister Ludwig Spaenle – ein Schwabinger. Dagegen rührte OB Christian Ude, auch in Schwabing gebürtig, keinen Finger für die »Saufkneipe in einer ehemaligen Baubaracke«. Ihr Ende war nicht mehr aufzuhalten, als hier im August 2012 einen halben Meter unter der Erde eine 250 Kilo schwere Weltkriegsbombe entdeckt und gesprengt wurde, wobei umliegende Dächer in Brand gerieten und die Feuerwehr löschen musste.

In der Feilitzschstraße 15 wurde alsbald ein Lokal gleichen Namens mit etwas gerettetem Mobiliar eröffnet – aber bisher von der einstigen Kundschaft nicht angenommen. Münchens Boheme, die so viele Orte verloren hat, soll halt doch nicht sterben …

Immerhin hat das Ensemble des Theaters am Elisabethplatz, die im Herbst 2017 wieder neu eröffnete Schauburg (vormals Theater der Jugend) , im Jahr 2015 die »Traumstadt« neu gegründet und Christian Ude zu deren »Bürgermeister« gekürt. Noch allerdings fehlt vieles, um die Verstorbene wieder zum Leben zu erwecken, zuerst mal ein Programm.

NULL BOCK AUF NIX

Wie der Monopteros und andere Gammlertreffs »gesäubert« wurden

Schlag 17 Uhr am 20. Oktober 1966 hoben Kripobeamte die schäbige Barackenkneipe »Picnic« in der Leopoldstraße aus. 28 mit Fetzen und Fransen bekleidete Lehrlinge und Schüler, die offensichtlich Seife, Kamm und Schere verachteten, wurden im Polizeirevier 4 verhört. Gefragt wurde nach Rauschgift, Adresse und Arbeitsplatz. Geständnisse gab es keine, wohl aber Tränen, besonders bei den Mädchen. Zwei Tage später, am frühen Morgen des 22. Oktober, holen Polizisten in Leder langhaarige Langschläfer von den Baumhäusern, die sie sich wie Vögel hoch oben im Englischen Garten gebastelt haben. Die Nester benannten sie als ihre Wohnung; einmal bekamen die jungen Vagabunden tatsächlich dorthin Post zugestellt.

Die Zugriffe waren, buchstäblich, Höhepunkt eines mehrjährigen Spektakels und der Anfang vom Ende. Im Herbst 1966 hatte sich die verlockende »Weltstadt mit Herz« zu einer europäischen Drehscheibe dieser heute kaum mehr bekannten »Jugendbewegung« entwickelt. Das Völkchen war schon seit 1964 unter dem bürgerlichen Spottnamen »Gammler« (Duden: gammeln: verfaulen, verrotten, vegetieren) auffällig. Dessen gesellschaftspolitische und kriminalistische Einordnung konnte selbst Münchens liberaler Polizeipräsident Manfred Schreiber nur ungefähr beschreiben: »Es handelt sich um eine geschlossene, schwer durchschaubare Gruppe, die

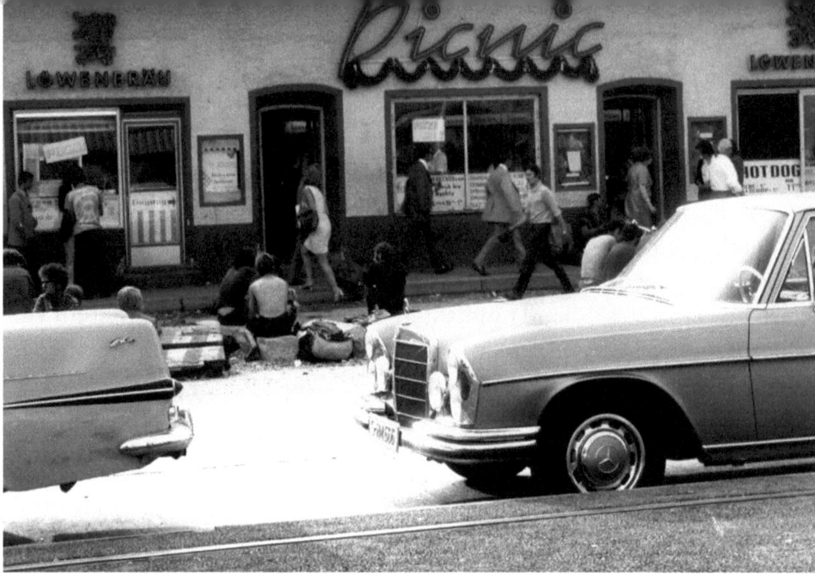

Imbissstube »Picnic« in der Leopoldstraße in Schwabing. Vor dem Lokal Jugendliche, sogenannte Gammler, 1968.

beobachtet werden muss.« Das war nicht schwer, denn die langmähnigen Aussteiger, die keine Penner sein wollten, versteckten sich keineswegs.

Ihr liebster Aufenthaltsort war der Monopteros im Englischen Garten, ihre Bühne die gleißende Leopoldstraße. Hier wie dort erschreckten, amüsierten, provozierten sie die braven Bürger allein durch ihr betont schmuddeliges Aussehen und bloßen Müßiggang. Sie spielten Fangermandl mit der Polizei. Die versuchte zunächst nur, den unliebsamen und meist minderjährigen Zugvögeln »durch ständige Kontrollen den Aufenthalt zu verleiden«. Das ging so vor sich: Einem Gemeinschaftsschlaf im Gebüsch unterm Monopteros folgten unfreiwillig ein paar Nächte in der U-Zelle (von der Absicht, das griechische Tempelchen durch eine Kette abzusperren, kam man aber wieder ab); »verbotswidrigen Lagern« in einem Ladeneingang – fünf Tage Haft; Nächtigung in einer Gartenlaube – vier Wochen U-Haft. Fußgängerverkehr behindert – drei Tage Haft.

Bis zum Ende des Jahres 1966 wurden 735 dieser Unangepassten, darunter 135 weibliche, polizeilich bearbeitet: aufgegriffen, verwarnt, vorläufig festgenommen, dem Schnellrichter zugeführt, nach Hause geschickt, als illegale Einwanderer abgeschoben. Mehr schien nicht geboten. Denn: Nie war die Gruppierung einer Generation unpolitischer als die der stets gelangweilten Gammler. Ihre Maxime: »Null Bock auf nix.« Schon gar nicht auf Soldatentum und Krieg, auch wenn sie gern mit uniformähnlichen Windjacken oder Parkas aus US-Armeebeständen herumlungerten. Nicht oft auch war eine auffällige Gruppe junger Menschen weniger straffällig, weniger aggressiv.

Trotzdem war Feuer am bürgerlichen Dach. Der 29-jährige Regisseur Peter Fleischmann erlebte es, als er in Schwabing eine Filmdokumentation »Herbst der Gammler« drehte, worin Passanten meinten, das Gschwerl sollte man in Arbeitslager stecken oder gleich vergasen. Fleischmann erkannte Parallelen zur Judenverfolgung und gründete daraufhin einen Menschenschutzverein. In einer großen Gammler-Debatte im Rathaus tönten aus der CSU-Fraktion ungewohnte Ausdrücke wie »Dreckhammeln«, »Saubären« und – ganz neu – »gstinkerte Schweißfiaß«; das »Gammlertum« sei durch geeignete Maßnahmen zu »reduzieren«. Wozu allerdings Münchens damaliger Polizeipräsident Manfred Schreiber keinen Handlungsbedarf sah. Denn: »Schmutz und Flegeleien sind kein Straftatbestand.« Schreiber warnte auch vor dem »gesunden Volksempfinden«.

Im Verlauf des Jahres 1967 ging die ganze Gammelei als gesellschaftliches Phänomen fast nahtlos in eine »Neue Soziale Bewegung« über, für die bis heute kein anderer Name gefunden wurde als eine nicht ganz stimmige Jahreszahl: 1968. Das »Picnic« gammelte noch eine Weile vor sich hin, bis sich Schwabing-Mitte wieder mal neu aufstellte – sehr kommerziell und schicker denn je.

DIE GOLDENE HAND

Wie das »Samy-Land« eine neue Geselligkeit verhieß – und versank

In jenen späten 60er-Jahren des 20. Jahrhunderts, als München zur Probebühne juveniler Revoluzzer wurde und obendrein – nach dem Vorbild Londons – zum »Swinging Munich« avancierte, da standen sie plötzlich auf der Matte. Wie ein Phantom aus dem Morgenland. Wie die Kings, die selbst gekrönten Könige von Schwabing, setzten diese Brüder Anusch und Temur Samy ungeheuer viel Fantasie, Fleiß und Geschäftssinn in außergewöhnliche Projekte um.

Datscha

Nach glücklicher Kindheit in Teheran wollte der aus dem Kaukasus stammende, mit einer Oldenburgerin verheiratete Vater Samy seine Söhne Anusch und Temur in München studieren lassen. Doch Anusch machte lieber in der Maxburg ein Teppichgeschäft auf; außerdem erfand er das System der Mini-Cars, das bald in 34 deutschen Städten übernommen wurde. Der vier Jahre jüngere Temur investierte indessen seine Ideen in Münchens erstes Russen-Restaurant »Datscha«, für das er einen notgelandeten sowjetischen Düsenpiloten als Empfangschef anheuerte und wo bärtige Kellner Wodka servierten. Mit dem Slogan »Schwabing gehört allen« verkauften die Beiden Anteilscheine, die Gratismahlzeiten im Wert von 13 Mark garantierten.

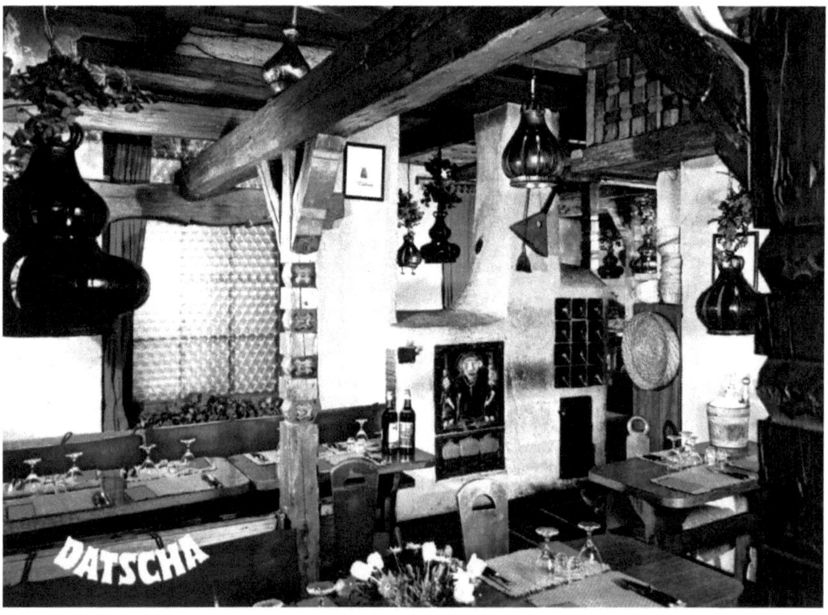

Süd-Russisches Restaurant »Datscha« mit »individuellem Gartenbetrieb«, Werbekarte.

Ein tolles Geschäft. Nachdem hinreichend Gewinn erzielt war, stießen die Brüder das Schlemmerlokal wieder ab, um 1967 vom Erlös in die Schwabinger Eckwirtschaft »Hacklwirt« den »Drugstore« am Wedekindplatz einzurichten: ein Design-Restaurant, wo man nicht nur essen und trinken, sondern auch ein bisschen shoppen konnte. Der neue Stil gefiel: glänzendes Messing, spiegelndes Glas, edles Holz, rotes Sitzleder, goldene Leuchter, ein bisserl Jugendstilschnörkel, viel Pop, viele der neuartigen Poster aus der nebenan eingezogenen Bildergalerie von Wolfgang Roucka. Eine Kombination von jüngst modisch gewordener Disco, American Bar und orientalischem Basar. An der Wendeltreppe war ein Kiosk bis zum frühen Morgen geöffnet. In der ersten Etage wurde getanzt.

Blow Up

Der Erlös reichte, um noch im selben Jahr ein Großkino am Elisabethplatz in den ersten Beatschuppen der Bundesrepublik zu verwandeln. Mit großem Tamtam und Original-Hippies aus New York wurde das »Blow up«, benannt nach einem heißen britischen Film von Michelangelo Antonion, im Oktober 1967 eröffnet. Allabendlich drängten sich bis zu 3500 Menschen dicht an dicht, schmusten auf den Treppen und tanzten bis zur Ekstase. Es gab keine Tische und Stühle, dafür konnte man in einem kleinen Schwimmbecken plantschen. Mehrere Superbands wie »Pink Floyd«, »Yes« und die lokale Kultband »Amon Düül« spielten gleichzeitig. In den Pausen ließ es der Diskjockey eines englischen Piratensenders dröhnen. Auf zwei Leinwänden liefen vom Vormittag an Filme. Montags fanden Podiumsgespräche statt über aktuelle Themen, bis hin zur Philosophie. Jetzt sei »das ganze Jahr Oktoberfest«, verkündeten die beiden Deutsch-Perser.

Der Bekanntheitsgrad der Disco wuchs ins Grenzen- und Klassenlose. Da konnten auch Spitzenreiter der Upperclass, beispielsweise Gunther Sachs und Johannes Prinz von Thurn und Taxis, nicht ausbleiben. Aber auch die Kommunarden Rainer Langhans, Uschi Obermaier und Fritz Teufel flanierten hier neben Schlagersänger Peter Kraus, oder dem späteren RAF-Terroristen Andreas Baader über die Gangways der verschiedenen Ebenen. Man konnte sich manche Extravaganzen leisten. Einmal erschien ein kleiner Mann mit schwarz umrandeten Augen, weißem Umhang und wallendem Haar, erstieg mit seinem Gefolge die Plattform der Beatband, zog seine Holzsandalen aus und setzte sich mit gekreuzten Beinen auf ein mitgebrachtes Hirschfell. Umringt von Blumen und Räucherkerzen brachte der momentan weltberühmte Maharishi Mahesh

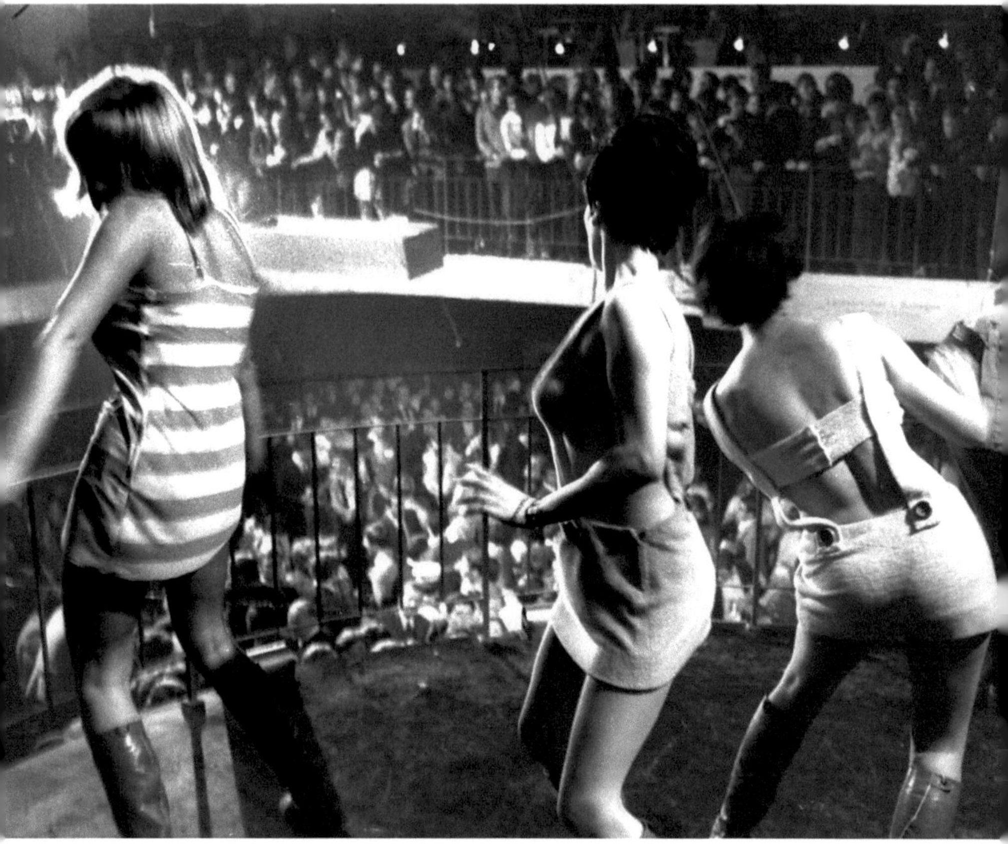

Gogo-Girls im »Blow Up«, 1960er-Jahre.

Yogi dem 2000-köpfigen Jungvolk des Westens die uralte Weisheit des Ostens, verkleidet in eine neue Lebensphilosophie namens »Transzendentale Meditation«. Ihr sollte München fortan als Hauptquartier dienen.

Unbeeindruckt von aufkommender Kritik an der Kommerzialisierung und am neuen Obskurismus des alten Künstlerquartiers, erweiterten die Schwabinger Kings ihr Reich der Freude. Ein »Club der Hundert« sollte noch mehr Prominenz anlocken. »Citta 2000« nannten sie ihr nächstes Projekt, in das sie am Ende 6 Millionen Mark investierten. Am 1. Oktober 1968 wurde das vierstöckige, marmorweiße Atriumhaus an der Leopold-/Ecke Giselastraße bezogen. Da präsentierte sich ein Ballungsraum des Vergnügens wie auch der »kreativen Arbeit«, ein Supermarkt modernster Dienstleistungen. Das Interieur reichte von der Ladenstraße mit zwei Restaurants und beachtlichen 22 Minishops im ersten Stock (darunter auch die allseits bekannte »Dr. Müllers Sex-Boutique«) bis zur »Denkfabrik«. Vor den Eingang postierten die Samy-Brothers eine 6 Meter hohe Hand aus Gips mit Goldüberzug – ein Symbol für Glanz und Gloria.

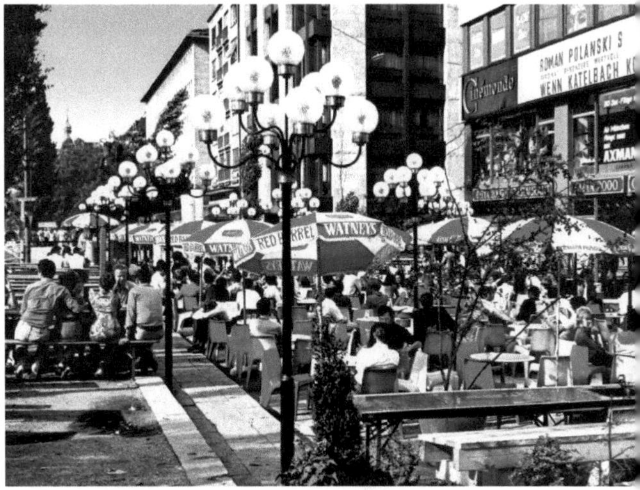

Schwabinger »Citta 2000«, Leopoldstraße 28a, 1973.

Schon planten die beiden »Goldhände« ähnliche Anlagen in acht weiteren deutschen Städten sowie einen Buspendeldienst zwischen ihren Münchner Amüsierbetrieben. »Überall ist Samy-Land«, so hätte ihre Hymne klingen können – frei nach dem Schwabinger Original Joachim Ringelnatz: »Überall ist Wunderland.«

Doch der Höhenflug in die wunderschöne neue Welt wurde jäh unterbrochen: Anusch Samy, 35 Jahre alt, stürzte im Sommer 1970 bei einem Privatflug in der Nähe von St. Moritz ab. Und sein jüngerer Bruder landete vor einem Berg von Schulden; allzu viele Kreditgeber und Kleinanleger verlangten allzu plötzlich ihr Geld zurück. Temur verkaufte alles, was noch greifbar war. Und so blieb Utopie, was Anusch im November 1967 an seinem Stehpult am Boulevard Leopold angekündigt hatte: »Ich werde zunächst in dieser Stadt 20 Restaurants verschiedenen Stils und zur Abrundung ein Luxushotel eröffnen.« Auf der Isar wollte er ein Restaurantschiff verankern, das nur Meerestiere wie Hummer und Austern servieren sollte; ein abgewracktes Showboat hatte er schon in Paris gekauft. Im Englischen Garten plante er auf eigene Kosten den Chinesischen Turm abzureißen, um ihn originalgetreu als größtes Chinarestaurant Europas wiederaufzubauen. In einem Japanischen Bad sollten echte Geishas massieren und Tee servieren. Und schließlich dachte Anusch noch an eine

Art TÜV für Menschen. Von einer so schönen neuen Welt konnte sein so plötzlich verarmter Bruder Temur nicht mehr träumen. Ihm, dem die goldene Hand des Geschäftemachers fehlte, blieben schließlich nur der Offenbarungseid und der Rückzug in eine Kommune nahe der Tivolibrücke, wo er und seine letzten Anhänger sich in weiße Gewänder hüllten, den Weltfrieden predigten und allerlei selbstgebraute Drinks und Drogen genossen. Die Mutter überwies dem verlorenen Sohn monatlich 300 Mark. Ein Reporter spürte ihn 1997 in Südspanien auf, in Gemeinschaft allein mit 50 Katzen und einer dürren Mähre, gekleidet wie ein alter Revoluzzer. Der gewesene König von Schwabing beklagte sein Leid: »Ich habe alles verloren, Geschäftsglück, die große Liebe und meine Ideale.« 2004 starb auch Temur Samy, dieser Ritter von der traurigen Gestalt.

Außer dem ganz gewöhnlichen Lokal »Drugstore«, das seit 2017 ein entfernter Verwandter der Brüder betreibt, ist nichts übriggeblieben vom ganzen glitzernden, utopischen Samy-Imperium, das den Münchnern und ihren Gästen eine Botschaft von Freude und Friedfertigkeit und eine neue Art von Geselligkeit verheißen hatte.

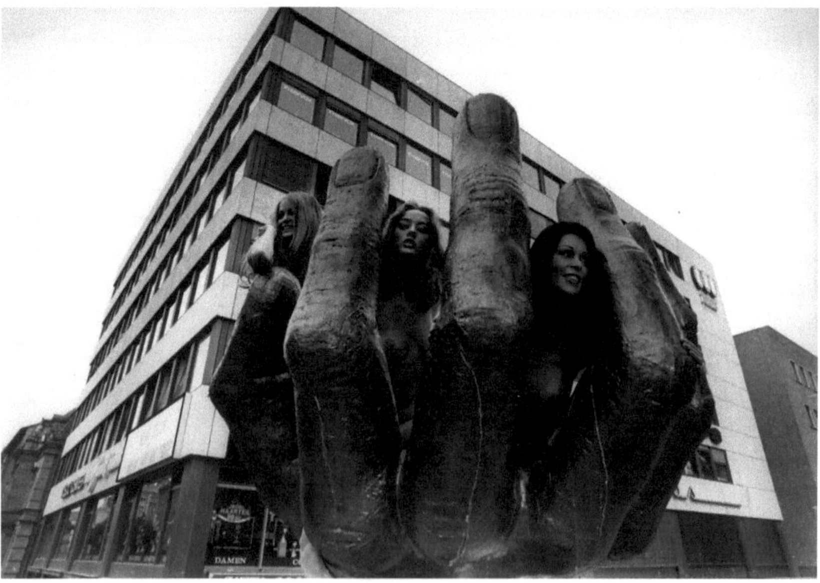

Skulptur »Goldene Hand« von Klaus Vrieslander vor dem »Citta 2000« in der Leopoldstraße, 1966.

HAIE IM U-BOOT

Das Modell für eine künftige Spaßgesellschaft: »Schwabylon«

Der Augsburger Landmaschinenhändler Otto Schnitzenbaumer, angeblich ein 50-facher Millionär, ließ es sich 135 Millionen Mark kosten, München ein einzigartiges Einkaufs- und Vergnügungszentrum hinzustellen, nachdem er seiner Fugger-Stadt schon das erste Rundhotel erbaut hatte. Dafür verpflichtete er den einschlägig erfahrenen Schweizer Architekten Justus Dahinden. Der Professor entwarf einen »hügelartigen Großcontainer«, welcher den modernen Menschen – so seine Verheißungen – einen »künstlichen Lebensraum« bieten sowie Freizeit als »ungebundene Gesamtaktivität und schöpferisches Tun« ermöglichen sollte. »Schwabylon« – ein vom österreichischen Schriftsteller Roda Roda erfundener Wortmix aus Schwabing und Babylon – nannte man das auffällig in den typischen psychedelischen Farben der 1970er-Jahre knallig rot, gelb und orange bemalte Projekt.

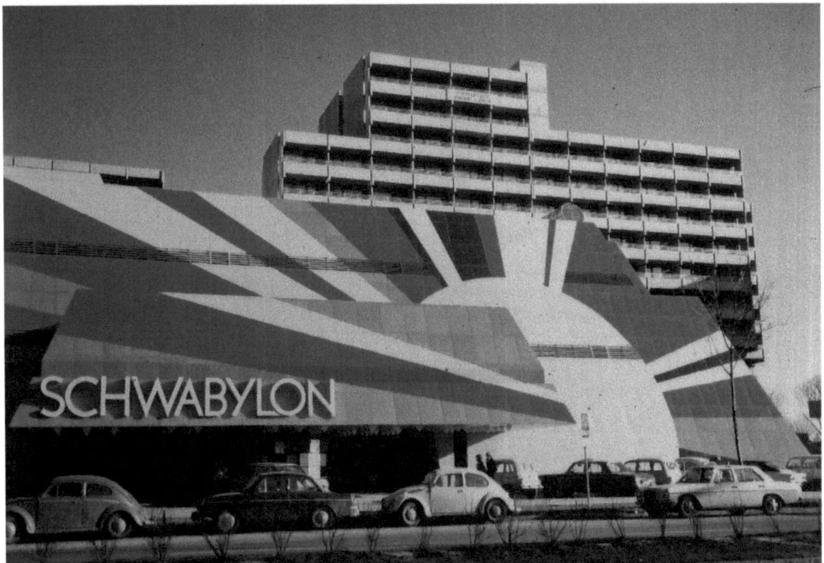

Leuchtende Pop-Art am »Schwabylon«, Leopoldstraße 200, 1973.

In rascher Folge wuchsen in der nördlichen Leopoldstraße 200 drei Türme empor, jeder acht Stockwerke hoch. Bauteil 1 des künftigen Freizeit- und Tourismusviertels war das erste deutsche »Holiday Inn«. Kurz vor Beginn des Olympiajahres 1972 wurde das 40 Millionen Mark teure First-Class-Hotel mit einer Superparty eröffnet. Es besaß 700 Betten, fast 1000 Kongress- und 1200 Parkplätze, große Ballsäle, Bühne, Leinwand, Laufsteg, Simultanübersetzungsanlage und Ausstellungsräume, wo sogar neue Automobile präsentiert werden sollten. Der Präsident der größten amerikanischen Hotelkette trug einen Schlips mit der Aufschrift »It's a wonderful world«. Am 10. März 2013 wurde das »Holiday Inn« abgerissen.

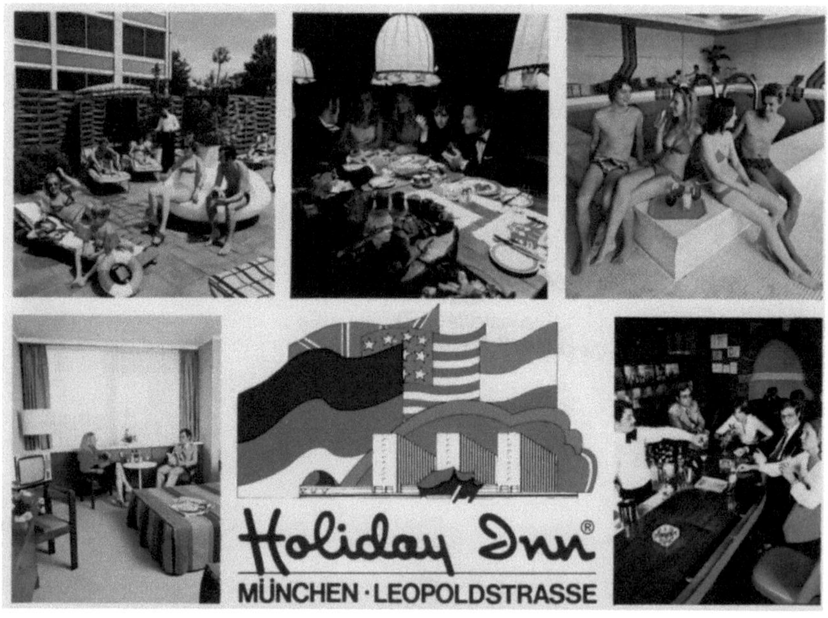

Hotel »Holiday Inn«, Leopoldstraße 200, Werbekarte 1980.

Yellow Submarine und Schwabylon

Über das »Holiday Inn« konnte man trockenen Fußes direkt in einen weiteren Verkaufsschlager des Hotels gelangen: die im April 1971 zeitgleich mit dem Hotel eingeweihte und nach einem »Beatles«-Song benannte Diskothek »Yellow Submarine«. Hier befand sich ein begehbares Aquarium in

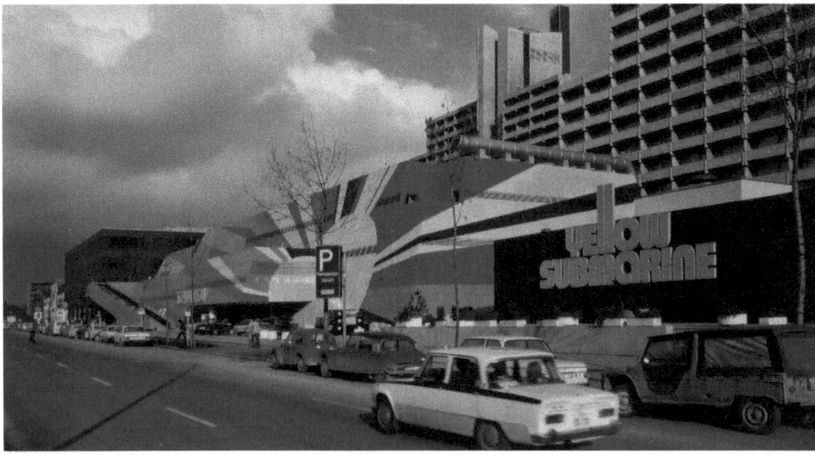

Nightclub-Disco mit Tiefseeatmosphäre: das »Yellow Submarine« des Hotels »Holiday Inn«, ehemals Leopoldstraße 202a.

Form einer 9 Meter hohen, auf drei Stockwerken von Stuhlreihen umringten Stahlkugel, hinter der sich, gesichert von Panzerglas, 40 Haie sowie kleine Fische und Schildkröten in 650 000 Liter Meerwasser tummelten. 3 Millionen Mark hatte Schnitzenbaumer allein in dieses gelbe U-Boot mit den markanten Bullaugenfenstern gesteckt. Die tägliche Ernährung der bis zu 1,80 Meter langen Meerestiere – in Scheiben geschnittener Kabeljau aus der Nordsee – verschlang an die 500 Mark. Gäste, die es nicht gruselte, konnten hier Haiflossensuppe schlürfen oder gegrillten Hai speisen. Das Interieur hingegen war eher spartanisch und kostensparend eingerichtet. In den Folgen 77 (1974) und 93 (1975) der inzwischen Kult gewordenen ZDF-Krimi-Serie »Der Kommissar« diente das »Yellow Submarine« als Drehort – samt Haifischen und mit Originalsound der 70er als Hintergrundmusik.

Und die »wundervolle Welt« wuchs weiter. 1973 war das »Schwabylon« vollendet. Es verfügte über 100 Boutiquen und 15 Restaurants mit 2000 Sitzplätzen, einen Flohmarkt unter knorrigen Bäumen, Galerien, einen Biergarten, mehrere Boulevardcafés sowie eine Schwimmhalle mit Planschbecken, Kinderspielplätze, einen Marktplatz mit Tribünen für Modeschauen, Boxkämpfe, Jazzkonzerte und Experimentiertheater, eine Spielhalle, Turn- und Gymnastikhallen, eine Sauna mit römischem Dampfbad und künstlich temperierte Tropengärten. Eine Kunsteisbahn, die Olympiasieger Manfred

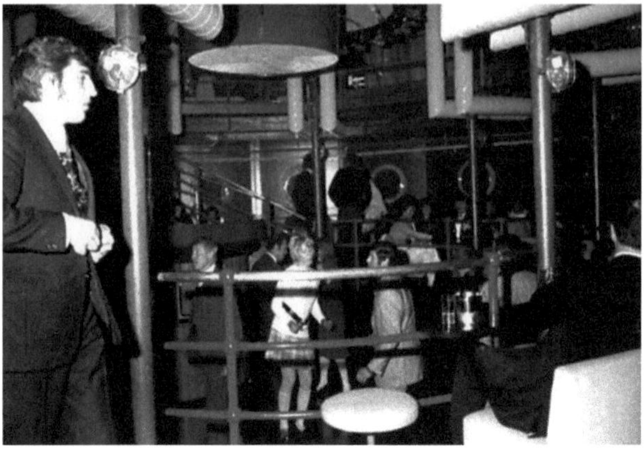

»Yellow Submarine«-Dancefloor in den 1970er-Jahren.

Schnelldorfer leitete, konnte für Beat- und andere Festivals umgewandelt werden. Für die Konzerthalle und das Spielcasino, wie geplant, reichte es nicht mehr. Wohl aber für einen ganzen Riegel von Appartement- und Bürohäusern, wo gleich mal einige Verbrechen geschahen.

Ohnedies geriet das doch wohl allzu futuristische Amüsierviertel allmählich in Verruf. Es hatte, nicht zuletzt wegen seiner ungünstigen Lage im Schwabinger Norden, einfach zu wenig zahlende Gäste. Die ganze Anlage vergammelte. Schon 1974 wurde den letzten Mietern gekündigt. Am 10. August 1979 folgte der Abriss. Eine Versicherungsgesellschaft ersetzte das bunte »Schwabylon« durch einen großen, nüchternen Neubau. Als im Jahr 2011 auch die Reste des »Yellow Submarine« beseitigt werden sollten, weil es ein großes Neubauprojekt behinderte, wurde Bürgerprotest laut. Aber auch das brachte den Befürwortern keinen Erfolg. Trotz konkreter Nutzungsvorschläge wurden die letzten Wrackstücke 2013 im Beisein von Oberbürgermeister Christian Ude endgültig entsorgt, um für ein Ensemble namens »Berlintor« Platz zu machen.

Im März 2018 ist das gelbe U-Boot aber doch noch einmal aufgetaucht. In Bild und Wort wurde es in einer Ausstellung namens »Night Fever« im renommierten Designmuseum »Vitra« in Weil am Rhein als einziger deutscher Beitrag präsentiert – als Musterbeispiel für die seit 1960 erblühte Club- und Popkultur. Inzwischen steht auf dem Areal das Wohnquartier »Schwabinger Tor« und die schöne neue Welt von »Schwabylon« existiert nur noch als Legende und in den Blogs der »Lost places-Anhänger«.

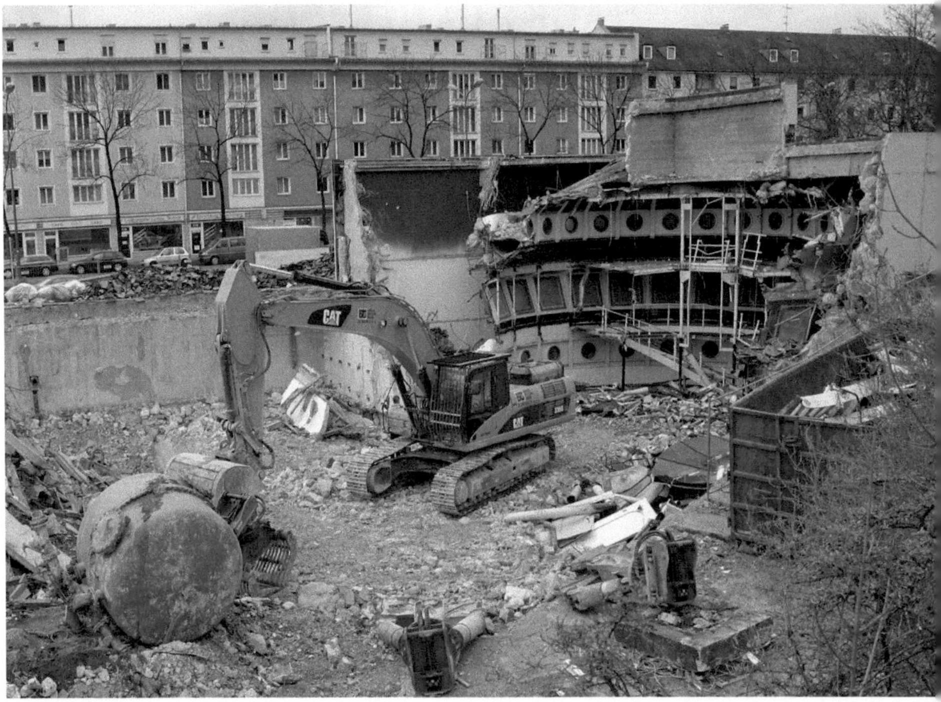

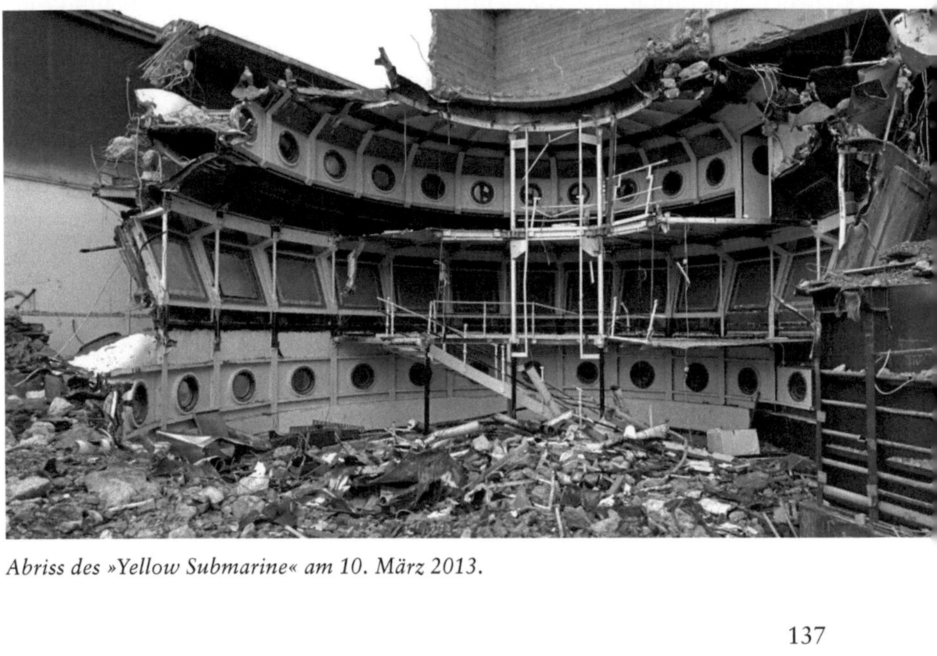

Abriss des »Yellow Submarine« am 10. März 2013.

NACKT IN NERZROBEN

Zu Olympia erreichte die Lustbarkeit in Nachtlokalen einen Rekord

Mit barbusigen Tänzerinnen hatte die Bischofsstadt an der Isar immer schon ihre besonderen Probleme. Im Februar 1924 wurde der vom Deutschen Theater eingeplante Auftritt der 22-jährigen »Mulattin« Josephine Baker, der bei ihrem exotischen Tanzwirbel ein Röckchen aus Bananen genügte, von der Münchner Polizeidirektion »unterbunden«, denn sie galt »als der Typ der Neger-Nackttänzerin«. Im Juni 1948 ließ Kultusminister Dr. Alois Hundhammer das im Prinzregententheater einstudierte Ballett »Abraxas« nach Musik des Komponisten Werner Egk samt Textbuch verbieten, weil die Ballettratten in äußerst dünnen Trikots einen Teufelstanz aufführen sollten.

Inzwischen aber hatte sich die allgemeine Auffassung von Moral auch im christlichen München deutlich verändert. Im März 1966 diskutierte die Evangelische Akademie über die »sexuelle Revolution« und in der Katholischen Akademie wurden sogar – aus informativen Gründen – pornografische Filmchen vorgeführt. Ein eher primitiver Ausdruck der neuen Liberalität, die vor dem Olympiajahr 1972 ihren Höhepunkt erreichen sollte, waren die Schönheitstänze, Striptease genannt, in den neuen Nachtlokalen, Nightclubs genannt. Gewissermaßen über Nacht hatte München gleichgezogen mit dem Glitzer anderer Großstädte. Das allabendliche Angebot erstreckte sich von der »Bongo-Bar« und dem »Moulin-Rouge« im Zentrum, wo sich exotische Fräuleins um Stangen schlängelten, bis zur »Motte« in Schwabing, wo man sogar die persische Ex-Kaiserin Soraya antreffen konnte.

Eve

Das bekannteste Lokal dieser Gattung war das »Eve« in der vornehmen Maxvorstadt am Karolinenplatz. In dem ockerfarbigen Pavillon hatte sich nach dem Krieg zuerst ein Gourmetrestaurant »Obelisk« eingenistet. Der nächste Betreiber, Alfred Mayr, machte daraus ein anspruchsvolles Striplokal und verbreitete die Mär, hier habe einmal Lola Montez ge-

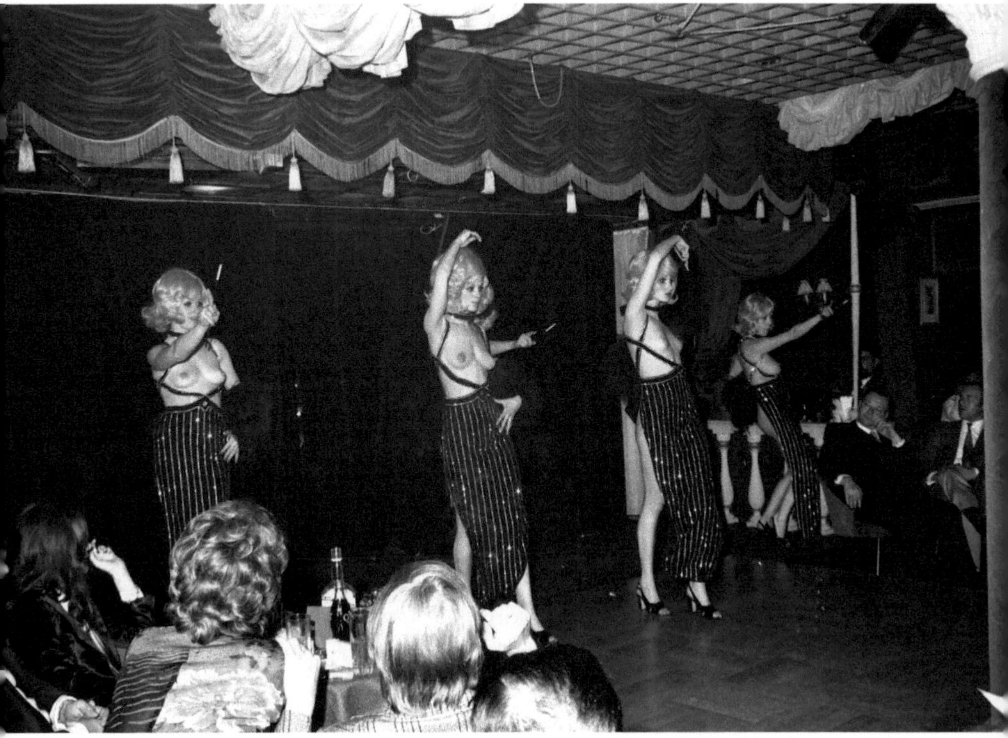

Ein Abend im »Cabaret Eve«, Karolinenplatz 2a, in den 1970er-Jahren.

wohnt. Tatsächlich hatte König Ludwig I. seine Skandalmätresse auf der anderen Seite des Karolinenplatzes feudal einquartiert, während Mayrs »Eve« früher der Rossstall des königlichen Kämmerers Freiherr von Lotzbeck gewesen ist, der im Palais nebenan residierte.

Mayr konnte sich allnächtlich einen ganzen Trupp besonders wohlgeformter Mädchen leisten. Um 23.10 Uhr begann ein »Erotisches Theater« und noch um 2.30 Uhr eine »Revue intim«. In den Pausen gesellten sich die Damen zu den Herren an die Tische, plauderten nicht ohne Stil, blieben auch in gewöhnlicher Situation höflich und zogen sich artig wie Geishas zurück, wenn ihnen dies bedeutet wurde. Auf gute Manieren, die in solchen Etablissements durchaus nicht selbstverständlich sind, legte Mayr Wert; immerhin war er Bundesvorsitzender seines Berufsverbandes. Schon deshalb konnte man ziemlich sicher sein, nicht übervorteilt zu werden. Allerdings mussten pro Tisch mindestens 70 Mark konsumiert werden, an der Bar bei Charlie gab's »Kurzdrinks« ab 11 Mark.

Einmal erschienen die Tänzerinnen, bekleidet und etwas müde, frühmorgens in Starnberg, um den ersten deutschen Massenlauf rund um den See anzuführen. Eingeladen hatte sie der Nachahmer des aus Amerika übernommenen 50 Kilometer langen »Volkslaufs«, der Chefredakteur der Münchner »Abendzeitung«. Udo Flade war ein Stammgast des »Eve«. Heute befindet sich in dem Pavillon am Karolinenplatz die Anthropologische Staatssammlung, um Bayerns Urgeschichte zu erforschen und beispielsweise bemalte Totenschädel auszustellen.

Blauer Engel

Ein bisschen weniger fein als in der Maxvorstadt ging's im damals noch schäbigen Haidhausen zu. Aber auch hier, in der heutigen Wolfgangstraße 19, gegenüber dem schön restaurierten Kriechbaumhof, gab eine historische Femme Fatale einem Lokal den Namen: »Blauer Engel«. Unter Nachtbummlern und der reiferen Jugend östlicher Vororte gehörte dieser Club zu den Geheimtipps. Zunächst war nur Beat angesagt, laut und nächtelang. Dann testete der britische Schlagersänger und Karl-May-Star Chris Howland hier seine neuesten Späße. Später unterhielt der Wirt, der nur Bairisch sprach, seine Gäste mit Sexfilmchen ebenso wie mit g'scheerten Witzen und gelegentlichen Einspielungen von Strauß-Reden. Am späteren Abend zogen die Kellnerinnen auf sein Geheiß hin ihre Dirndl aus und tanzten auf den Tischen. Am 31. Mai 1993 machte das Lokal nach dem letzten »Jodel-Strip« dicht. Heute befindet sich hier nach wechselnden Pächtern ein indisches Restaurant.

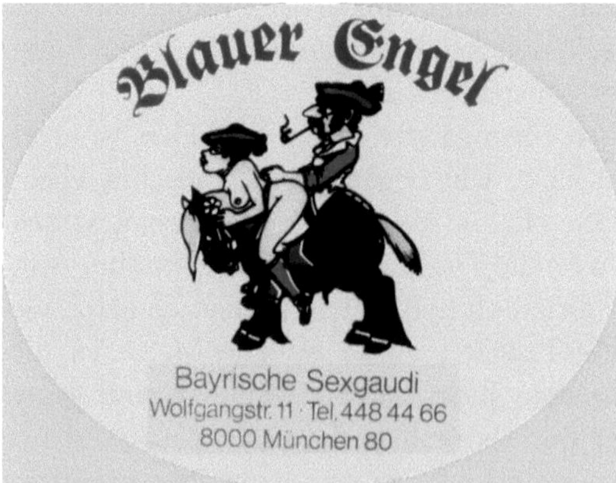

Atrium

Im Dezember 1969 eröffnete der Industrielle Günther Lützendorf am Schwabinger Nicolaiplatz ein »Atrium«, das er für immerhin 3,3 Millionen Mark von einem beim Bau orientalischer Paläste erfahrenen Team als »Europas ersten Night-and-Day-Club« ausstatten ließ. Venezianische Wandspiegel zierten die großen Bars, die ab 11 Uhr vormittags geöffnet hatten. Mittelpunkt war ein Pool im Stil antiker Thermen, dessen Beckenrand mit Blattgold ausgelegt war. Unterwasserscheinwerfer beleuchteten das Treiben. Auf einem rollenden Laufsteg führten nackte Girls sündteure Nerzroben vor. Als Barsänger wurden die Herren Charles Aznavour, Gilbert Bécaud und Herb Alpert eingeladen. Lange hielt sich der Lusttempel allerdings nicht, danach nistete sich ein Irish Pub ein.

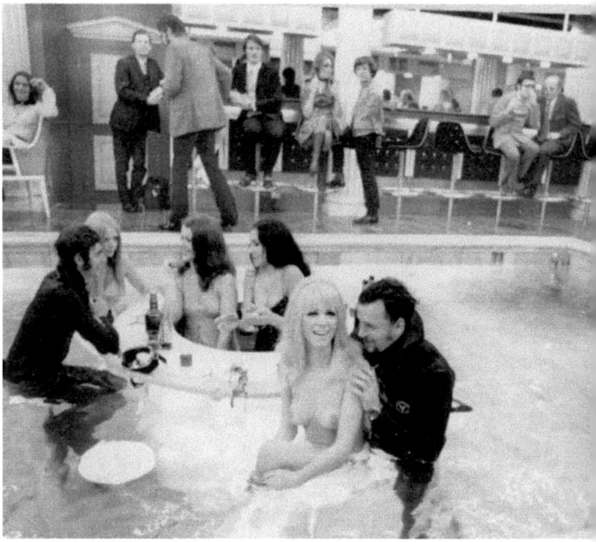

Im »Atrium«, 1968.

SPASS IM SPORTPARK

Im »Schwarzen September« starb auch die »Spielstraße«

Am Südufer des Olympiasees zieht eine Prozession von Sportlern. Sie wandert durch die Zukunft: 1980 werden die Gladiatoren durch Pillen und Maschinen zum Maximum menschlicher Leistungsfähigkeit getrieben. 1984 marschieren sie auf den Krieg zu. 1992 scheren ein paar Idea-

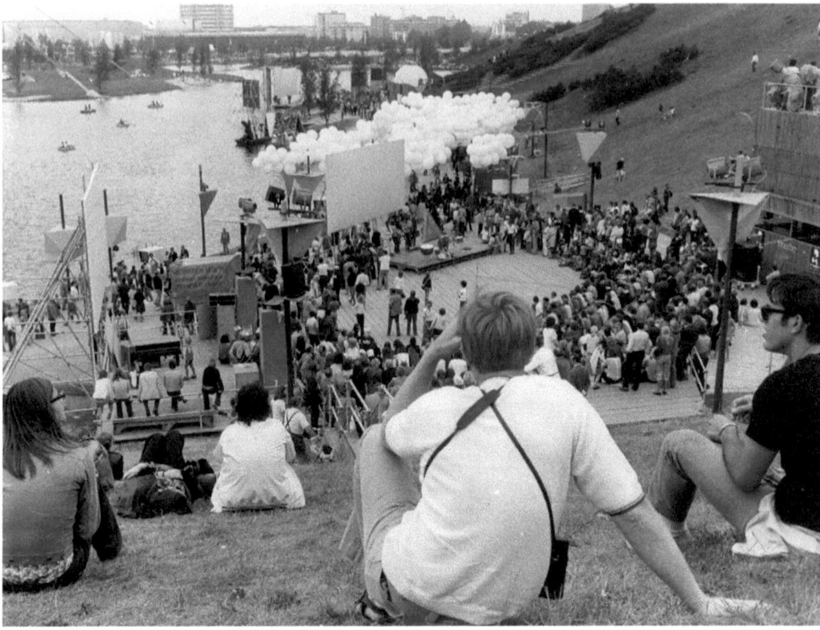

Blick vom Olympiaberg auf die »Spielstraße« am Olympiasee während den Olympischen Sommerspiele in München 1972.

listen aus. Weltkatastrophe oder Verwirklichung des Weltfriedens – das ist die Alternative, die der Futorologe Robert Jungk mit diesem Spiel der im Sommer 1972 in München versammelten Welt zeigen wollte.

Während der Münchner Sommerolympiade, vom 26. August bis zum 11. September 1972, fand dieser »Zug durch die Zeit« zweimal täglich auf dem Oberwiesenfeld statt. Er gehörte zum Theaterprogramm der sogenannten Spielstraße. Dieses Projekt realisierte – kontrastierend zu den Sportveranstaltungen – Szenen aus der Geschichte der Olympischen Spiele, »kritisch, anekdotisch, dynamisch«, wie der Chefgestalter Dr. Friedrich Weber dramaturgisch bestimmt hatte. 21 Bühnen und ein Amphitheater mit 23 Rängen, das »Theatron«, wurden dafür eigens auf dem Olympiagelände aufgebaut. Man bezog alte und neue Spielformen in das Konzept ein: Verse von Byron, lateinamerikanische Folklore, Comicstrips, Happenings.

Herbert Kunze, der Generalsekretär des Olympischen Komitees, hielt die ganze »Spielstraße«, allerdings für »das Problem der Spiele«. Denn ganz so unpolitisch, wie die IOC-Regeln vorschreiben, waren die parodistischen Vorführungen – nur 190 Meter vom Olympiastadion entfernt – halt doch nicht. Auch befürchteten einige OK-Bosse, das olympische Gaudizentrum könnte zu einem riesigen, unkontrollierbaren Popfestival ausarten. Weber erhoffte sich, dass ständig 80 000 bis 100 000 Besucher über die Spaßmeile flanieren würden, durch die sich ein farbiger Treppenweg mit begehbaren Labyrinthen schlängelte.

Als »Oktoberfest des elektronischen Zeitalters«, als eine kreative internationale Begegnung von Menschen und Künsten, hatte der Essener Theaterarchitekt Werner Ruhnau die »Spielstraße« konzipiert und von 16 Mitarbeitern für 2,6 Millionen Mark umgesetzt. Das Projekt fand weltweiten Widerhall. Für den Bereich Popmusik meldeten sich sogar die »Rolling Stones« und Frank Zappa, die aber von einer Lärmschutzkommission abgelehnt wurden. So begnügte man sich mit Experimentaljazz aus Polen, Sitar aus Indien und antillischen Rhythmen aus Holland.

Nicht weniger als 220 Künstler wurden auf der 260 Meter langen »Spielstraße« für 50 Mark Tagesgage aktiv, um den Sport zu ironisieren. Der Kölner Clown Rodda turnte am Reck. Der Engländer Boy Azak formte in einer der 55 Buden seine Eindrücke von Sportobjekten dergestalt, dass die Negativform das Kunstwerk wurde. Die Holländerin Saskia de Boer visualisierte und bekleidete Sportlerporträts aus Latex. Der Japaner Tetsumi Kudo schmückte Siegerpodeste mit Pflanzen und Symbolen. Die Tagesergebnisse wurden durch Gedichte und Gesänge kommentiert.

Elektronische Klänge erzeugten eine – das war damals mit den Hippies ins Land gekommen – »psychedelische Atmosphäre«. Kinetische Objekte, etwa monumentale Mobiles, bewegten sich im Wind. Eine »Sportmaschine«, eine Art Riesenroboter, sollte den Leistungssport verspotten. Und überall zwischen den Buden und Bühnen tummelten sich Zauberer, Feuerschlucker, Jongleure, Akrobaten, Bodybuilder, Girls, Tänzer, Sportclowns. Olympia 72 – heiter und total verrückt.

Nicht realisiert wurden indes viele andere Vorschläge und Entwürfe, die zum Teil aus Wettbewerben hervorgegangen waren. So sollten die Besucher an allen Zugängen und neuralgischen Punkten durch allerlei Zeichen und Maßnahmen eingestimmt werden, »wie durch einen Drink vor der Party«, meinte Chefplaner Günther Behnisch. 30 namhafte Künstler wurden aufgefordert, derartige »Visitenkarten« zu entwerfen. Vorgeschlagen wurden meterhohe Plexiglastafeln, ein Lebensbaum,

Farb-Band-Räume, »poetische Energiezeichen«, tanzende Luftballons, Spiegelwände, Leichtbauportale oder über die Landschaft gegossener Kunststoff in den deutschen Nationalfarben.

Der 5. September 1972 aber machte alles zunichte. Über Nacht, als arabische Terroristen ins Quartier der israelischen Mannschaft eingedrungen waren und Geiseln nahmen, war alle Heiterkeit dahin. Obwohl 15 Menschen im Kugelhagel am Fürstenfeldbrucker Fliegerhorst starben, gingen die Spiele weiter, wie der Präsident des IOK, Avery Brundage, geboten hatte, die »Spielstraße« aber war und blieb tot. Wirr und nutzlos lagen die Geräte noch tagelang herum. Nie wieder sollte dorthin kreative Fröhlichkeit zurückkehren, während der ganze übrige Olympiapark allmählich doch wieder erwachte. Von all den Spaßigkeiten blieb letztlich nur das »Theatron«, das seit 1974 im Sommer allerlei Musik erlebt, auch bei Festivals, während bunte Boote unten auf dem Olympiasee schaukeln.

ROSAROTE ZONEN

Wie Schwulenlokale aufblühten und viele wieder eingingen

Solidarität einer unterdrückten Minderheit und Flucht aus Vereinsamung mögen dazu beigetragen haben, dass Schwule und Lesben, wie sie erst seit geraumer Zeit auch offiziell benannt werden, sich gern, aber möglichst unauffällig zusammenfanden. Vorurteile der bürgerlichen Gesellschaft sowie der von 1872 bis 1994 in Deutschland geltende Paragraf 175, der sexuelle Beziehungen zwischen Personen männlichen Geschlechts mit Strafe bedrohte, haben öffentliche Zusammenkünfte lange Zeit nicht nur in München sehr erschwert. So entstanden viele Lokale als »Schutzräume«, oft von außen nicht einsehbar, mit Glocke und Guckloch am Eingang.

Man traf sich entweder ganz privat, etwa in der Wohnung eines als Vorkämpfer bekannten Schreibwarenhändlers, in Künstlerateliers oder in Villen von Freunden, etwa in der der »Dichterkinder« Erika und Klaus Mann. Die meisten aber suchten und pflegten Kontakte klammheimlich:

in Bahnhöfen oder Parks, in schummrigen Kneipen und vor allem in öffentlichen Toiletten, den »Klappen«, wo natürlich die Polizei ein wachsames Auge hatte. Besonders beliebt und noch lange frequentiert wurden die »Pissorte« an der Maximiliansbrücke, im Englischen Garten und am Stachus.

Doch schon während der »Goldenen Zwanzigerjahre« gab es auch in München stadtbekannte Homosexuellenlokale, wenn auch nicht annähernd so viele wie in Berlin. Ein Reiseführer aus dem Jahr 1920 nennt Folgende: »Zehner-Diele« in der Gollierstraße 5, »Ceylon Tee-Stube« unter den Arkaden gegenüber der Oper, »Kollergarten« in der Blumenstraße 20, »Eichthalgarten« in der Buttermelcherstraße 5, »Café Circa« am Maximiliansplatz und »Café Stieglmeier« in der Dachauer Straße 68. Daneben gab es noch Klublokale namens »Herrenbühne« und »Harmonie« (Mariahilfplatz 33), deren Anschriften der Verlag auf Anfrage vermittelte.

Arndthof und Schwarzfischer

Die bekanntesten Lokale für »andersveranlagte Männer und Frauen«, wie sie eine einschlägige Zeitschrift 1924 schamhaft bezeichnete, befanden sich im Gärtnerplatz- und im Glockenbachviertel – auch heute noch Münchens »rosa Zone«. Im Parterre einer schäbigen dreistöckigen Mietskaserne gab es den »Arndthof« und am Oberanger/Ecke Dultstraße den »Schwarzfischer«. Aus diesem Szenelokal waren, laut Stadtchronik, schon 1929 »eine größere Zahl Mannspersonen« polizeilich vorgeführt worden. Klaus Mann führte im Januar 1932 in dem etwas verrufenen Wirtshaus »literarische Gespräche zwischen tanzenden Transvestiten«.

In anderen Lokalen hatten »Invertierte« (seinerzeit eine andere Tarnbezeichnung) nur ihre Stammtische, so etwa im »Mathäserbräu«. Im »Bratwurstglöckl« am Dom trafen sich gerne schwule Führer der nationalsozialistischen »Sturmabteilung« (SA). Am frühen Morgen des 30. Juni 1934 ließ Hitler seinen Parteifreund Ernst Röhm und 150 weitere Homosexuelle gefangen nehmen und in der »Nacht der langen Messer« auf seinen persönlichen Befehl hin umbringen.

Am 20. Oktober 1934 stürmten Polizisten den »Arndthof« und den »Schwarzfischer«. Abgeführt wurden 88 verdächtige »Sittlichkeitsverbrecher« und »Staatsfeinde«, so die Termini der Nationalsozialisten.

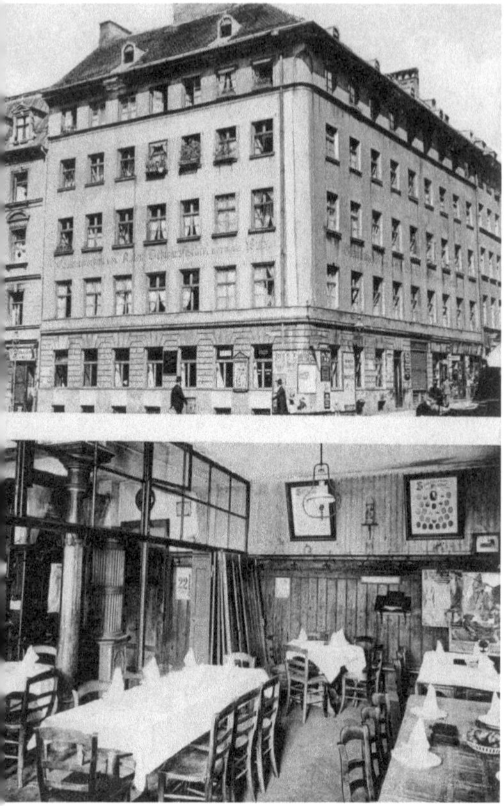

Gaststätte »Schwarzfischer«, Dultstraße 2, 1910.

Lesbische Frauen übrigens haben die braunen Hüter von Sitte und Ordnung zwar nicht strafrechtlich verfolgt, weil sie deren Intimleben weniger »widernatürlich« fanden, doch prangerte man sie als »asozial« an. Einige sollten in Lagern umerzogen werden, wie die Männer mit dem rosa KZ-Winkel.

Schon immer zahlenmäßig kleiner war die Anzahl der Lesbenbars in München. In der Buttermelcher-, Baader- und Reichenbachstraße hießen die Top-Adressen »Bei Carla«, »Inges Karotte« und der »Reichenbacher Hof« – alle verschwunden, ebenso wie das »Cosy« am Elisabethplatz in Schwabing.

1967 eröffnete eine Frau, die Bedienung Augusta Wirsing, in der Müllerstraße 47 erstmals in Deutschland eine Bar für »Ledermänner«: den »Ochsengarten«. Der aus einem kleinen Allgäuer Dorf stammende Friedolin Steinhauser machte dann daraus eine für die Schwulenszene legendäre Kneipe. Sänger Freddie Mercury, der zwischen 1979 und 1985 in der Hans-Sachs-Straße lebte, gab sich hier so manchen Kick. Das Lokal lebt immer noch, in Haus Nr. 47, samt seiner antiquierten Holzvertäfelung und den vergilbten Plakaten und zwei aus der Damentoilette entstandenen »Dark Rooms«.

Mandy's Club

Neue rosa Zeiten eröffnete das Jahr 1968, das auch eine »Sexuelle Revolution« verhieß. In Ulm machte sich im April 1970 der Gastronom Manfred Krischer auf den Weg nach München. Er war es leid geworden, dass Rocker sein Lokal mit der Zahl 175 beschmierten, womit natürlich der von den Nationalsozialisten noch verschärfte Paragraf des Strafgesetzbuchs gemeint war. Krischer spekulierte außerdem auf die für 1972 geplanten Olympischen Spiele, die nach seiner Meinung zahlreiche »Gays« nach München locken würden. Zusammen mit seinem Freund erwarb er vom staatlichen Hofbräuhaus die Pacht für die ziemlich verwelkte »Kaiserblume« in der Baaderstraße 11. Nach Verhandlung mit dem Vater des späteren bayerischen Bildungsministers Ludwig Spaenle als Hofbräuhaus-Vertreter wandelte er das Wirtshaus in ein feines, stimmungsvolles Clublokal um, von der Art, wie es bisher nur in Berlin und auf Sylt bekannt war. Er taufte es auf seinen Kosenamen »Mandy«. Bei ihm durften Männer ungeniert miteinander tanzen. Erstmalig möglich gemacht hatte dies allerdings der legendäre Wirt Niki Holzapfel, der in den 60er-Jahren mit Unterstützung des Staranwalts Rolf Bossi das Tanzrecht für Männer vor Gericht erstritt und in München das erste Tanzlokal für Männer, das »Ali Baba« in der Augsburger Straße, eröffnete.

Bald war »Mandy's Club« für die Szene das In-Lokal schlechthin und folglich laufend in den Klatschspalten. Zehn Jahre lief der Laden gut, dann warf Krischer das Handtuch, allzu sehr drückten ihn die Mieterhöhungen im Glockenbachviertel.

»Die Leute strömten nur so rein, Fassbinder zum Beispiel war Stammgast mit seiner ganzen Clique.« Der alt und kränklich gewordene Wirt zählt noch ein paar weitere Promigäste auf, darunter Männer von Rang und Adel. Nachdem er in der Türkenstraße bis zum Zugriff des damaligen städtischen Kreisverwaltungsreferenten Peter Gauweiler noch eine schöne Schwulensauna (»Türkensauna«) hatte, betreibt Mandy Krischer jetzt wieder eines der größten und beliebtesten Cafés Münchens: das altägyptisch dekorierte »Nil« in der Hans-Sachs-Straße 2. In eben dieser Mainstreet des Glockenbachviertels, wo früher fast jeder zweite Laden von Homosexuellen geführt wurde, sowie in der nahen Müllerstraße, brachten es noch einige andere gehobene Schwulen-Schuppen und deren Gäste zu einschlägiger Berühmtheit, woran sich Krischer ein bisschen wehmütig erinnert.

Das »Rosa Viertel«

Ab den 1960er-Jahren haben sich im Glockenbachviertel und rund um den Gärtnerplatz vermehrt Kneipen für Schwule und Initiativen für sexuelle Gleichberechtigung angesiedelt und es so zum sogenannten Rosa Viertel gemacht. In den 1980er-Jahren konnte sich München neben San Francisco, New York und Amsterdam zu den vier schwulsten Metropolen der Welt zählen. Doch das Ausbrechen von Aids und der in der Folge von CSU-Politiker Peter Gauweiler eingeforderte Maßnahmenkatalog mit Zwangstests, Meldepflicht und Isolation von Infizierten schockte die Szene.

Man hat sich davon erholt, heute beklagt man eher eine »Verhetung« des Quartiers. Viele angestammte Schwulenlokale sind inzwischen »In«-Läden für die Allgemeinheit gewichen. Bereits 2008 musste aus Nummer 1 in der Hans-Sachs-Straße die schon im Jahr 1957 eröffnete und zunächst streng ausschließlich für Homosexuelle zugängliche »Teddy Bar« im Zug einer Sanierungsmaßnahme ausziehen. Haus Nr. 10 beherbergte seit 1979 das »Pompon Rouge«, wo Lesben mit Pummel auf der Matrosenmütze schmusten und zu Discoklängen tanzten und Rainer Werner Fassbinder die Vorlage für seinen ähnlich ausgestatteten Film »Querelle« fand. Heute serviert man hier im hippen Ambiente angesagte Thai-Küche. Im »Pimpernel«, Müllerstraße 56, soll der Schauspieler Walter Sedlmayr seinen späteren Mörder kennengelernt haben. Im Travestie-Club »Old Mrs. Henderson«, Rumfordstraße 2, feierte Freddie Mercury glanzvoll hinter verklebten Fenstern seinen (wahrscheinlich) 39. Geburtstag mit schwarz-weiß gekleideten Gästen und drehte mit ihnen das legendäre Musikvideo zu seinem Song »Living on my own«. Sechs Jahre später starb er an Aids, das Lokal schloss im August 2008 seine Pforten.

In der Ickstattstraße 2a musste 2010 die plüschige Nostalgiebar »Mylord«, die die Ballettänzerin Marietta schon 1964 im englischen Landhausstil eingerichtet hatte, aufgeben. Dort fanden und feierten sie sich alle: Lesben, Schwule und Transvestiten, und auch Berühmtheiten wie Freddie Mercury, Hildegard Knef, Inge Meysel, Siegfried Lowitz, Fritz Wepper. Den Männerfreund Fassbinder ließ Marietta nur dann rein, wenn er nicht mit Drogen vollgepumpt war. Auch Franz Josef Strauß soll im »Mylord« oft nach hübschen Madln geguckt haben. Und schließlich verschwand noch die »Rosa Freizeit«.

Die enormen Miet- und Preissteigerungen an Glockenbach und Gärtnerplatz, mit der anhaltenden Gentrifizierung verbunden, haben zur Ausdünnung der rosaroten Geselligkeit geführt, meint Szene-Veteran Manfred Krischer und nippt an seinem »Schnitt«, während er seinen Gästen eine köstliche Feuerzangenbowle kredenzt. Nach großzügiger Übersicht existieren derzeit in München nur noch rund 20 Restaurants, Cafés und Bars für Schwule. Zur vorigen Jahrhundertwende konnten noch etwa 60 derartige Etablissements gezählt werden. Für den Rückzug weiß Krischer noch einen anderen Grund: »Früher habe man Freunde in den Szenelokalen kennengelernt. Heute genügt ein Klick auf dem Smartphone.« Und natürlich sind die meisten der gay-friendly locations in die Jahre sowie aus der Mode gekommen. Nicht verloren, sondern höchst lebendig – und deshalb hier nur kurz erwähnt – ist die »Deutsche Eiche«, ein traditionsreiches Hotel mit Gastwirtschaft in der Reichenbachstraße 12, wo Rainer Werner Fassbinder ab 1974 sein zweites Wohnzimmer hatte. Hier befindet sich eines der größten schwulen Badehäuser der Welt und eine der schönsten Terrassen hoch über Münchens Dächern, wo die heutige gesellschaftliche Integration von Homo- und Heterosexuellen gelebt werden kann.

KUNST UND KNEIPEN RAUS

Wie die Maximilianstraße ihre »Aufenthaltsqualität« verloren hat

Kalt, langweilig, aufgetakelt wie die einst hier heimische »Diamanten-Wally« (Gattin des Partylöwen Consul Styler) – viele Münchner, ältere zumal, bejammern das gegenwärtige Gesicht der Maximilianstraße. Was ist nur geworden aus dem Boulevard, der einmal zum Bummeln und Verweilen eingeladen hatte? Ein Schaufenster des globalen Luxus, eine Revue von höchstpreisigen Kreationen der internationalen Haute Couture. Eine Kette von Klamottenläden, wie Kritiker klagen. Eine Allerweltstraße, auf der nicht mehr bürgerliche Flaneure spazieren und am Aperitif nippen, sondern Protagonisten eines neuen Feudalismus shoppen, russische Oligarchen etwa oder arabische Scheichs mit Frauen und Bodyguards. »Kunst

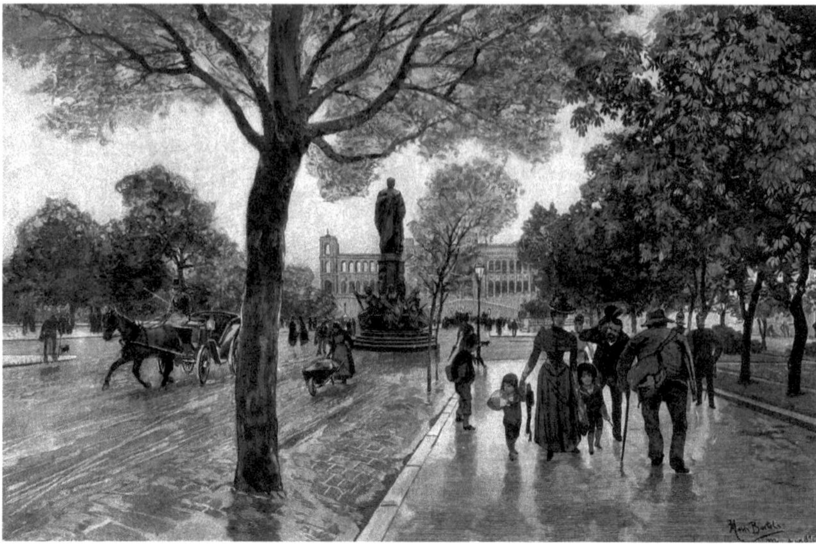

Promenade Maximilianstraße mit Maximilianeum im Hintergrund, Holzstich um 1887.

raus, Mode rein« hat einer der vertriebenen Galeristen einmal gegen den Trend gewettert.

Nein, so war diese zweite Münchner Prachtstraße nicht gemeint. Keine öden, einheitlichen, bloß repräsentativen Paläste wie sein Vater Ludwig I. wollte König Max II. seiner Residenzstadt schenken, sondern »einen Park, vielleicht auch einen herrlichen neuen Stadtteil mit ganz großartigen Kais« – wie Maximilian schon 1832, als drüben in der Ludwigstraße der Grundstein für die »Bücherkaserne« der Staatsbibliothek gelegt wurde, als Kronprinz geschwärmt hatte.

Sein Chefarchitekt Georg Friedrich Christian Bürklein ging noch weiter. Für die östliche Hälfte der komplett von ihm bebauten Straße stellte er sich vor: »Die Anlage eines großen öffentlichen Gartens mit Vergnügungsplätzen, ausgestattet mit schönen Alleen zwischen den Fahr- und Fußwegen, mit reizenden Blumenparterres und Bosketts.« Auch entferntere Privathäuser sollten angebunden werden an »Konditoreien, Kaffee- und Speisehäuser, Säle für Musikfeste, Volkstheater, öffentliche Bäder etc.« Mit dieser urbanen Vision bezog sich Bürklein ausdrücklich auf die Pariser Avenue des Champs-Élysées und Unter den Linden in Berlin.

Ganz so urban ist dieses Münchner Straßenstück dann aber doch nicht geworden. Statt der vorgeschlagenen Stätten des Amüsements wollte der reifer gewordene König doch lieber ein Museum (das heute »Fünf Kontinente« heißt) und ein Regierungsgebäude (heute für den Regierungsbezirk Oberbayern). Immerhin bereicherte Bürklein seinen 379 Meter langen »Korso« mit Platanen (die bald durch klimaverträglicheren Bergahorn ersetzt wurden), Rosskastanien, Buschwerk und Bänke, zwischen die der König vier verdiente Zeitgenossen in Bronze postiert haben wollte.

Gastbetriebe, wie eigentlich gewünscht, entstanden nur am Westrand des Korso. Im Eckbau (Maximilianstraße 36) warb in der zweiten Hälfte des 19. Jahrhunderts das »Café Lorenz« mit »eleganter Einrichtung«, mit »männlich feiner Bedienung« und mit »nur anständigen Sänger-Gesellschaften« (anscheinend gab es auch unanständige). Der nächste Besitzer baute das Lokal zur »Schankwirtschaft Schützenliesl« um und wurde wegen betrügerischen Boykotts verurteilt. Dann sollte ein Großkino eingefügt werden, doch die Stadt zog den Einbau von Kleinwohnungen vor. Nach dem Zweiten Weltkrieg, als der Durchbruch des Altstadtrings (heute Karl-Scharnagl-Ring) hier eine Art Forum hervorbrachte, zog die Weinkneipe »Zur Kanne« vor allem Opernfreunde an. 1983 eröffnete an ihrer Stelle der fast schon legendäre Barkeeper Charles Schumann eine Stehkneipe, die beliebteste Anbandelstation Münchens. Sie sollte ein zweites Zuhause sein »für Leute, die mit dem Kopf arbeiten«. Andere wurden

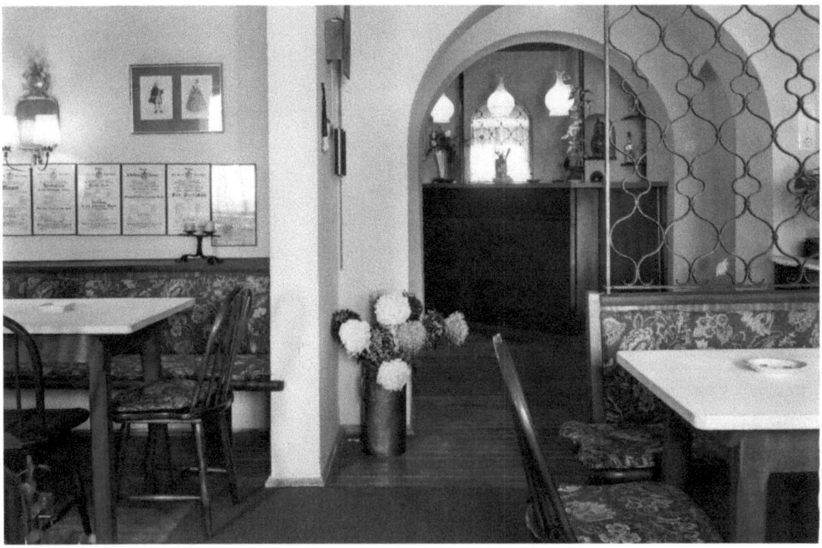

Schoppenstube »Zur Kanne«, Maximilianstraße 30, 1960er-Jahre.

kalt abgewiesen. 2003 zog das »Schumann's« wegen einer Pachterhöhung aus und an den Odeonsplatz um. Heute befindet sich hier wieder eine Bar für gehobene Champagner- und Cocktail-Ansprüche. Schräg nebenan erzeugte das Nachtlokal »Intermezzo« so manches Skandälchen. Übrig geblieben ist an dieser Ecke nur noch das Campari-Haus mit einem feinen Restaurant.

Auf gleicher Höhe auf der gegenüberliegenden Seite hatte lange Zeit das schicke »Café Roma« den Boulevard belebt. Hier saß man draußen in der Sonne, um gesehen zu werden. Hier konnte man sich Autogramme bekannter Schauspieler und Fußballer besorgen. Hier stolzierten die schönsten Models vorbei, wie es Willy Michl in seinem Lied »Una bella Signorina« elegisch besungen hat. Davor parkten verbotswidrig knallbunte Porsches. Nach einem langen Dornröschenschlaf übernahm es im Jahr 2000 der israelische Großgastronom Gabriel Lewy, zusammen mit seiner damaligen Lebensgefährtin Iris Berben, der Münchner Schickeria ihr Wohnzimmer wieder zu errichten. Sieben Jahr später machte man im – mit einem Konzept von Designer Ingo Maurer – in Schwarz, Rot und viel Edelstahl gestalteten Lokal nach einer letzten Silvesterfeier die Lichter aus. Nach Umbaumaßnahmen zog 2008 die Boutique eines italienischen

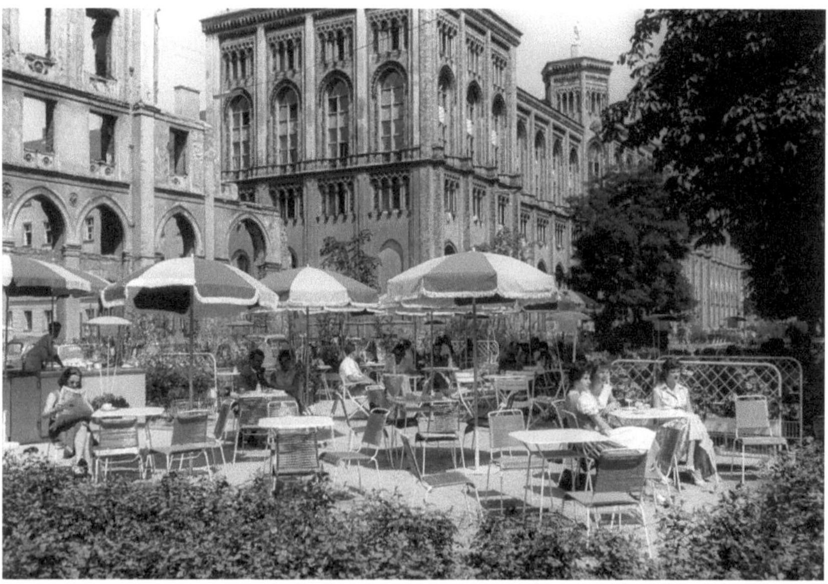

Eisdiele »Café Roma«, Maximilianstraße 31, 1958.

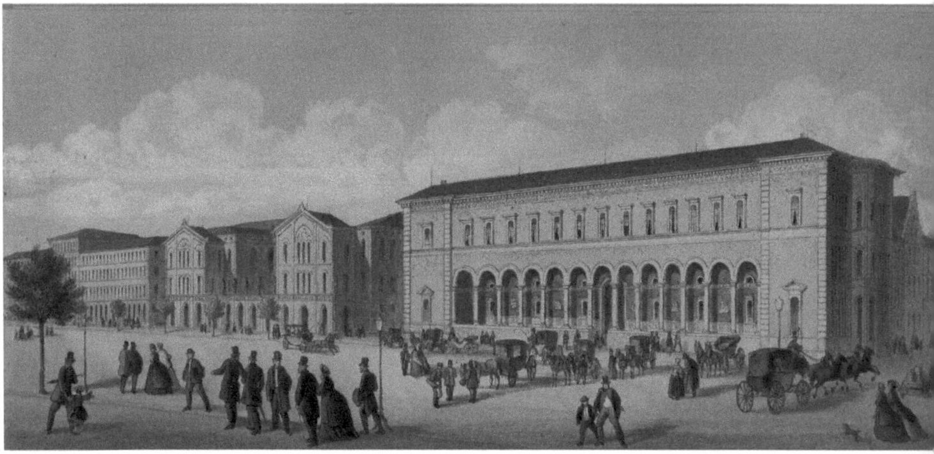

»Café Maximilian« neben dem ehemaligen Königlichen Postgebäude, Lithografie um 1864.

Modeschöpfers ein, von der »Süddeutschen Zeitung« zynisch als weitere »Kreditkartenentladestation« in der Maximilianstraße 31 bezeichnet.

Das benachbarte Eckhaus Maximilianstraße Nr. 33 gehört der Stadt München und die hatte den Mietpreis enorm erhöht. So musste das traditionsreiche Teppichgeschäft von Hubert Saemmer dem italienischen Modekönig Gucci weichen. Im November 2016 allerdings beschloss der Kommunalausschuss des Stadtrats das Gebäude neu zu vermieten. Den Zuschlag erhielt wieder Gabriel Lewy, der mit dem neuen »Roma« ein »Schaufenster des Lebens« in der Einkaufs- und Luxusmeile schaffen will. 130 bis 150 Terrassenplätze sollen dazu geschaffen werden. Doch die Beseitigung der gravierenden Schäden an der Bausubstanz und die Einholung der Baugenehmigungen gestalteten sich schwierig, und so verzögerte sich die für Mitte 2017 vorgesehene Eröffnung des neuen »Roma«.

Ursprünglich wollte ja Gastro-Kaiser Roland Kuffler (40 Lokale in Deutschland) nebenan ein neues, zweistöckiges »Roma« aufmachen, doch dann konzentrierte er sich lieber auf ein Objekt am Westende der Maximilianstraße, wo er nun mit einigen weiteren Gourmet-Tempeln konkurriert. Dort, am Max-Josef-Platz, soll – das ist auch ein Wunsch von Oberbürgermeister Dieter Reiter – rund um das Denkmal des ersten Bayernkönigs Max I. Joseph – der Wunsch des dritten Königs erfüllt und »Aufenthaltsqualität« geschaffen werden. Denn nicht nur am östlichen Korso, sondern auch im »Mittelbau« der Maximilianstraße ist fast alles, was einst den Münchnern und ihren Gästen Geselligkeit geboten hat, vom großen Geld vertrieben worden. So etwa auch das vielbesuchte »Max Zwo« und lange zuvor das der Oper gegenübergelegene Künstlercafé »Maximilian«, wo täglich um 14.15 Uhr ein Bier, ein Cognac und ein Stoß Zeitungen auf den im Hemmeterhaus, Maximilianstraße 32, wohnenden Dichter Henrik Ibsen warteten. Und auch Ludwig Ganghofer schlürfte hier gerne seinen »Kapuziner«.

SONGS AUS DEM UNTERHOLZ

In den Anti-Kneipen der 70er-Jahre entstand eine Art Gegenkultur

Die Geschehnisse des Jahres 1968, die nicht nur der davon betroffene Münchner Polizeipräsident Manfred Schreiber als »prä-revolutionär« bewertete, haben die Gesellschaft insgesamt durcheinander geschüttelt, aber ebenso die Geselligkeit. Aus den Demos und Sit-ins der Studenten und den Ringelreihen der als Blumenkinder verkleiden Hippies formierten sich zum Ende des Jahrzehnts in München mehrere Kleinkunstbühnen, wo blutjunge Liedermacher, Spaßvögel und Musikanten neuartige, wahrhaft »bunte« Programme darboten.

Satire und englisch, deutsch oder bairisch betextete Politsongs mischten sich da mit mehr oder weniger geistreichen Blödeleien, Mundartlyrik und internationaler Folklore. Sogar das deutsche Volkslied wurde wiederbelebt. Das alles ergab eine Art Gegenkultur zum künstlerischen Establishment. Die kleinen Spielstätten glichen aufgepeppten Jugendclubs. Von »Anti-Kneipen« spricht Konstantin Wecker, einer der vielen Stars, die aus dieser Szene hervorgegangen sind: »Da wollte keiner reich werden, wir wollten leben.« Sie hatten kuriose Namen wie »Marienkäfer« (vormals »Spectacle«), »Jean«, »Opera Curiosa«, »Hinterhoftheaterl« (später ohne »l« am Ende), »KEKK« oder »Drehleier«. Nur Letztere existiert in der Rosenheimer Straße 123 noch immer. Erinnert sei im Folgenden an drei andere, die in den 70er- und frühen 80er-Jahren in München gewissermaßen den Ton angaben.

Song Parnass

Haidhausen schien sich in den vorolympischen Jahren zu einem neuen Schwabing zu entwickeln. Studenten, Künstler und Migranten zogen in die noch relativ preiswerten Wohnungen ein. Im einstigen Arbeiterviertel entstanden erste WGs, 1972 der erste Alternativladen und schließlich eine Ausgehszene mit 400 Kneipen und 138 Restaurants. Manche träumten vom »Swinging Haidhausen«.

Im Jahr 1969, als viel Alternatives der Studentenrevolte des Vorjahres entspross, übernahmen die Galeristin Susanna Ullmann und ihr Freund Peter Füzessery eine Kneipe, die im heruntergekommenen Unionsbräu-Komplex an der Einsteinstraße 42 untergebracht war. Sie hieß »Danny's Pan«, bekam aber nun den Namen »Song Parnass«, der wohl besser ins einstige »Franzosenviertel« passte. In einem eher schmuddeligen Saal konnte man sich in weichen Sesseln fläzen und trinken, umhüllt vom Dunst aus Bier und Hasch und versäumter Revolution. Und von Musik.

Das Lokal besaß auch ein Hinterzimmer, das ständig verqualmt war. Dort durfte sich jeder, der sich für einen angehenden Künstler hielt, durch Probespiel oder -gesang um einen Spontanauftritt bewerben. Der Deutsch-Argentinier Roberto, ein Virtuose der Gitarre, erteilte das OK. Die Abendgage waren fünf Biermarken. Verhältnismäßig viele dieser langhaarigen Barden kamen aus Südamerika – und aus der bayerischen Provinz. Manchmal spielten sie auch alle zusammen. So wechselten internationale Folksongs, exotische Klänge und Lyrisches mit improvisierten Jam-Sessions. Und so wurde die Marke »Song Parnass« zum Stadtgespräch, der Laden brummte.

Jetzt konnten die Pächter auch Liedermacher und Musiker engagieren, die bereits die Startblöcke verlassen hatten. Einer hieß Konstantin Wecker. Er begann mit »sadopoetischen Gesängen« und steigerte sich bis zum aufwühlenden »Willy«, den die Rechten »daschlong« haben. Auch Peter Maffay kam, später erinnerte er sich an »Leute mit bunten Klamotten, die nach Indien wollten«. Von der Hochalm über Garmisch kam Willy Michl

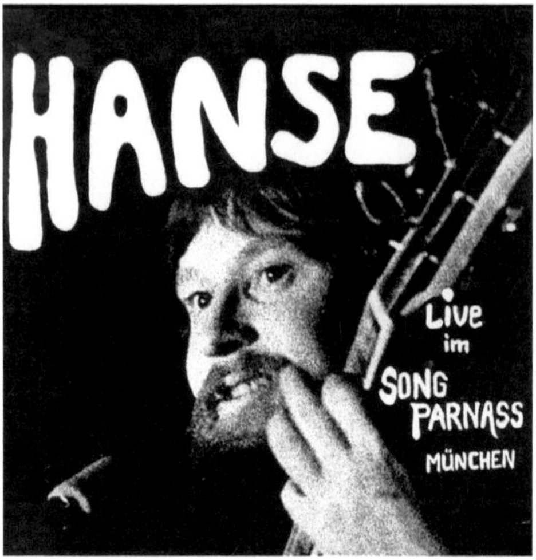

Hanse Schoierer, LP-Cover, Selbstverlag, o. J.

und erregte Aufsehen, schon wegen der Adlerfeder am Tiroler Hut und noch mehr wegen der Blues, die er anfangs im amerikanischen Original und später auf Bairisch sang. Willy in seiner Autobiografie: »Die Leute waren platt, es gab donnernden Applaus.«

1972 brach ein katastrophaler Brand aus, sodass das Lokal zwei Jahre geschlossen bleiben musste. 1973 überlebte das Pächterpaar den ersten Musikerstreik in der Geschichte dieser Branche. Nach und nach verließen die Kleinkünstler den Parnass: Einige gingen in die Uni zurück, andere auf Tournee oder heim ins Dorf. Susanna Ullmann holte zwar aus Paris eine neuartige Travestieshow und hatte noch »ein paar tolle Jahre«, 1980 aber ließ die Brauerei das nahezu baufällige Haus generalsanieren. In neuer Gestalt wurde es vom Wiesnwirt Wiggerl Hagn mit eigener Brauerei übernommen. Heute serviert Igor Divjak in der »Gaststätte Unionsbräu« bayerisch-texanisch-mexikanisch – ohne Brauereibetrieb, dafür mit Event-Möglichkeit im ersten Stock. Name und Teile vom Konzept des alten »Song Parnass« hat indes der niederbayerische Liedermacher Rudi Vietz für eine »Friedensbühne« im Sendlinger »Stemmerhof« übernommen. Künstler können sich hier für die Beendigung von Hunger, Armut, Vertreibung und Krieg einsetzen.

MUH

Am Anfang des Olympiajahrs 1972, das auch der Münchner Gastronomie und dem Showbusiness neue Rekorde verhieß, pachteten die Geschäftsführer des »Song Parnass«, die Österreicherin Susanna Ullmann und ihr Ungar, in der Sendlinger Straße 75 ein Lokal, das sie »MUH« tauften.

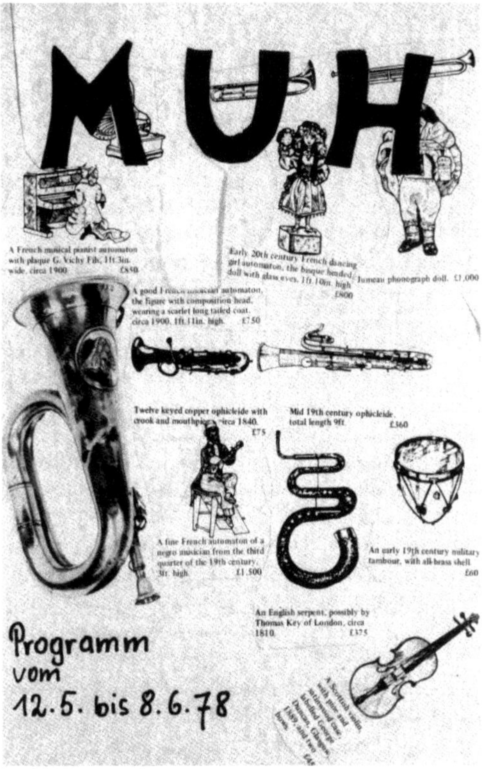

Programm »MUH«, 1978.

Der Name war ihnen als Abkürzung für »Musikalisches Unterholz« bei einem Spaziergang durch Wald und Wiese mit muhenden Kühen eingefallen. Beteiligt waren bald auch der Metzger Beppi Bachmaier (später Gaststätte »Fraunhofer« und Bierzelt auf der »Oidn Wiesn«), Werner Winkler und Uwe Kleinschmidt (später Mitbegründer des Tollwood-Festivals), der den Laden schließlich allein führte. Alle wollten sie talentierten Nachwuchs fördern. Der war allerdings zunächst nicht so politisch und international angehaucht wie die 68er und die Hippies im »Parnass«, sondern witziger und gut bayerisch. Die Entertainer waren denn auch von anderer Art.

Keiner wurde mehr umjubelt als Fredl Fesl; er hatte nach seiner Parkinson-Erkrankung »gemeine Abstürze«, so sein eigener Rückblick. Mit dem »Taxilied« stieg er zur Legende auf und hat dem Lokal ein musikalisches Denkmal gesetzt:

»Und ich hab' leise den Verdacht
Mein Ziel liegt weit zurück
Auf einmal ist es doch soweit
Wir sind in München-Ost
Vom MUH bis Ottobrunner Strass –
Frag'n S' nicht, was sowas kost'.«

Doch dann erschienen auf der winzigen Bühne drei Brüder, die sich mit »Tanzlmusi« einführten, bis sie sich als Bayerns wohl beste und bissigste Volksmusiker entfalteten. Sie entstammten einer 17-köpfigen Familie aus dem »Biermösel« (hochdeutsch Beerenmoos) bei Fürstenfeldbruck, nannten sich deshalb »Biermösl Blosn« und hießen Hans, Christoph und Michael Well. 1985 stieß Gerhard Polt hinzu. Einen anhaltend klingenden Namen hatten oder machten sich hier auch die »Mehlpriml-Buam«, Jörn Pfennig, Arthur Loibl, Gabi Lodermeier, Sepp Raith, Piano-Paul und viele andere. Kein Musikinstrument, das im »MUH« nicht zum Einsatz kam. 1983 gingen die letzten Programme über die Bühne, die gegen starke Konkurrenz anspielen musste.

Liederbühne Robinson

Zwei gastronomisch erfahrene Frauen, Rosi Wimmer und Irene Fabian, verwandelten im Dezember 1976 eine Bar in der Dreimühlenstraße 33 in die »Liederbühne Robinson« mit langer Theke und immerhin 120 Plätzen. Sie boten freilich nicht nur Lieder, sondern auch eine vortreffliche Küche. Neue Namen schrieben sich hier groß in die Szenengeschichte ein: Georg Ringsgwandl, Bruno Jonas, Sigi Zimmerschied, Holger Paetz, Andreas Giebel, Helmut Eckl, Werner Schmidbauer oder der Zither-Manä, welcher Rock ebenso erzeugte wie Landler. Aus Reichenhall kam Hans Söllner, dessen aggressive Songs noch heute kaum ein Kanal sendet. Zwölf Jahre bereichert die Kultstätte das aufstrebende Glockenbachviertel – bis die Pacht untragbar erhöht wurde. 1989 folgte der Umzug nach Runding-Vierau bei Cham, wo seither alle Register neuer Liederkunst gezogen werden.

Geblieben und weiter aufgestiegen am Himmel des Münchnerischen Showgeschäfts sind nicht nur zahlreiche Künstler jener Alternativkneipen, sondern auch einige der Gründer. So hat die außerordentlich kreative Susanna Ullmann inzwischen eine Reihe von Theatern etabliert, die auf wechselnden Schauplätzen jeweils mehrere Formen der darstellenden Kunst kombinierten: zum Beispiel ein Stelzentanztheater, ein Magic-Theater und das heute noch spielende »Zick Zack Traumtheater«. Gelegentlich tritt sie auch selbst auf. Und auch das große, erfolgreiche Tollwood-Festival im Olympiapark (im Sommer) beziehungsweise auf der Theresienwiese (im Winter) ist ein Nachfolger damaliger Kleinkunstinitiativen.

KULTUR STATT KARTOFFELN

Neuartige Locations auf Fabrik- und Militärbrachen

Für Arbeiter, Soldaten oder Sportler waren sie vor vielen Jahren errichtet worden. Als die abrückten, entwickelten sich diese Orte, in der Regel durch private Initiative und bürgerschaftliches Engagement, in neuartige »Locations« der alternativen Szene. Einige gelten heute als Startplätze einer Subkultur der jungen Generation. Sie wurde auch als »Party-Hallen-Kultur« bekannt und sogar von der Stadt gefördert. Manche, selbst die abgelegenen, wurden von jungen Leuten regelrecht bestürmt und nächtelang belagert. Doch die meisten dieser Treffpunkte sind ebenso schnell wieder verschwunden, wie sie aus den Brachen entstanden sind. Geblieben sind ein paar schöne Legenden und Versuche einer Wiederbelebung.

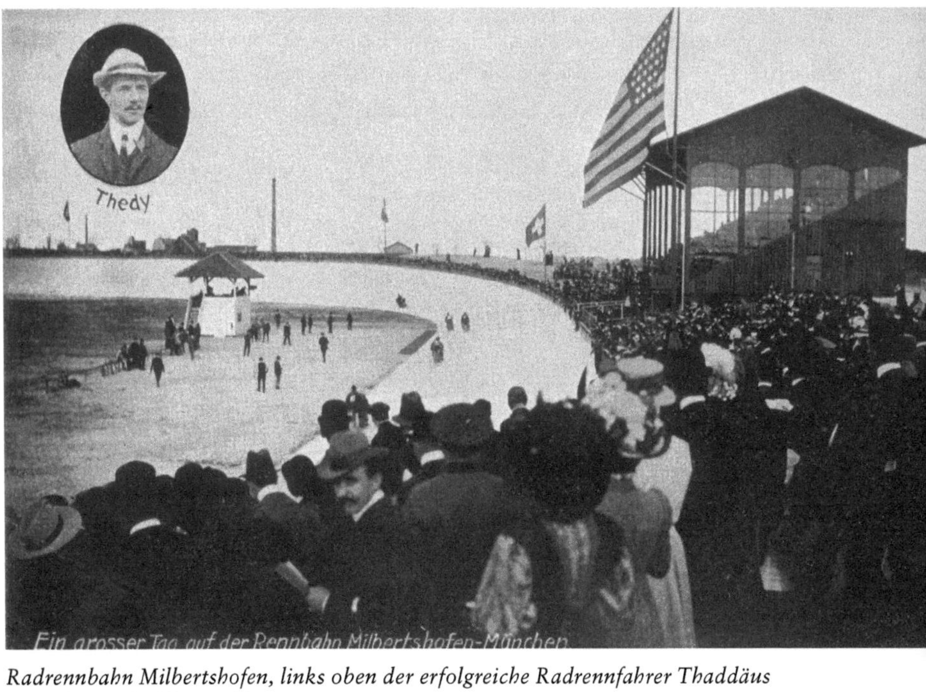

Radrennbahn Milbertshofen, links oben der erfolgreiche Radrennfahrer Thaddäus (»Thedy«, »Thaddy«) Robl.

Alabama-Halle

Am nördlichen Stadtrand, heute Schleißheimer Straße 393–426, befand sich Anfang des 20. Jahrhunderts mit 38 000 Zuschauerplätzen eines der größten Rad- und Motorradstadien weltweit. Während des Ersten Weltkriegs, als das »Veloziped« an der Front dienen musste, wurde die ambitionierte Sporthalle des Milbertshofener Industriellen Ludwig Petuel jun. geschlossen und das Gelände militärisch genutzt: als Heereszeugamt und Munitionslager mit Pulverturm. In der Zeit des Nationalsozialismus rückte das Heeresverpflegungsamt ein. Gleich danach richtete die US-Armee ein Depot ein und benannte es nach dem Bundesstaat Alabama. Panzergrenadiere der Bundeswehr und Ingenieure von BMW rückten nach. Und 1981 wurden einige Hallen kontrolliert niedergebrannt – ein Katastrophenmanöver nach einem angenommenen Flugzeugabsturz.

Im selben Jahr noch wurde die »Alabama-Halle«, wie sie nun auch amtlich hieß, vom BMW-eigenen Verein »Spielmotor« umgebaut in eine Konzert- und Theaterhalle mit behindertengerechter Bühne, die fast täglich bespielt wurde. Dies gilt als Start der sogenannten Hallenkultur in Deutschland. Ab 1974 produzierte das Bayerische Fernsehen hier die Jugendsendung »Live aus dem Alabama«: eine Mischung aus Rock, Pop und Diskussionen, wobei heiße Themen (Aids, Drogen, Neonazis) nicht ausgespart wurden. Unter den Moderatoren waren Amelie Fried, Sandra Maischberger, Sabine Noethen, Günther Jauch, Giovanni di Lorenzo, Werner Schmidbauer und Eisi Gulp. Die Sendung hatte ein Millionenpublikum, sie gelangte zeitweise auch ins Hauptprogramm der ARD.

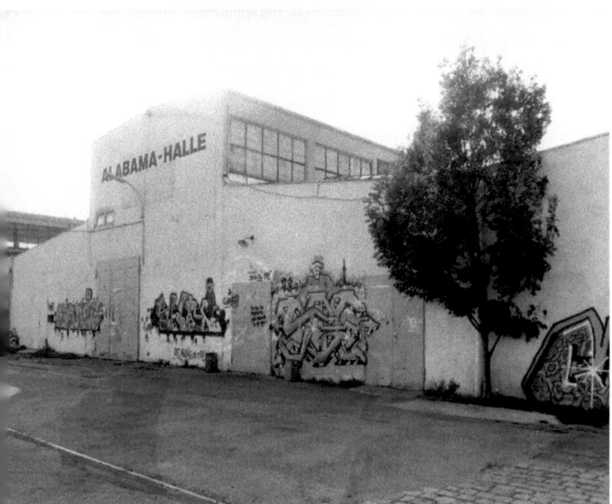

»Alabama-Halle«, 1946 von der US-amerikanischen Armee als »Alabama Storage Area« errichtet.

Im April 1988 fand die letzte Veranstaltung in der

»Alabama-Halle« statt (für eine Weile wechselte die Produktion in andere Hallen). In den folgenden Jahren ließ BMW die meisten Gebäudeteile abreißen und im Süden ein Forschungs- und Entwicklungszentrum errichten. Außerdem entstanden dort ein Gymnasium, der Sitz des Landesamts für Verfassungsschutz und andere Behörden des bayerischen Staates. In der Szene zählt man das »Alabama« indes zu den »Lost Places«. Neue Locations, die den legendären Namen übernahmen, haben den einstigen Ruf des Originals keineswegs erneuern können.

Olympic Spirit Center

»Eine der beeindruckendsten olympischen Anlagen, die es je gegeben hat«, so pries IOC-Präsident Juan Antonio Samaranch das »Olympic Spirit Center«, das am 24. März 1999 im längst nicht mehr genutzten Radstadion der Sommerspiele 1972 mit einem gigantischen Fest eröffnet wurde. Sämtliche olympische Disziplinen – über 200 – waren da auf zwei Ebenen und insgesamt 11 000 Quadratmetern Fläche höchst unterschiedlich dargestellt. 40 davon so, dass Besucher selbst Athleten spielen konnten. Zum Beispiel als Skiflieger, dem beim Absprung von der simulierten Schanze richtiger Wind entgegenwehte, oder als Bobfahrer auf dem gefilmten Eiskanal von Nagano. Für Sommersportler gab es richtige Tennisbälle, die nach Abschlag durch den Filmgegner aus der Wurfmaschine kamen und blitzschnell zu retournieren waren. Einen Fußball schoss man vom Elfmeterpunkt ins Tor und bekam elektronische Punkte. Im Nassbereich gab es zwar kein echtes Wasser, wohl aber bewegliche Kajaks und Ruderboote sowie einen Sprungturm, wo die verschiedenen Techniken erläutert wurden. Schiedsrichter durfte der Besucher beim Boxen, Ringen, Turnen und Fechten spielen.

»Nie zuvor gab es eine derartige Kombination aus Wissen und Bildung, Erholung, Spaß und den Olympischen Spielen«, sagte der Holländer Roland Kleve, zuletzt Leiter des Themenparks bei Disneyland Paris und nunmehr Geschäftsführer der Betriebsgesellschaft. Irgendwie verflochten mit dem in München wieder leuchtenden »Olympischen Geist« waren das IOC, das NOK (Präsident Tröger hatte zunächst eine »olympische Geisterbahn« befürchtet), die Stadt München mit ihrer Olympiapark GmbH (OB Ude hielt es nicht für ausreichend, »dass unsere olympischen Anlagen die bestgenutzten der Welt sind«) sowie eine internationale Freizeitgruppe, die so ziemlich alles, was zwischen Hongkong und Babelsberg an Hochburgen der Unterhaltungsindustrie hochgeschossen ist, entweder finanziert oder managt oder berät.

Doch die 75 Millionen Mark, die für das Münchner Modell zunächst verbaut wurden, waren in den Sand gesetzt. Nach nur einem Jahr gab das »Olympic Spirit Center« den Geist auf. Hamburger Produzenten wollten dann das ehemalige Radstadion in ein Musical-Theater verwandeln.

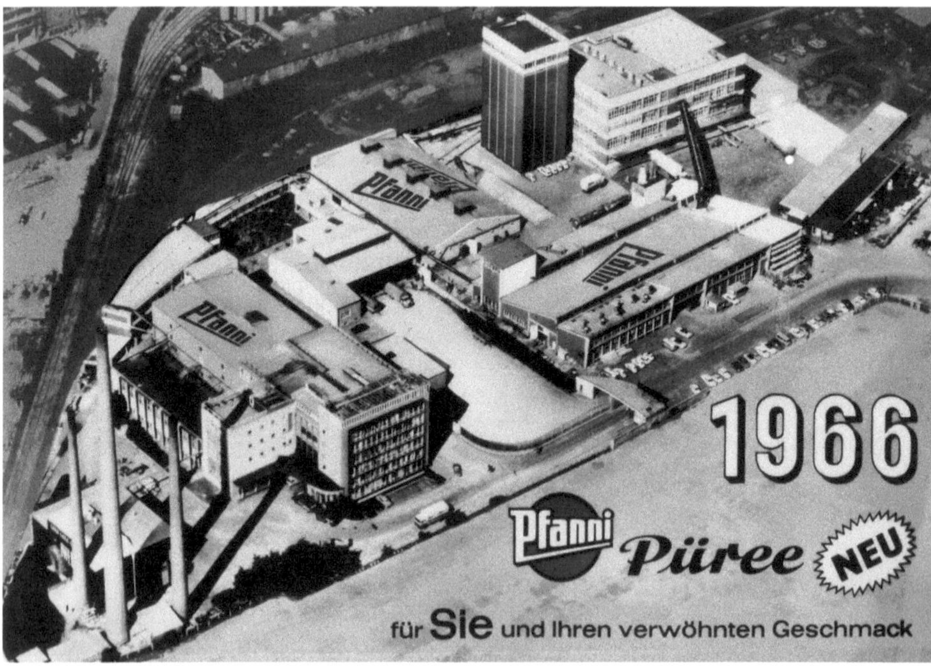

Das ehemalige Pfannigelände, Werksviertel-Mitte, 1966.

Kunstpark Ost, Kultfabrik

Im wenig wohnlichen Süden des Münchner Ostbahnhofs waren alljährlich 3 Millionen Zentner Kartoffeln zu Chips, Knödel- und Reiberdatschipulver verarbeitet, Motorräder montiert und Kleider geschneidert worden. Als die Werkshallen an der Grafinger Straße für die großen Mengen zu klein wurden, verlegte Werner Eckart seine Pfanni-Werke 1996 nach Mecklenburg-Vorpommern. Die immerhin 90000 Quadratmeter große Immobilie mit Bahnanschluss pachtete nun, zusammen mit einem Partner und seiner millionenschweren Gattin, der Multikulti-Unternehmer Wolfgang Peter Leonhard Nöth, der schon andere Industriebrachen in höchst erfolgreiche Partyzonen verwandelt hatte. »Kunstpark Ost« taufte er die verlassene Kartoffelfabrik.

Der Erfolg war so groß, dass sich nach und nach annähernd 100 gewerbliche Untermieter ansiedelten: Diskotheken, Clubs, Bars, Restaurants, Konzert-, Spiel- und Eventhallen, Läden, Sportanlagen (zum Beispiel Europas höchste Indoor-Kletterhalle), einen 2000 Quadratmeter großen Stadtstrand, handwerkliche Ateliers, aber auch Online-Medien, Flohmärkte für Kunst- und Antiquitäten sowie 60 Ateliers für Künstler und sonstwie Kreative.

Nicht weniger als 1700 Personen waren auf dem Gelände beschäftigt. Allabendlich drängten 7000 bis 8000 meist 16 bis 29 Jahre alte Besucher in das »Vergnügungsgebiet«, als das es amtlich ausgewiesen war. In Presseberichten galt der »Kunstpark Ost« als »Europas größte Ausgehmeile«. Jeder zweite Nachtschwärmer kam aus dem S-Bahn-Bereich oder als Tourist.

Sein riesiges Party- und Event-Imperium vergrößerte Nöth zur Jahrtausendwende noch durch die angrenzenden Hallen eines großen Autoverkaufshauses, die er, Sohn jüdischer Eltern, nach dem Hitler-Attentäter Georg Elser benannte und großzügig ausbaute. Sein Projekt, das alles und noch mehr zu einem »superlativen Vergnügungsviertel« zu erweitern, scheiterte jedoch – weniger an der Finanzierung als an einer veränderten Auffassung des Kommunalreferats, wonach sich »die Jugendkulturszene von der Hallenkultur weg zur zentrumsnahen Clubkultur in Szene-Vierteln wegentwickele«.

Als Grundeigentümer Pfanni den 2000 ausgelaufenen Pachtvertrag nicht mehr verlängern wollte und die umfangreiche Hinterlassenschaft von Nöth unter dem Namen »Kultfabrik« im gleichen Stil wie bisher fortführte, zog sich dieser zurück, um fortan eine Reihe neuer Locations ebenso erfolgreich zu betreiben. Nur die Elser-Hallen wurden 2008 abgerissen. Vom Pfanniland ist einzig und allein das sehenswerte Kartoffelmuseum übrig geblieben.

Auf dem freigeräumten Gewerbe- und Industrieareal, das jetzt großen-

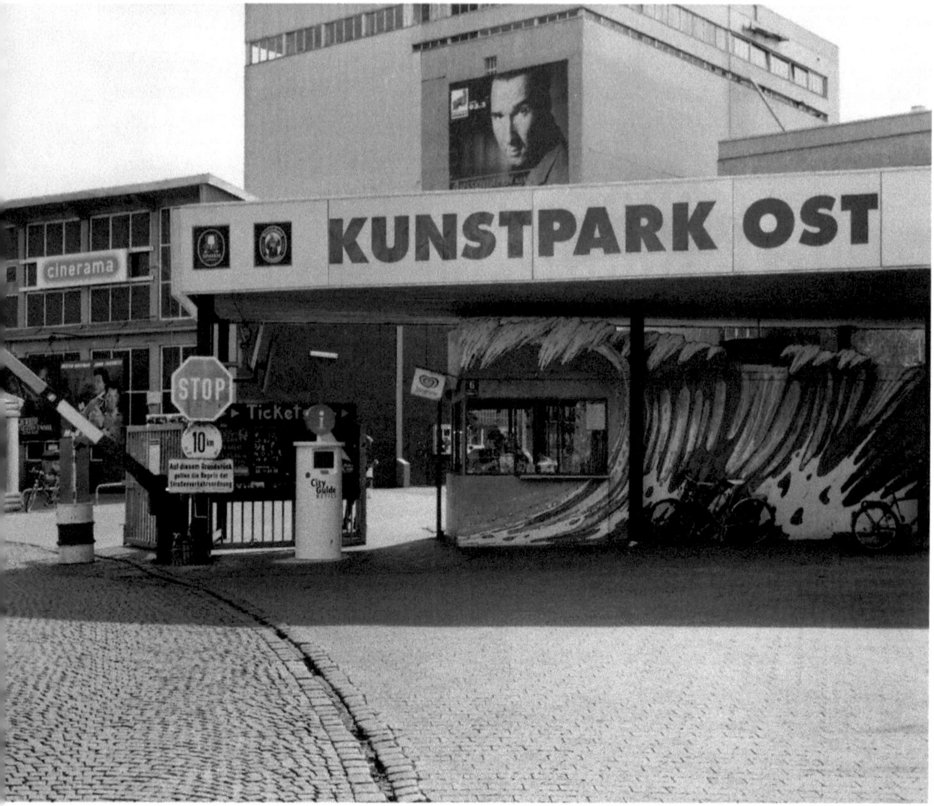

Haupteingang des »Kunstpark Ost« in der Grafinger Straße in München, 2000.

teils kommunales Eigentum ist, soll bis 2021 ein neues urbanes Stadtviertel wachsen. In dem 40 Hektar großen »Werksviertel« entstehen: rund 1200 Wohnungen für 3000 Bürger, alle möglichen Freizeit- und Unterhaltungsanlagen und Gewerbebetriebe mit bis zu 7000 Arbeitsplätzen, ein Hotel mit 150 Zimmern »für die neue Generation von Reisenden und jung gebliebene Gäste«, eine Residenz mit einigem Luxus für Langzeitbewohner. Die Highlights: Münchens neuer Konzertsaal in Form einer »gläsernen Kathedrale« sowie ein »WERK3« genanntes Hochhaus mit Loft-Büros, Handels- und Showrooms, Restaurants, Bars, Entertainment, Ateliers für bekannte Künstler wie Ugo Dossi und Olaf Metzel; auf dem Dach sollen Wiesen voller Blumen und Kräuter blühen, Felsenbirnen wachsen und Schafe weiden.

Hall of Fame

Kahl und kalt standen zwei Hallen an der Dachauer Straße, gleich neben dem ansprechenden Neubau des Goethe-Instituts. Sie standen leer, seit sie erst die US-Army und dann die Bundeswehr geräumt hatten. Nebenan hatte sich der größte Flohmarkt Münchens ausgebreitet. Eines Tages im Jahr 1983 erschien eine Gruppe junger Leute auf der Bildfläche. Sie packten ihre Spraydosen aus und begannen, die Außenwände der einen Flohmarkthalle zu bearbeiten. Buchstäblich über Nacht entstanden comic-ähnliche Figuren und andere seltsame Gebilde: farbenfroh, geheimnisvoll, verschlungen, einige schockierend, provozierend. Sie nannten es »Street Art«. Es war eine durchaus neue Kunst, die sich in den unruhigen 1970er-Jahren aus dem frei schwebenden Graffiti entwickelt, von Kalifornien aus in europäischen Großstädten verbreitet hatte.

Viele Besucher des Flohmarktes waren fasziniert, andere schüttelten den Kopf, wenige schimpften über die »Schmiererei«. Begeistert war auch Astrid Weindl, die in der städtischen Jugendarbeit tätig war. Die Sozialpädagogin erkannte schnell ein »kreatives Potenzial« und half auch gleich mit, eine legale Spielwiese für junge Menschen zu schaffen. »Es war wie ein Feuerwerk.« Tage- und nächtelang fotografierte und filmte sie das Treiben der jungen Straßenkünstler, die ihre Farbe von Leitern aus auf die fünf Meter hohen Wände sprühten und ständig experimentierten. Ihre Dokumentation sorgte sogar für internationales Aufsehen.

»Hall of Fame« nannten die Sprayer – wieder nach kalifornischem Vorbild – den Ort ihrer Kreativität, der zum Publikumsmagneten und bis zum Abbruch 1989 Europas größte Halle ihrer Art wurde. Diese Bezeichnung gilt seither für alle Arbeits- und Schauplätze der Street-Art, oder – anders firmiert – der »Urban Art«. Dazu gehören längst nicht mehr nur langweilige Hauswände, sondern auch beliebige öffentliche Objekte, vor allem Unterführungen von Isarbrücken (»Isart«) und Waggons von Güter- und Personenzügen. Den ersten Waggon bemalten die Leute von der Dachauer Straße 1985 am Bahnhof Geltendorf, der damaligen Endstation der S-Bahn. Zunächst mussten sie noch mit polizeilicher Verfolgung und Bewährungsstrafen rechnen.

Münchens »Hall of Fame«, lange vor dem besprayten Mauerteil in Berlin-Friedrichshain (»East Side Gallery«) entstanden, gilt heute als die Keimzelle der Street-Art in Deutschland. Einige der ersten »Graffiti-Writer«, die ihre rätselhaften Zeichen an jenem banalen Bauwerk hinterließen, haben längst Weltruf in der Kunstszene. Loomit, Z-ROCK, Steve, Akim und andere bekommen heute Aufträge von der Stadt München, die zeitweise sogar einen Sachbearbeiter für Street Art & Graffiti beschäftigt hat.

Jedoch: Es geht hier um eine Kunst, die vergänglich ist und vergänglich sein will. Ihre Produkte werden immer wieder von Banausen beschmiert, übermalt, abgerissen, aber in der Regel immerhin fotografisch dokumentiert, auch in mehreren Büchern. Astrid Weindl, die jetzt das städtische Kulturzentrum »Färberei« leitet, hat eine ganze Sammlung. Sie bedauert nicht etwa das Verschwinden der »Hall of Fame« und der unzähligen Mauerbilder (»Murals«), sondern stellt zornig fest, dass »im Moment in München mehr als nach dem Krieg an schönen historischen Plätzen zerstört wird«. Dagegen, meint sie, müsste es endlich einen großen Protest geben. Dies ist im Winter 2018 zum großen Stadtthema geworden.

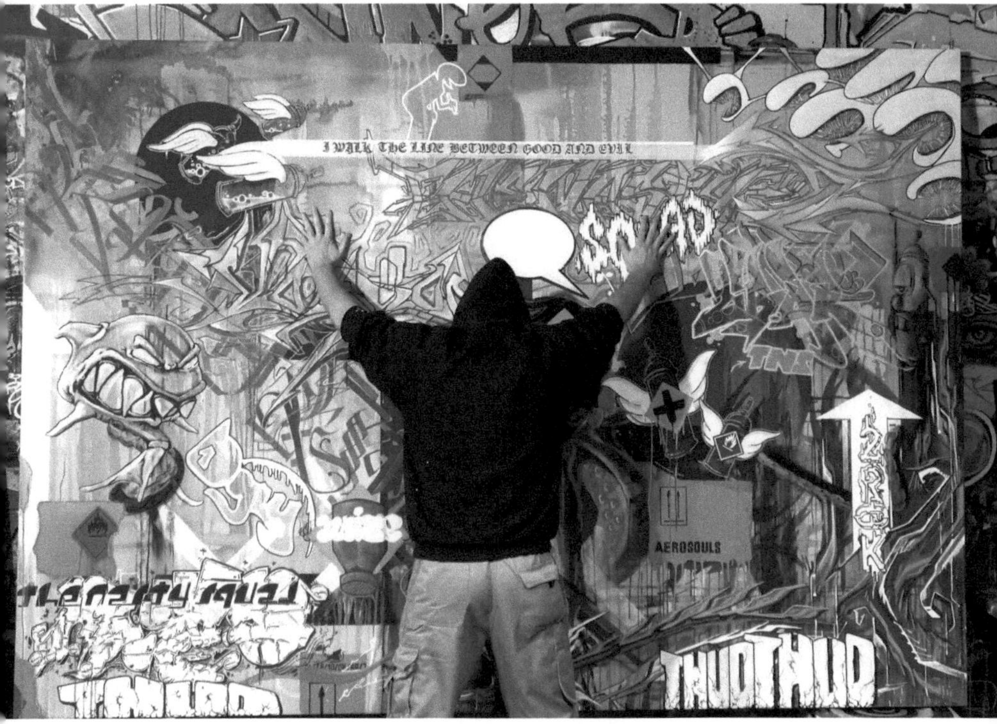

Z-ROK, »Urgestein« des Münchner Graffiti, regelmäßig präsent an der »Hall of Fame«.

ANHANG

Literaturverzeichnis (Auswahl)

Baier, Johann: Isar und Isar-Inseln im Wandel der Zeit, München 2005.

Barten, Elke/Zimmer, Peter: Schwabinger Spaziergänge. Ein Stadtteilführer nicht nur für Schwabinger, Pfaffenhofen 1986.

Bauer, Richard/Graf, Eva (Hg.): Zu Gast im alten München. Erinnerungen an Hotels, Wirtschaften und Cafés, München 1982.

Budzinski, Klaus: Pfeffer ins Getriebe. So ist und wurde das Kabarett, München 1982.

Eckl, Helmut: Vom MUH in die Ottobrunner Straß. Die Kleinkunstszene im München der 70er und 80er Jahre des vorigen Jahrhunderts, München 2016.

Ertl, Christian: Macht's den Krach leiser! Popkultur in München von 1945 bis heute, München 2010.

Eymold, Ursula (Hg.): Bier. Macht. München. 500 Jahre Reinheitsgebot in Bayern, Ausstellungskatalog, München 2015.

Franz, Eugen: München als deutsche Kulturstadt im 19. Jahrhundert, Berlin/Leipzig 1936.

Franzelin, Herbert: Geschichte der Münchner Vorstadt-Theater zu Beginn des 19. Jahrhunderts und des kgl. Theater am Isartor, München 1922.

Fruth, Wolfgang: Die Maximilianstraße und ihr Architekt Friedrich Bürklein, herausgegeben vom Bayerischen Landtag und der Regierung von Oberbayern, München 2015.

Gattinger, Karl: Das alte München. Wandel als Konstante in der Münchner Altstadt, München 2010.

Graf, Oskar Maria: Wir sind Gefangene, München 1927

Hanke, Peter: Geschichte der Juden in München zwischen 1933 und 1945, München 1968.

Herb, Al: Sündiges München. Nachtszenen der Nachkriegszeit, München 2012.

Hecktor, Mirko (Hg.): Mjunik Disco. Von 1949 bis heute, München 2008.
Heißerer, Dirk: Aus der Traumwelt, München, 2003.
Hollweck, Ludwig (Hg.): Das alte München. Photographisches Album 1850 – 1941, München/Wien 1972.
Ders.: München in den zwanziger Jahren. Zwischen Tradition und Fortschritt, München 1982.
Ders. (Hg.): Begegnungen mit München, Regensburg 1985.
Käppner, Joachim u. a. (Hg.): München. Die Geschichte der Stadt von den Anfängen bis heute, Aufsatzsammlung, München 2008.
Karl, Michaela: »Ich blätterte gerade in der Vogue, da sprach mich der Führer an«. Unity Mitford. Eine Biografie, München 2016.
Kerler, Richard (Hg.): Treffpunkt Traumstadt Schwabing, München 1970.
Koch, Hans: München und seine Bauten, München 1912.
Kotteder, Franz: Kulturverführer München, Hamburg 2012.
Krause, Alexander: Arcisstraße 12. Palais Pringsheim, Führerbau, Amerika Haus, Hochschule für Musik und Theater München, München 2015.
Krauss, Marita: Die königlich bayerischen Hoflieferanten, München 2009.
Lehmbruch, Hans: Ein neues München. Stadtplanung und Stadtentwicklung um 1800. Forschungen und Dokumente, München 1987.
Lerch-Stumpf, Monika (Hg.): Neue Paradiese für Kinosüchtige. Münchner Kinogeschichte 1945 bis 2007, Aufsatzsammlung, München 2008.
Dies. (Hg.): Für ein Zehnerl ins Paradies. Münchner Kinogeschichte 1896 bis 1945, Aufsatzsammlung, München 2004.
Ludwig-Maximilians-Universität (Hg.): Zeitgeister. München – Wo Vergangenes lebt, München 2006.
Merk, Gerhard/Sieber, Hannes: Das Münchner Bier. Wer's braut – Wie's schmeckt – Wo's fließt, Freising 1994.
Merkle, Ludwig/Merkle, Elli: München damals. Böse alte Zeit, München 1972.
Michl, Willy: Traumwanderer. Autobiographie, München 2000.
Museler, Jan: 70 Jahre Kreisjugendring München-Land, Pullach 2017.
Nauderer, Ursula Katharina: Jugend – gestern und heute. Katalog zur

Ausstellung im Bezirksmuseum Dachau, Ausstellungskatalog, Dachau 2012.
Oelwein, Carola: Das Münchner Platzl – Lebensfreude im Quadrat. Die Geschichte eines traditionsreichen Münchner Quartiers, München 2003.
Obermaier, Hannes: Hunter's Treibjagd, München 1975.
Pringsheim, Hedwig: Tagebücher. Band 3 1898–1904, Göttingen 2014.
Spengler, Karl: Zwischen Versailles und Ismaning. Bayerische Lebensbilder, München 1974.
Ritter, Judith: Die Münchner Schriftstellerin Carry Brachvogel. Literatin, Salondame, Frauenrechtlerin, Berlin 2016.
Roth, Brigitta: Bayern in Zitaten der Welt, München 2001.
Schäfer, Christine: Zwischen Nachkriegsfrust und Aufbruchslust. Lesbisches Leben in München in den 1950er bis 1970er Jahren. Sieben Biografien, München 2010.
Schleich, Erwin: Die zweite Zerstörung Münchens, Stuttgart 1981.
Schlumberger, Hella: Türkenstraße. Vorstadt und Hinterhof. Eine Chronik erzählt, München 2003.
Schröther, Franz: Nymphenburg. 100 Jahre Münchner Ausflugsort und Vergnügungsviertel, München 2003.
Spengler, Karl: Hinter Münchner Haustüren. Schicksale aus fünf Jahrhunderten, München 1964.
Stankiewitz, Karl: München. Stadt der Träume. Projekte, Pleiten, Utopien, München 2005.
Ders.: Schwarze Tage. Das Münchner Katastrophenbuch. Vom Brückenbrand zur Schneewalze, München, 2006.
Ders.: Münchner Sittenbuch. Liebe, Laster und Affairen, München 2007.
Ders.: Prachtstraßen in München. Ludwig- und Maximiliansstraße, Dachau 2008.
Ders.: Weißblaues Schwarzbuch. Skandale, Schandtaten und Affären, die Bayern erregten, München 2010.
Ders.: Das Bahnhofsviertel. Wo München wirklich Weltstadt ist, Erfurt 2015.
Ders.: Die große Gaudi. Geschichte und Geschichten zum Münchner Fasching, München 2016.

Ders.: Außenseiter in München. Vom Umgang der Stadtgesellschaft mit ihren Randgruppen, Regensburg 2016.

Ders.: Badelust in München und Oberbayern, Regensburg 2017.

Volger, Waltraud: Schwabinger Gisela. Eine gebildete Dame mit stark unzüchtigem Charakter, München 2008.

Vollhardt, Ulla-Britta: Geschichte der Lesben und Schwulen in München, München 2010.

Walter, Uli: Bierpaläste. Zur Geschichte eines Bautyps, München 1992.

Wilhelm, Hermann: Die Münchner Bohème. Von der Jahrhundertwende bis zum Ersten Weltkrieg, München 1993.

Ders.: In der Münchner Vorstadt Au. Vergessene Lebenswelten des siebzehnten, achtzehnten und neunzehnten Jahrhunderts, München 2003.

Ders./Gisela Kurz: Jazz in München von den 20er bis zu den 80er Jahren, München 2007.

Ders.: Krieger, Kaiser, Kaufleute: Die abenteuerliche Geschichte der Münchner Ludwigsbrücke(n), München 2008.

Ders.: München Haidhausen. Vorstadt im Lauf der Zeit, München 2009.

Ders.: Der vielleicht spannendste Stadtteil Münchens. Haidhausen 1945 bis 1990, München 2017.

Wolf, Georg Jacob (Hg.): Ein Jahrhundert München. 1800–1900, Frankfurt am Main 1935.

Ders. (Hg.): Das kurfürstliche München 1620–1800, München 1930.

Wucher, Petra: »Ich dichtete und lief in der Revolution herum«. Oskar Maria Grafs Münchner Jahre 1911 bis 1933, München 2012.

Internetquellen (Stand März 2018):

https://www.youtube.com/watch?v=DedaEVIbTkY

https://www.youtube.com/watch?v=sKeA96VDZIQ

http://www.luitpoldblock.de/de/zeitreisetafeln.php

http://protest-muenchen.sub-bavaria.de/

Abbildungsnachweis

Bayerische Staatsbibliothek: S. 27, 67, 71, 113, 153

Volker Derlath: S. 164

Heinz Gebhardt: S. 130, 141

Norbert Lampe: S. 137

Pfanni-Archiv: S. 162

Privat: S. 13, 16, 19, 21, 25 (unten), 32, 35, 42, 44, 47, 50, 55, 56, 58, 59, 64, 66, 70, 73, 77, 81, 82, 85, 87, 88, 91, 92, 94, 95, 96, 97, 103, 105, 106, 107, 111, 118, 120, 124, 128, 131, 132, 133, 134, 135, 136, 140, 150, 151, 157, 166

Hanse Schoierer: S. 156

Stadtarchiv München: S. 25 oben (DE-1992-FS-NL-DOM-053-01), 28 (DE-1992-FS-NL-KV-2007), 31 (DE-1992-FS-NL-PETT2-1703), 33 (DE-1992-FS-NL-KV-0668), 36 (DE-1992-FS-NL-KV-1131), 37 (DE-1992-FS-PK-STB-13583), 43 (DE-1992-FS-AB-STB-128-01), 45 (DE-1992-FS-PK-STB-13187), 48 (DE-1992-FS-PK-STB-14033), 62 (DE-1992-FS-PER-B-0279-01), 74 (DE-1992-FS-NL-KV-1631), 83 (DE-1992-FS-PK-STB-14260), 93 (DE-1992-FS-PK-STB-14094), 112 (DE-1992-FS-STB-0983), 121 oben (DE-1992-FS-PK-STB-09734), 121 unten (DE-1992-FS-PK-STB-13853), 146 (DE-1992-FS-PK-STB-11274), 152 (DE-1992-FS-STB-2810), 159 (DE-1992-FS-PK-STB-08030)

Süddeutsche Zeitung Photo: S. 40 (Ludwig Hübl), 60 (Karl-Heinz Egginger), 99 (Fosch), 102 (Kurt Schraudenbach), 115 (ap/dpa/picture alliance), 122 (Fotoarchiv Otfried Schmidt), 126 (Rita Strothjohann), 139 (United Archives / Heinz Browers), 142 (Marlies Schnetzer), 160 (amw)

Personenregister

Adalbert, Prinz von Bayern *20*
Akim *166*
Albert, Franz Joseph *41*
Alpert, Herb *141*
Althaus, Peter Paul *118*
Amalie Auguste, Prinzessin von Bayern, Königin von Sachsen *18*
Ammann, Lukas *100*
Amon Düül (Band) *129*
Andersen, Lale *97*
Andreas-Salomé, Lou *64*
Angeloff, Therese *101*
Annast, Anna *96*
Annast, Gustl *97*
Aretin, Adam Freiherr von *33*
Armi, Andreas Michael dall' *26*
Armstrong, Louis *114*
Azak, Boy *143*
Aznavour, Charles *141*
Baader, Andreas *129*
Bachmaier, Beppi *157*
Baierl, Carl *108*
Baker, Chet *117*
Baker, Josephine *138*
Basie, Count *114*
Baumgartner, Franz *27*
Beauharnais, Eugène de, Herzog von Leuchtenberg *18*
Bécaud, Gilbert *141*
Becher, Johannes R. *92*
Behnisch, Günther *143*
Benz, Joseph Friedrich *120*
Berben, Iris *152*
Bergen, Ingrid van *101, 102*
Bergson, Ingrid *116*
Bernstein, Elsa *61, 62, 63, 65*
Bernstein, Gabriele *63*
Bernstein, Leonard *122*
Bernstein, Max *62, 63*
Bierbaum, Otto Julius *32*
Biermösl Blosn (Band) *158*
Bilgri, Anselm *51, 52, 53*
Biller, Maria (→ Delvard, Marya) *95*
Binder, Erwin *74*
Blädel, Schorsch *108*
Blakey, Art *117*
Boer, Saskia de *143*
Böheim-Valentin, Bertl *106*
Bonaparte, Napoleon, Kaiser der Franzosen *18*
Bonzani, Kunigunde *40*
Boos, Roman *40*
Brachvogel, Carry (Caroline) *64, 65*
Brandenburg, Inge *116*
Brandt, Willy *101*
Brecht, Bertold *75*
Brockmann, Henry Meyer *45*
Brocksieper, Freddie *116, 117*
Bruckmann, Elsa *67, 68*
Bruckmann, Hugo *65, 67, 68*
Brundage, Avery *144*
Buchheim, Lothar-Günther *33*
Burk, Michael *102*
Bürklein, Georg Friedrich Christian *150, 151*
Canapé *90*
Carl Theodor, Herzog in Bayern *22*
Carl, Carl *71*
Casanova, Giacomo *46*
Clair, René *113*
Cocteau, Jean *113*
Cranach, Lucas der Ältere *23*
Crocamo, Ugo *88*
Curtius, Ludwig *68*
Cuvilliés, François de *70*
Dachauer (Bauern-) Kapelle (d'Dachauer) *50, 106*
Dahinden, Justus *133*
Daxenberger, Sebastian von *89*
Delvard, Marya (→ Biller, Marie) *95*
Dialer, Louis *123*
Diedrich, Hans Jürgen *101*
Dietrich, Marlene *112*
Divjak, Igor *156*
Doldinger, Klaus *117*
Döllgast, Hans 20, *110*
Dom Pedro I., Kaiser von Brasilien *19*
Dörfler, Ferdinand *76, 111*
Dossi, Ugo *164*
Douglas, Kirk *122*
Drechsel, Sammy *101, 122*
Drexler, Anton *50*
Durieux, Tilla *76*

Eckart, Werner *163*
Eckl, Helmut *158*
Effner, Joseph *24*
Egk, Werner *138*
Eisner, Kurt *58, 75*
Elisabeth, Herzogin in Bayern, Kaiserin von Österreich (»Sisi«) *23*
Ellington, Duke *114*
Elser, Georg *56, 163*
Emanuel, Max *15*
Emmer, Ute *79*
Eringer, Josef *107*
Ertl, Maximilian Vitus *108*
Esfandiary Bakhtiary, Soraya (→ Prinzessin Soraya) *122, 138*
Exter, August *58*
Fabian, Irene *158*
Fahrig, Oskar *94*
Falckenberg, Otto *75, 95*
Falter, Fritz *113, 114*
Fassbinder, Rainer Werner *79, 123, 147, 148, 149*
Ferdinand Maria, Kurfürst von Bayern *69*
Fesl, Fredl *157*
Fett, Isidor *110*
Finck, August Baron von *51, 52*
Finessen-Sepperl *90*
Fischer, Carl von *33*
Fischer, Olf *105*
Fitzgerald, Ella *114*
Flade, Udo *140*
Fleischmann, Peter *127*
Fontane, Theodor *62*
Frank, Leonhard *92*
Franz II. Joseph, Kaiser *89*
Freund, Gerhard *40*
Frey, Georg *40*
Frey, Johann Franz *26*
Fried, Amelie *160*
Fröbe, Gert *97, 105*
Fürmann, Heinrich *119, 120*
Fürmann, Lulu *120*
Furtwängler, Adolf *67*
Furtwängler, Wilhelm *68*
Füzessery, Peter *155*
Gabriel, Carl *109, 110*
Gagarin, Juri *122*
Gallauner, Barbara *105*
Ganghofer, Ludwig *63, 154*
Gärtner, Friedrich *46*
Gauweiler, Peter *147, 148*
Geis, Jakob *103*
George, Stefan *67, 119*
Geri, Iska *97*
Geyer, Dominikus *43*
Gezy, Barnabas von *105*
Giebel, Andreas *158*
Gilbert, Robert *100*
Gillespie, Dizzy *114*
Goethe, Johann Wolfgang von *15, 41, 76*
Gondrell, Adolf *97*
Göring, Hermann *56, 68*
Gorsky, Alexander *122*
Graf, Oskar Maria *11, 48, 58, 75*
Graser, Erasmus *14*
Greger, Max *114*
Gruber, Anton *30*
Gruber, Georg *31*
Grünbaum, Fritz *97*
Gudden, Bernhard von *22*
Gulp, Eisi *160*
Gumppenberg, Hanns von *32*
Günther, Ignaz *40*
Habich, Franz *54*
Hagen, Carla *102*
Hagn, Wiggerl *156*
Hahn, Viktor *105*
Halbe, Max *63*
Hampton, Lionel *114*
Handke, Peter *79*
Hanfstaengl, Ernst Franz *65, 68*
Hanfstaengl, Helene *68*
Harlander, Willy *108*
Hartl, Georg *57, 58*
Hartmann, Kurt *123*
Hassencamp, Oliver *100*
Haushofer-Merk, Emma *65*
Havenstein, Klaus *100, 101*
Hayes, Gerry *117*
Heerde *31*
Heine, Heinrich *40*
Hellwig, Maria *108*
Henriette Adelaide von Savoyen, Kurfürstin von Bayern *15, 69*
Herigoyen, Emanuel Joseph von *71*
Herking, Ursula *97, 98, 99, 100, 101*
Herman, Woody *114*
Heyse, Paul Johann Ludwig von *63, 89*
Hildebrand, Adolf von *68*
Hildebrand, Irene von *68*
Hildebrandt, Dieter *101*
Himbsel, Ulrich *90*
Hippmann, Ludwig *37, 38*
Hitler, Adolf *50, 54, 56, 67, 68, 107, 145*
Höch, Heinrich Theodor *35*
Höchl, Joseph *33*
Hofmannsthal, Hugo von *67*

Hollaender, Friedrich *101*
Holzapfel, Niki *147*
Hönle, Alois *85*
Hörl, Franz *83*
Horváth, Ödön von *94, 121*
Howland, Chris *140*
Hübner, Lorenz *89*
Huch, Ricarda *63, 119*
Humperdinck, Engelbert *61*
Hundhammer, Alois *138*
Hundeshagen, Karl *82*
Hürlimann, Ernst *112*
Ibsen, Henrik *154*
Iglhoff, Peter *105*
Inselkammer, Peter *108, 109*
Isar Rider (Band) *117*
Jahn, Friedrich *98*
Jauch, Günther *160*
Jobst, Siegfried *79*
Johanns, Willi *116*
John, Bobby *105*
Jonas, Bruno *158*
Jonas, Gisela *122, 123*
Joseph II., Kaiser *46, 89*
Jung, Franz *49*
Jungermann, Jimmy *114*
Jungk, Robert *142*
Junker, August *85*
Jürgens, Udo *123*
Kaffl, Franz *26*
Karl der Große, Kaiser *37*
Karl Theodor, Kurfürst von Bayern *57, 70*
Karlstadt, Liesl *76, 85, 97, 104, 105, 120*
Kasper, Werner *40*
Kästner, Erich *98, 100, 119, 122*
Kaula, Raphael *33, 34*
Kaulbach, Wilhelm von *22, 65, 89*
Keller, Gottfried *30*
Kennedy, Eduard *122*
Kenton, Stan *114*
Kerschensteiner, Georg *68*
Kil, Franz *80, 81*
Kinateder, Franzi *108*
Klarer, Joseph *45*
Kleinschmidt, Uwe *157*
Klenze, Leo von *17, 18, 20, 21, 46, 89, 98*
Kleve, Roland *161*
Klöpfer, Eugen *76*
Knappertsbusch, Hans *63*
Knauff, Ernst *116, 117*
Knef, Hildegard *148*
Kobell, Franz von *90*
Kohl, Helmut *52*
Kolb, Annette *68*
Kolman, Trude *100*
König, Hannes *78*
Korn, Fritz *102*
Kortner, Fritz *76*
Kovolik, Axel *117*
Kraner, Cissy *122*
Krätz, Sepp *51*
Kraus, Peter *129*
Krenkl, Franz Xaver *27*
Kreuter, Franz Jakob *89*
Krischer, Manfred *147, 149*
Krüger, Bum *99, 100*
Krüger, Helmut *99*
Kruse, Käthe *119*
Kückelmann, Gertrud *100*
Kudo, Tetsumi *143*
Kuffler, Roland *153*
Kügler, Hermann *117*
Kühn, Ekkehard *101*
Kunigunde von Österreich, Herzogin von Bayern *14*
Kunze, Herbert *142*
Kurz, Isolde *68*
Laak, Lonny van *110*
Lachner, Franz *89*
Lang, Ernst Maria *45, 60*
Lang, Franzl *108*
Lang, Michl *108*
Langhans, Rainer *129*
Lasso, Orlando di *14*
Lautensack, Heinrich *95*
Lawrow, Sergei *52*
Leander, Zarah *122*
Lenin, Wladimir Iljitsch *93*
Lessing, Gotthold Ephraim *69*
Leuchtenberg, Amélie von, Kaiserin von Brasilien *19*
Lewy, Gabriel *152, 153*
Leyden, Maria Theresia Freifrau von *40*
Liebig, Justus von *32*
Lieffen, Karl *100*
Linde, Carl von *54*
Lipowsky, Felix Joseph von *16*
Littmann, Max *76*
Lodermeier, Gabi *158*
Loibl, Arthur *158*
Loibner, Eduard *76*
Loomit *166*
Lorenzo, Giovanni di *160*
Lorenzoni, Lorenz *72*
Lothringen, Renata von *14*
Lotzbeck, Alfred Freiherr von *139*
Lowitz, Siegfried *148*
Ludovika Wilhelmine, Herzogin in Bayern *21*
Ludwig I., König von

Bayern *15, 17, 18, 21, 24, 34, 44, 46, 89, 139*
Ludwig II, König von Bayern *10, 22, 38, 62*
Ludwig III., König von Bayern *19*
Ludwig Wilhelm, Herzog in Bayern *22*
Luitpold von Bayern, Prinzregent *19, 35, 81*
Lützendorf, Günther *141*
Luxemburg, Rosa *54*
Maffay, Peter *155*
Maier *46*
Maischberger, Sandra *160*
Mangelsdorff, Albert *117*
Mann, Erika *144*
Mann, Heinrich *75*
Mann, Katia *61*
Mann, Klaus *66, 144, 145*
Mann, Thomas *61, 65, 66, 76*
Mann, Viktor *25*
Maria Anna, Kurfürstin von Bayern *70*
Marie Gabriele, Kronprinzessin von Bayern *68*
Mathäser, Georg *58*
Maurer, Ingo *152*
Maximilian I. Joseph, König von Bayern *18, 71, 153*
Maximilian II. Emanuel, Kurfürst von Bayern *15*
Maximilian II. Joseph, König von Bayern *15, 150*
Maximilian III. Joseph, Kurfürst von Bayern *69*
Maximilian Joseph, Herzog in Bayern *21, 22*
Maximilian, Herzog von Leuchtenberg *19*
May, Karl *120*
Mayr, Alfred *138, 139*
Mehlpriml-Buam (Band) *158*
Meinicke, Eva Maria *100*
Mercury, Freddie *146, 148*
Métivier, Jean Baptiste *19*
Metzel, Olaf *164*
Meysel, Inge *148*
Michl, Willy *152, 155*
Möller, Norbert *117*
Mölzl *30*
Montez, Lola *24, 46, 138*
Morlock, Martin *101*
Moshammer, Else *40*
Moshammer, Rudolph *40, 41*
Mozart, Leopold *16, 17, 41, 89*
Mozart, Maria Anna (»Nannerl«) *17, 89*
Mozart, Wolfgang Amadeus *16, 17, 41, 69, 70, 89*
Mühsam, Erich *48, 63, 92, 93*
Müller, Charly *79*
Müller, Hans-Reinhard *79*
Nick, Edmund *98*
Nielsen, Hans *100*
Nieser, Johann *70*
Noethen, Sabine *160*
Nolte, Hartmut *79*
Nöth, Wolfgang Peter Leonhard *163*
Obermaier, Uschi *129*
Paetz, Holger *158*
Pallenberg, Max *76*
Panizza, Oskar *32*
Pasolini, Pier Paolo *113*
Pauli, Kiem *22, 107*
Paulig, Oskar *85*
Penzoldt, Ernst *63*
Perfall, Karl Theodor von *84*
Pertramer, Elfie *105*
Petri, Ilse *102*
Petuel, Ludwig jun. *160*
Pfennig, Jörn *158*
Pfitzner, Hans *63*
Piano-Paul *158*
Pink Floyd (Band) *129*
Pocci, Franz Graf von *22, 89, 90*
Polt, Gerhard *158*
Ponto, Erich *76*
Prangerl, Georg *90*
Prell, Agnes Pauline (»Bally«) *97, 108*
Prévot, René *119*
Pringsheim, Alfred *61, 65, 66*
Pringsheim, Gertrude *61, 65*
Prinzessin Soraya (→ Esfandiary Bakhtiary, Soraya) *122, 138*
Prosel, Theodor *95*
Prüller, Franz *72*
Queri, Georg *63*
Raimund, Ferdinand *89*
Raith, Sepp *158*
Ratzinger, Joseph *52*
Rauch, Fred *105*
Reger, Max *35*
Reinhardt, Max *76*
Reiter, Dieter *153*
Reventlow, Franziska Gräfin zu *93*

Riedl, Adrian von *34*
Riedl, Kelle *79*
Riemerschmid, Anton *32*
Riemerschmid, Richard *67*
Rilke, Rainer Maria *58, 63, 64*
Ringelnatz, Joachim *93, 94, 131*
Ringsgwandl, Georg *158*
Robl, Thaddäus *159*
Roda Roda, Alexander *119, 133*
Röhm, Ernst *145*
Rohwer, Hans *82*
Rökk, Marika *112*
Rolling Stones (Band) *143*
Roosevelt, Franklin D. *68*
Roselius, Ludwig *87*
Rosenberg, Alfred *68*
Rosenbusch, Hans *13*
Rossellini, Roberto *113*
Rottenhöfer, Carl A. *86, 87*
Rottmann, Carl *89*
Roucka, Wolfgang *129*
Ruederer, Josef *63*
Ruhnau, Werner *143*
Rupprecht, Kronprinz von Bayern *19, 68*
Sachs, Gunter *129*
Saemmer, Hubert *153*
Sailer, Dietrich *55*
Samaranch, Juan Antonio *161*
Samy, Anusch *127, 128, 131, 312*
Samy, Temur *127, 128, 131, 312*
Sander, Rainer *117*
Sandrock, Adele *76*
Sardi, Giovanni Pietro *88, 89*
Sattler, Carl *22*
Schäffers, Willy *97*
Scheffel, Joseph Victor von *89*
Schelling, Friedrich Wilhelm Joseph *89*
Schiller, Felix von *17*
Schiller, Friedrich *71, 75*
Schirach, Baldur von *68*
Schlecht, Ludwig *84*
Schleich, Erwin *10, 20, 47*
Schmidbauer, Werner *158, 160*
Schmid-Wildy, Ludwig *76, 108*
Schnelldorfer, Manfred *136*
Schnitzenbaumer, Otto *133, 135*
Schoierer, Hanse *156*
Schönböck, Karl *100*
Schreiber, Manfred *125, 127, 154*
Schröder, Rudolf Alexander *67*
Schülein, Joseph *55*
Schumann, Charles *151*
Schündler, Rudolf *98*
Schürmann, Petra *40*
Schwarz, Franz Xaver *66*
Schwarzenegger, Arnold *109*
Schweiger, Franz Maria *72*
Schweiger, Johann *72, 73*
Schweiger, Joseph *72, 73*
Schweiger, Max *72, 73*
Sckell, Friedrich Ludwig von *71*
Sedlmayer, Andreas *40*
Sedlmayr, Gabriel *46*
Sedlmayr, Walter *49, 148*
Seidl, Gabriel von *46*
Sensburg, Wilhelm *82, 110*
Shakespeare, William *79*
Sigg, Barbara *41*
Singerl, Erni *108*
Söder, Markus *20*
Söllner, Hans *158*
Spaenle, Ludwig *124, 147*
Spider Murphy Gang (Band) *118*
Spitzeder, Adele *74*
Sporer, Fred *105*
Stahl, Hermann *115*
Stein, Adelhaid *115*
Steiner, Peter *108*
Steinhauser, Fridolin *146*
Steinicke, Carl Georg *120*
Stephan III., Herzog von Bayern *13*
Steve *166*
Stieler, Karl *34*
Stoiber, Edmund *52*
Strasser, Hugo *114*
Strassmaier, Hans *107*
Strauß, Franz Josef *102, 122, 140, 148*
Strauss, Richard *63*
Stückl, Christian *76*
Sturm, Isebill *79*
Styler *149*
Syberberg, Rüdiger *123*
Tabor, Charly *117*
Tambosi, Luigi *89, 98*
Tellheim, Käthe *108*
Teufel, Fritz *129*
The Public (Band) *117*
Therese, Prinzessin von

Sachsen-Hildburghausen, Königin von Bayern *26*
Thiersch, Friedrich von *54*
Thoma, Hans *65*
Thoma, Ludwig *22, 77, 101*
Thorvaldsen, Bertel *18*
Thurn und Taxis, Johannes Prinz von *129*
Todenhöfer, Jürgen *41*
Todenhöfer, Valerie *41*
Trappentreu, Johann Baptist *49*
Tröger, Walther *161*
Trouble Boys (Band) *117*
Tschudi, Hugo *67*
Ude, Christian *78, 124, 125, 136, 161*
Ullmann, Susanna *155, 156, 158*
Uthoff, Reiner *101*
Valentin, Karl *11, 78, 82, 85, 97, 104, 105, 108, 120*
Vierlinger, Willy *85*
Vietz, Rudi *156*
Vita, Helen *100*
Vogel, Hanns *77*
Vogt, Karl *24*
Wagner, Cosima *68*
Wagner, Richard *62, 65, 68*
Waldau, Gustl *76*
Waldecker, Frank *98*
Waldhauser, Gerd *123*
Waldorff, Claire *105*
Walter, Bruno *63*
Weber, Carl Maria von *71*
Weber, Friedrich *142, 143*
Wecker, Konstantin *123, 154, 155*
Wedekind, Frank *63, 95*
Weindl, Astrid *165, 166*
Weinmüller, Emil *84*
Weinschütz, August *110*
Weisheitinger, Ferdinand (→ Weiß, Ferdl) *106, 107, 108*
Weiß, Ferdl (→ Weisheitinger, Ferdinand) *106, 107, 108*
Well, Christoph *158*
Well, Hans *158*
Well, Michael *158*
Welles, Orson *122*
Welsch, Anderl *85, 103*
Wepper, Fritz *148*
Werling, Michael *48*
Wessely, Paula *112*
Widenmayer, Johannes von *81*
Wieder, Hanne *101*
Wiener, Hugo *122*
Wilhelm II., Kaiser von Deutschland, König von Preußen *62*
Wilhelm V., Herzog von Bayern *14*
Wilhelm, Hermann *116*
Wimmer, Rosi *158*
Winkler, Werner *157*
Wirsing, Augusta *146*
Witt, Wastl *107, 108*
Wölfflin, Heinrich *67. 68*
Wolfskehl, Karl *67, 68, 120*
Wolzogen, Ernst von *63, 64*
Yes (Band) *129*
Yogi, Maharishi Mahesh *129, 130*
Zappa, Frank *143*
Zimmerschied, Sigi *158*
Zither-Manä *158*
Z-ROK *166*

Ortsregister

Action-Theater *79*
Alabama-Halle *160, 161*
Ali Baba *147*
Allotria *117*
Am Paradies *34*
Andechser am Dom *51, 52, 53*
Apollo-Theater *84, 85*
Arndthof *145*
Ateliertheater *100*
Atlantik-Palast *111, 112*
Atlantis, Kino *112*
Atrium *141*
Bachmaiers Hofbräu *91*
Bad Brunnthal *24*
Bad Nymphenburg *37, 38*
Bad Thalkirchen *25, 26*
Badenburg *24*
Baderwirt *104*
Bayerischer Hof *24*
Bei Carla *146*
Bei Gisela *122, 123*
Beim Sedlmayr *49*
Birdland *116*
Blow Up *129, 130, 131*
Bongo-Bar *138*
Bratwurstglöckl *145, 146*
Büchner-Theater *79*
Bunter Würfel *104, 105, 106*
Bürgerbräukeller *56, 57*
Bürgertheater im Kolleghaus *79*
Café Annast *97*
Café Circa *145*
Café Fahrig *94*
Café Leopold *91*
Café Lorenz *151*
Café Luitpold *39, 90, 11*
Café Maximilian *153, 154*
Café Noris *93*
Café Roma *152*
Café Stefanie *92, 93*
Café Stieglmeier *145*
Café Tambosi *46, 87, 88, 89, 90, 96*
Café Viktoria *86*
Ceylon Tee-Stube *145*
Chat noir *83*
Citta 2000 *130, 131, 312*
Club der Hundert *130*
Confiserie Rottenhöfer *86, 87*
Cosy *146*
Cuvilliés-Theater *70*
Danny's Pan *155*
Datscha *128, 129*
Deutsche Bühne im Faberbräu *69*
Deutsche Eiche *149*
Deutscher Hof *94*
Dianabad *34*
Dichtelei *93*
Die kleine Freiheit *100, 101*
Die kleinen Fische *102*
Die Zwiebel *102*
Domhotel *42*
Domicile *116, 117*
Dr. Müllers Sexboutique *131*
Drehleier *154*
Drugstore *128, 132*
Echte Münchner Kindl-Bühne *85*
Eichthalgarten *145*
Englisches Café *90, 91*
Erotisches Theater unter dem Karlstor *79*
Eve *138, 139, 140*
Faberbräu *69*
Fischerwirt *49*
Flimmerzelt *122*
Frankfurter Hof *104*
Fraunhofer *157*
Freies Theater *79*
Fuchsbräu *57*
Geiergarten *43*
Germaniabad *25, 26*
Giesinger Wintergarten *77*
Goldener Hirsch *46*
GOP *86*
Grodemange *46*
Großer Rosengarten *83*
Gughanbad *24*
Hacker-Pschorr-Bräuhaus *60*
Hacklwirt *128*
Hard Rock Cafe München *109*
Harmonie *145*
Heinrichsbad (→ Scharpfenbad) *24*
Herrenbühne *145*
Herzogbad *24*
Herzog-Max-Palais *20, 21*
Hilton Munich City *57*
Himmelreich *43*
Hinterhoftheaterl *154*
Hippodrom *29, 52*
Hoftheater am Salvatorplatz *16, 72*
Holiday Inn *134, 135*
Holzgarten *34*
Inges Karotte *146*
Intermezzo *152*
International *83*

Intimes Theater *79*
Isabella *113, 114*
Isarlust *26, 32, 33*
Isartortheater *72, 72*
Isarwinkelbad *24*
Jack Rabbit *112*
Jazz-Salon *117*
Jean *154*
Kabarett der Humoristen *96, 97*
Kaffee Hag *87*
Kaiserblume *147*
KEKK *154*
Kil's Colosseum zu den drei Linden *80, 82, 82, 83*
Kleinbühne Benz *121*
Kleine Komödie *86*
Kleiner Löwengarten *57, 58*
Kleines Theater Haar *78*
Kollergarten *145*
Königliches Hof- und Nationaltheater *71*
Kreuzbad *23*
Kultfabrik *162, 163, 164*
Künstlerklause *101*
Kunstpark Ost *162, 163, 164*
Kurgarten *37, 38*
Ländhaus *44*
Leopold *119*
Leopold-Theater *74, 75*
Leuchtenbergpalais *18, 19, 20*
Liederbühne Robinson *158*
Lore-Bronner-Bühne *79*
Ludwigsbad *26*
Luitpold-Theater *110, 111*
Mandy's Club *146*
Marienkäfer *154*
Marsfeld *104*
Mathäserbräu *57, 58, 59, 60, 145*
Maulick *42*
Max Emanuel Brauerei *78*
Max Zwo *154*
Metzgerwirt *72*
Modernes Theater *79*
Monacensia im Hildebrandhaus *68*
Monopteros *125, 126*
Motorama *55*
Motte *138*
Moulin Rouge *83, 138*
MUH *154, 156, 157, 158*
Münchner Hof *84*
Münchner Kammerspiele *75*
Münchner Kindl-Keller *54, 55, 56*
Münchner Künstlertheater *76, 77*
Münchner Lach- und Schießgesellschaft *101*
Mutti-Bräu *122*
Mylord *148*
Neue Bühne *75*
Neues Schweigerische Volkstheater *72, 73*
Nil *147*
Obelisk *138*
Oberpollinger *94, 103*
Occam(studio) *113, 114*
Ochsengarten *146*
Odeon *17, 19*
Off-Off-Theater *79*
Old Mrs. Henderson *148*
Olympiapark *141, 142, 143, 144, 158*
Olympia-Radstadion *161, 162*
Olympic Spirit Center *161, 162*
Opera Curiosa *154*
Opernhaus am Salvatorplatz *69, 71, 72*
Palais Preysing *86*
Palais Rechberg *40*
Paradiso *43*
Pension Fürmann *119, 120*
Pfälzer Hof *122*
Pfannigelände *162*
Picnic *125, 126, 127*
Pimpernel *148*
Platzl *106, 108, 109*
Platzl's Theatrie *108*
Pompon Rouge *148*
Praterwirtschaft *31*
Prinzregententheater *76, 138*
Radlbad (→ Teckenbad) *24*
Radrennbahn Milbertshofen *35, 159*
Rationaltheater *101*
Redoutenhaus *15, 16, 17*
Reichenbacher Hof *146*
Residenztheater 70, 79
Rosa Freizeit *148*
Rosenbad *24*
Säge *123*
Scharpfenbad (→ Heinrichsbad) *24*
Schaubude *98, 99*
Schauburg *125*
Schauspielhaus *75, 114*
Schefftlbad *24*
Schelling-Salon *90*
Schießstätte *118*
Schloss Biederstein *33*
Schumann's *152*
Schützenliesl *151*
Schwabinger 7 *123, 124, 125*
Schwabinger Brauerei *77*
Schwabinger Podium *117, 118*

Schwabylon *133, 134, 135, 136, 137*
Schwanenwirt *49*
Schwarzfischer *145, 146*
Schweigerisches Sommertheater vor dem Karlstor *73*
Sea Life München *162*
Seerose *119*
Seidelei *46*
Seidlvilla *65, 68*
Siegesgarten *117*
Simplicissimus *93, 95*
Singspielerbräu *54*
Sommerspielhütte vor dem Karlstor *72*
Song Parnass *154, 155, 156*
Spectacle *154*
Spielstraße, Theaterprojekt im Olympiapark *141, 142, 143, 144*
Spitalbad an der Rossschwemme *23*
Steinickesaal *121*
Stemmerhof *156*
Sterneckerbräu *49, 50, 51*
Studio 15 *115, 116*
Studio-Bühne der Universität *79*
Tanzsaal im Alten Rathaus *13, 14, 15, 31*
Teckenbad (→ Radlbad) *24*
Teddy Bar *148*
Thalia-Theater *84*
Theater am Gärtnerplatz *114*
Theater an der Wien *72*
Theater der Jugend *79, 125*
Theater Gut Nederling *78*
Theater im Brunnenhof *78*
Theater rechts der Isar *79*
Theater über dem Landtag *79*
Theatron am Olympiasee *142, 144*
Tivoli *33, 34*
Tribüne am Karlstor *79*
Türkendolch *113, 114*
Türkenkino *113*
Türlbad *24*
Ungererbad *25*
Unionsbräu *155, 156*
Vereinsheim *23*
Volksgarten Nymphenburg *34, 35, 36, 37*
Volkstheater (Brienner Straße) *76*
Volkstheater (Josephspitalstraße) *75*
Volkstheater (Sonnenstraße) *76*
Volkstheater in der Au *78*
WERK3 *164*
Wierbad *23*
Würbad *24*
Yellow Submarine *134, 135, 136, 137*
Zehner-Diele *145*
Zeitgeist *114*
Zengerbräukeller *54*
Zu den drei Linden *73*
Zum Bauerngirgl *46, 47*
Zum Goldenen Hirsch *92, 96*
Zum Grünen Baum *43, 44, 45, 46*
Zum Schwarzen Adler *41, 42*
Zum Soller *47, 48, 49*
Zur Hundskugel *39, 40, 41*
Zur Kanne *151*
Zur Klarermühle *45, 46*
Zur Post *77*

Dietlind Pedarnig, Gerd Holzheimer (Hg.):

Kulinarisches Bayern

Verführerische Streifzüge durch die Literatur

Schweinshaxn mit Knödeln, Radi und Radlermaß, Weißwürst mit Brezn, Bocksbeutel, Leberkäs oder Auszogne – die bayerische Küche hat unzählige Genüsse zu bieten, meist fleischlastig, deftig und fett, gerne auch verführerisch süß. Manche Gerichte haben geradezu Kultstatus erreicht, die Dreieinigkeit »Biergarten, Bier und Bayern« ist Mythos und das Hofbräuhaus oder die Wiesn sind heute Sehnsuchtsorte für Menschen am anderen Ende der Welt.
Diese genussvolle Anthologie streift erstmalig über die Literatur durch die heimische Küche. Neben zahlreichen Speiseszenarien aus allen Regionen Bayerns finden sich hier außerdem typische bis skurril-abwegige Orte sowie Anlässe von Essen und Trinken im weiß-blauen Land. Angereichert wird dieses kulinarische Panorama mit historischen und gegenwärtigen Rezepten sowie biografischen Notizen zu den AutorInnen.

276 S., Klappenbroschur, ISBN 978-3-86906-980-7

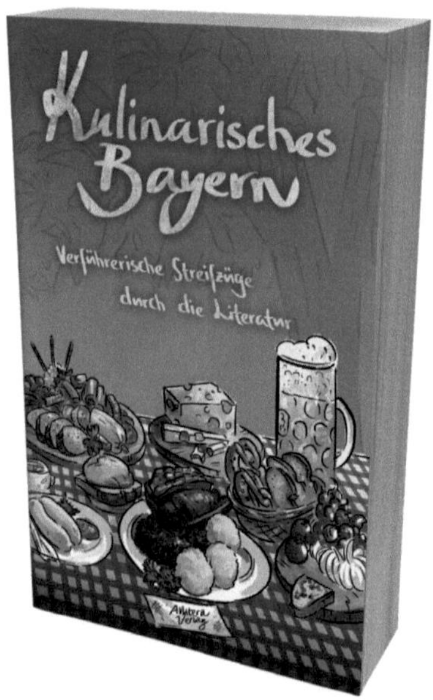

Axel Winterstein

Der Viktualienmarkt

Der Viktualienmarkt gehört zu München wie die Frauenkirche oder das Oktoberfest und zahlreiche Touristen zieht es jährlich als Erstes zu ihm. Der Viktualienmarkt im Zentrum von München steht für Behaglichkeit und Schmankerl, Brauchtum und Biergartenseligkeit. Aber nicht zuletzt ist er das, was er immer schon war: ein Versorgermarkt für die Bevölkerung mit Viktualien (Lebensmitteln) aus aller Welt. Globalisierung im positiven Sinn, Vielfalt, Qualität und Exklusivität.
Dieses Buch geht der wechselvollen Geschichte des Traditionsmarktes nach, der zunächst auf dem Marienplatz stattfand. Hier wurde gehandelt, gefeiert und gehängt. Diese ursprüngliche »Schranne« zog 1807 auf das heutige Areal neben der Heilig-Geist-Kirche um. Seitdem werden hier auf zwei Hektar Marktfläche ausschließlich leibliche Genüsse angeboten, aber auch Feste gefeiert und bayerisches Brauchtum gepflegt wie etwa der Tanz der Marktweiber im Fasching.

160 S., Hardcover, ISBN 978-3-86906-932-6

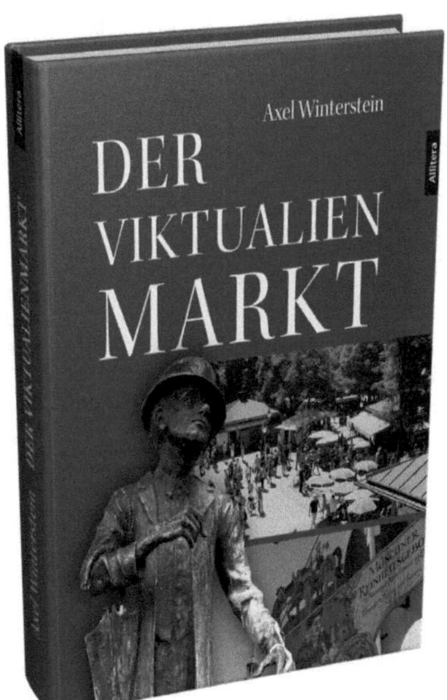

Konstantin Köppelmann, Dietlind Pedarnig

Münchner Palais

Die Münchner Palais zählten vor dem Zweiten Weltkrieg zu den Architekturjuwelen Deutschlands. Klangvolle Namen wie Henrico Zuccalli, François de Cuvilliés, Jean Baptiste Métivier oder Leo von Klenze standen für höchstes baumeisterliches Handwerk und prachtvolle Ausstattungskunst. Aber nur wenige Gebäude entgingen den Bombenangriffen zwischen 1940 und 1945, viele wurden –schwer zerstört – in der Phase der Schuttbeseitigung und des Wiederaufbaus in den Nachkriegsjahren ganz beseitigt. Erstmalig dokumentiert der vorliegende Band adeliges Bauen in der Landeshauptstadt vom 17. bis zum 20. Jahrhundert. Anhand umfangreichen Bild- und Quellenmaterials gelingt es den Autoren, den ursprünglichen und den heutigen Bestand aufzuzeigen. In 54 ausführlichen Einzelporträts stellen sie damit ein Stück Münchner Architekturgeschichte in den Kontext der politischen und sozialen Zeitläufe und lassen nicht nur die Palais, sondern auch deren Bewohner wieder lebendig werden.

832 S., Hardcover mit Schutzumschlag, 978-3-86906-820-6

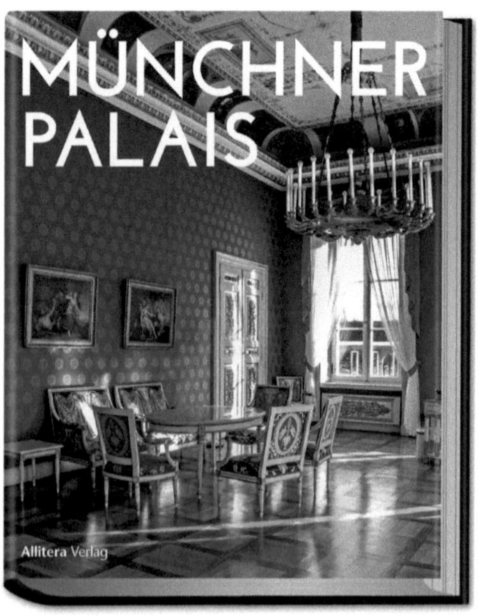